JN191776

外資系コンサルが実践する

図解作成の基本

魅せて伝える
図形ルール20
図解パターン16
デザイン56

吉澤準特

すばる舎

はじめに

▼「抜け感」と「透け感」が図解には必要だ

　図解とは、伝えたいメッセージを説明するための図、です。それを見ればキーメッセージを誰でも読み取れるわかりやすさが求められます。論理的にわかりやすい内容、感覚的に心地よい見た目が好まれます。

　どうすればそのような図解を作成することができるでしょうか。私はその答えをファッションの世界で用いられる**「抜け感」**と**「透け感」**という感覚の中に見つけました。

　ファッションにおける「抜け感」とは、"肌やアイテムを重ねすぎない適度な肌見せ度合"を意味します。図解においても、要素同士のスペースを確保して文字や図形の量を減らすことで、内容がわかりやすくなります。
　同じく「透け感」とは、"重ねて用いても重いイメージを与えない適度な色使い"です。図解でも、調和のとれた組み合わせで色を用いることで、目に心地よい印象が図の理解を促進させます。
　「抜け感」と「透け感」は図解作成においても重要な観点になります。

　図解作成の「抜け感」は、図形のカタチ（**フォーム**）と配置（**ポジション**）で生み出される、要素のバランスです。「透け感」は、色の使い分け（**カラー**）によって醸し出される、コンテンツの強弱です。

　本書では、それらを**「図解キューブ」**というモデルで表し、その実践例を**チャート**と**グラフ**の**「図解パターン」**として体系的・網羅的に整理しました。これらを**「エグゼクティブ図解術」**と私は呼んでいます。
　本書を図解作成のハンドブックとして、ぜひ使ってみてください。伝えたいメッセージに適した図をきっと作れるようになります。

吉澤 準特

　エグゼクティブ図解術は全 12 章からなります。

　0 章の例題で図解効果を実感し、 1 章から 4 章で図解の基本を身につけ、5 章から 10 章で図解パターンを理解し、11 章と 12 章で発展的な図解作成を把握する、という流れになっています。

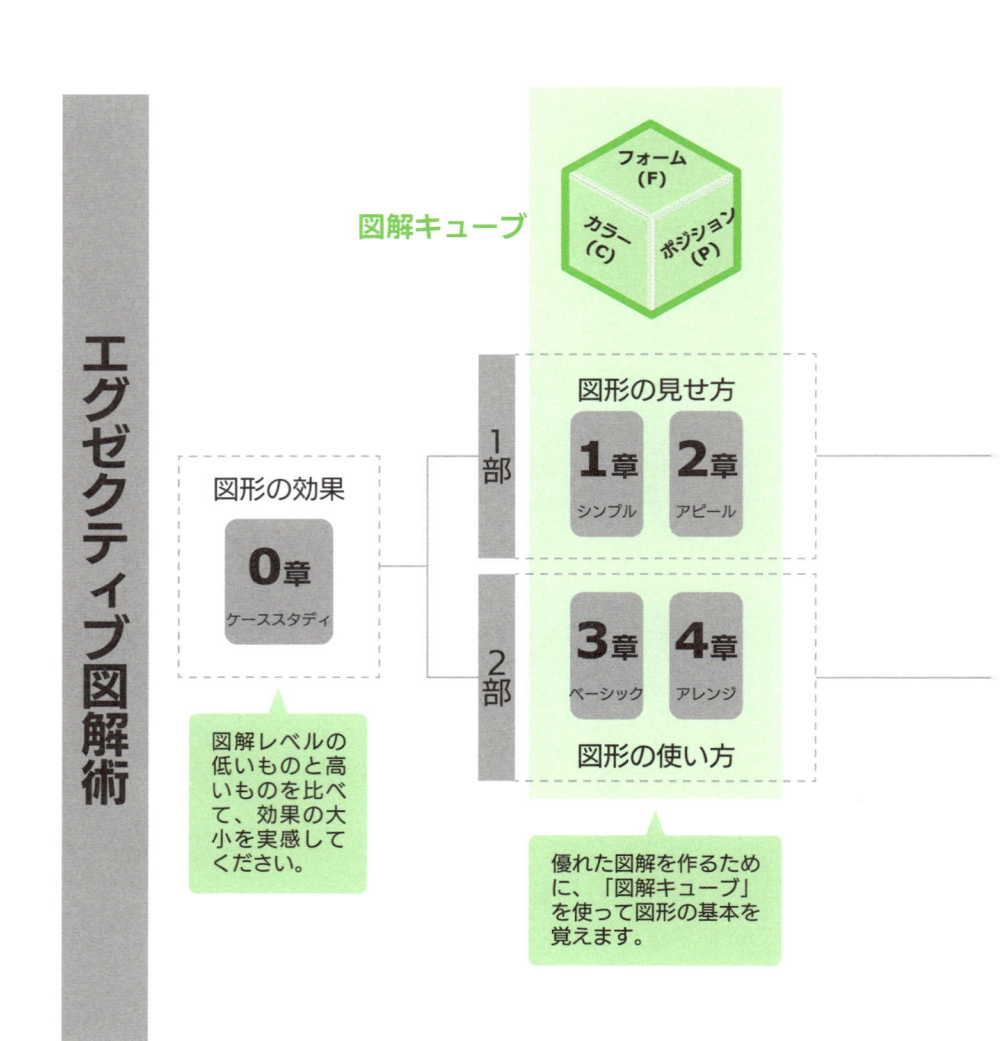

本書は興味を持ったところから読み始めていただけます。登場するサンプル図解（スライド1〜14）はすべてパワーポイントとエクセルで作成できます。どうやって作ったのか確認してみてください。

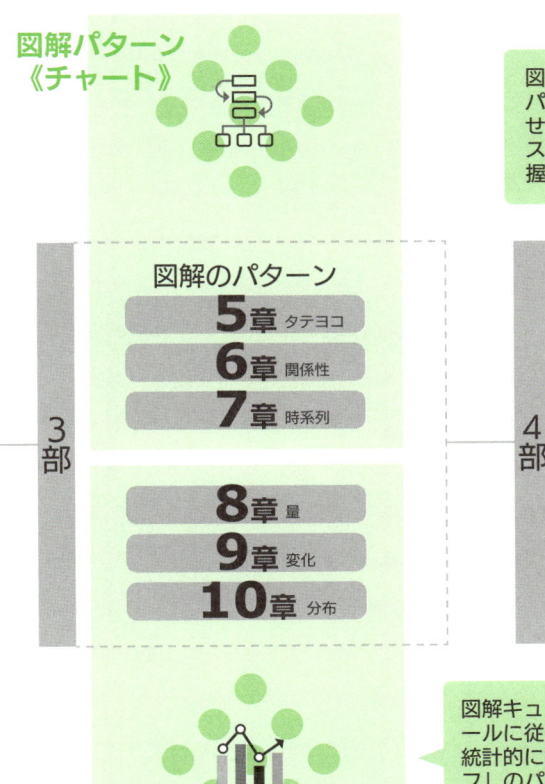

図解キューブで示したルールに従い、データを概念的に図解する「チャート」のパターンと見せ方を理解します。

図解パターン
《チャート》

図解のパターン

5章 タテヨコ
6章 関係性
7章 時系列

8章 量
9章 変化
10章 分布

3部

図解キューブ、図解パターンをさらに魅せる「色」と「イラスト」の用い方を把握します。

図解の
魅せる化

11章
高度な色使い

12章
洗練された
デザイン

4部

図解キューブで示したルールに従って、データを統計的に図解する「グラフ」のパターンと見せ方を理解します。

図解パターン
《グラフ》

5

9章
図解パターン：「変化」を図解する

10章
図解パターン：「分布」を図解する

4部｜図解の魅せる化

11章
高度な色使い

12章
洗練されたデザイン

SECTION 0-1 例題 図解の効果を知る

▼ 例題：図解の効果を比較する

　図解とは、伝えたいことを文章ではなく図を用いて「わかりやすく」説明することです。本書は「わかりやすく」説明するためにやるべきことを解説します。

　単に図に表すだけでは、「わかりやすく」説明しているとは言えません。複数の図解を比較すると、見せ方によって効果に差が出ることを実感できます。

　図解が持つ力を実感するには、次の3例を比較してもらうのがもっともわかりやすいでしょう。次の例題をもとに作られた3つのスライドを見比べてみましょう。

- ・文章の組み合わせ 　　　　　　　　　：【スライド1】(p.14-15)
- ・標準的な図の組み合わせ 　　　　　　：【スライド2】(p.16-17)
- ・見た目を意識した図の組み合わせ 　　：【スライド3】(p.18-19)

> 本書は図解作成に特化して執筆しています。これから比較する3例は、図解部分に絞って解説します。

【例題】

　平成元年以降、バブル経済の崩壊や金融ビッグバン、銀行持ち株会社の解禁、銀行同士の合併、グループの再編など、金融界には大きな変化が生じた。

　三菱 UFJ フィナンシャル・グループ傘下の三菱 UFJ 銀行、三菱 UFJ 信託銀行は、2018 年 4 月時点で 11 行の合併・名称変更を経ることになる。

【合併・再編の流れ】

・1996 年 4 月に三菱銀行と東京銀行が合併し、東京三菱銀行が誕生した。

・1999 年 10 月に、東洋信託銀行と三和信託銀行が合併し、東洋信託銀行が存続することとなった。

・2001 年 4 月に三菱東京フィナンシャル・グループが設立され、東京三菱銀行と三菱信託銀行、日本信託銀行が傘下に加わった。

・同年同月、UFJ ホールディングスが設立され、三和銀行、東海銀行、東洋信託銀行が傘下に加わった。

・同年 7 月、「東洋信託銀行と東海信託銀行が合併し、東洋信託銀行が存続することとなった。

・同年 10 月、三菱信託銀行、日本信託銀行、東京信託銀行が合併し、三菱信託銀行が存続することとなった。

・2002 年 1 月、三和銀行と東海銀行が合併し、UFJ 銀行が誕生した。東洋信託銀行は UFJ 信託銀行に名称変更した。

・2005 年 10 月、三菱東京フィナンシャル・グループと UFJ ホールディングスが統合し、三菱 UFJ フィナンシャル・グループが設立された。三菱信託銀行と UFJ 信託銀行が合併し、三菱 UFJ 信託銀行が誕生した。

・2006 年 1 月、東京三菱銀行と UFJ 銀行が合併し、三菱東京 UFJ 銀行が誕生した。

・2017 年 9 月、三菱 UFJ 信託銀行としんきん信託銀行が合併し、三菱 UFJ 信託銀行が存続することとなった。

・2018 年 4 月、三菱東京 UFJ 銀行が三菱 UFJ 銀行に名称変更。

平成以後の金融業界再編
三菱 UFJ フィナンシャル・グループの歴史

平成元年以降、バブル経済の崩壊や金融ビッグバンを経て、銀
金融界に大きな変化が生じた。
三菱 UFJ フィナンシャル・グループは 2018 年 4 月時点で 11 行

━━━ 合併・名称変更の変遷 ━━━

それ以前	三菱東京フィナンシャル・グループ／UFJ ホールディングス時代
・1996 年4月に三菱銀行と東京銀行が合併し、東京三菱銀行が誕生した。	・2001 年4月に三菱東京フィナンシャル・グループが設立され、東京三菱銀行と三菱信託銀行、日本信託銀行が傘下に加わった。 ・2001 年 10 月、三菱信託銀行、日本信託銀行、東京信託銀行が合併し、三菱信託銀行が存続することとなった。
・1999 年 10 月 に、東洋信託銀行と三和信託銀行が合併し、東洋信託銀行が存続することとなった。	・2001 年4月に UFJ ホールディングスが設立され、三和銀行、東海銀行、東洋信託銀行が傘下に加わった。 ・同年7月、東洋信託銀行と東海信託銀行が合併し、東洋信託銀行が存続することとなった。 ・2002 年1月、三和銀行と東海銀行が合併し、UFJ 銀行が誕生した。東洋信託銀行は UFJ 信託銀行に名称変更した。

出典：三菱 UFJ フィナンシャル・グループの沿革を参考に著者加工

行持ち株会社の解禁、銀行同士の合併、グループの再編など、

の合併・名称変更を経ることになる。

三菱 UFJ フィナンシャル・グループ 時代（今後）
・2005 年 10 月、三菱東京フィナンシャル・グループと UFJ ホールディングスが統合し、三菱 UFJ フィナンシャル・グループが設立された。三菱信託銀行と UFJ 信託銀行が合併し、三菱 UFJ 信託銀行が誕生した。 ・2006 年 1 月、東京三菱銀行と UFJ 銀行が合併し、三菱東京 UFJ 銀行が誕生した。 ・2017 年 9 月、三菱 UFJ 信託銀行としんきん信託銀行が合併し、三菱 UFJ 信託銀行が存続することとなった。 ・2018 年 4 月、三菱東京 UFJ 銀行が三菱 UFJ 銀行に名称変更した。

平成以後の金融業界再編
三菱 UFJ フィナンシャル・グループの歴史

平成元年以降、バブル経済の崩壊や金融ビッグバンを経て、銀金融界に大きな変化が生じた。

三菱 UFJ フィナンシャル・グループは 2018 年 4 月時点で 11 行

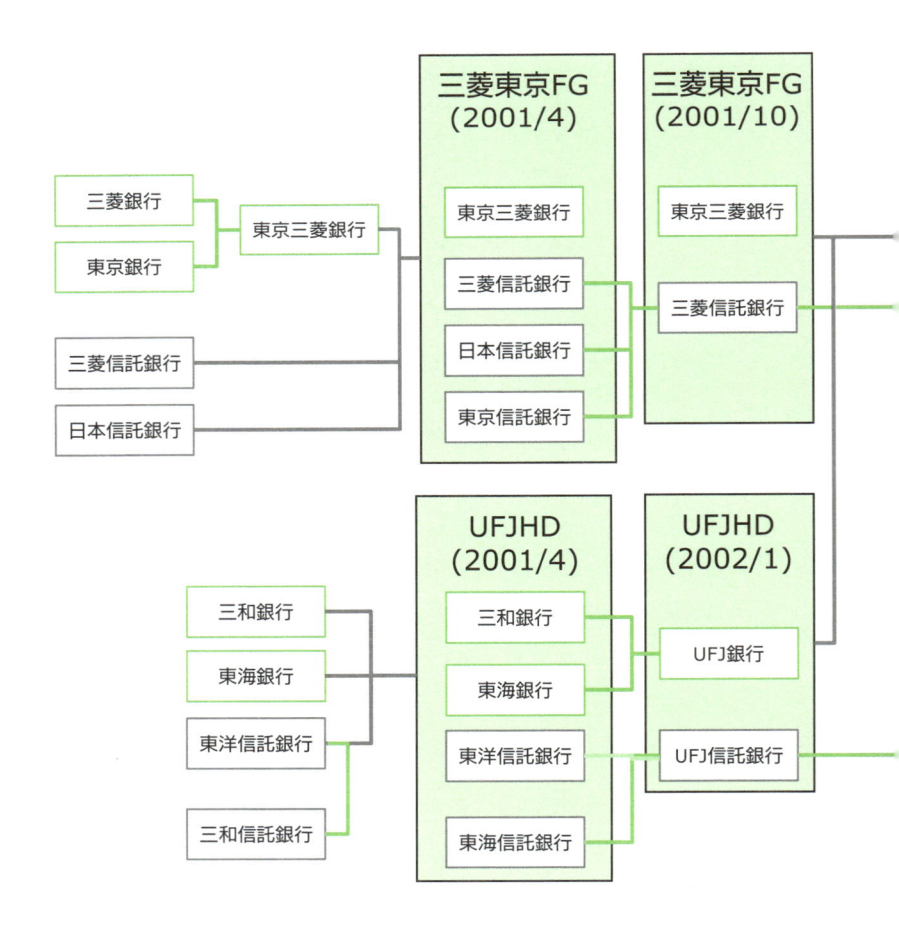

出典：三菱 UFJ フィナンシャル・グループの沿革を参考に著者加工

行持ち株会社の解禁、銀行同士の合併、グループの再編など、

の合併・名称変更を経ることになる。

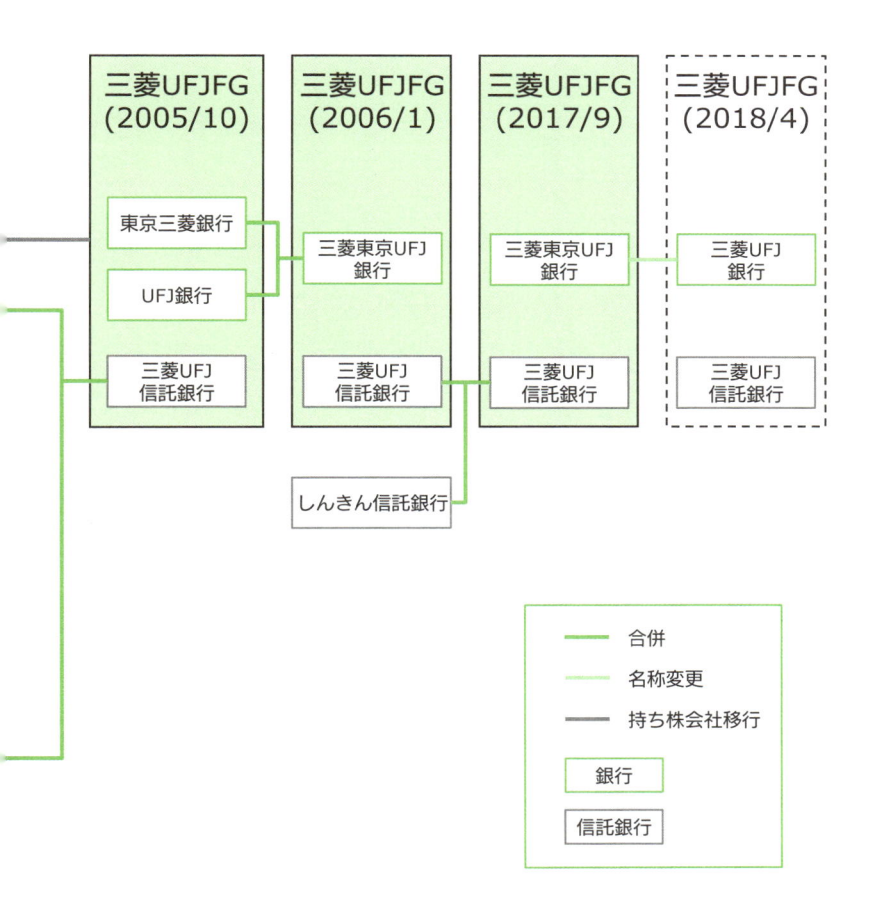

平成以後の金融業界再編
三菱 UFJ フィナンシャル・グループの歴史

平成元年以降、バブル経済の崩壊や金融ビッグバンを経て、銀金融界に大きな変化が生じた。

三菱 UFJ フィナンシャル・グループは 2018 年 4 月時点で 11 行

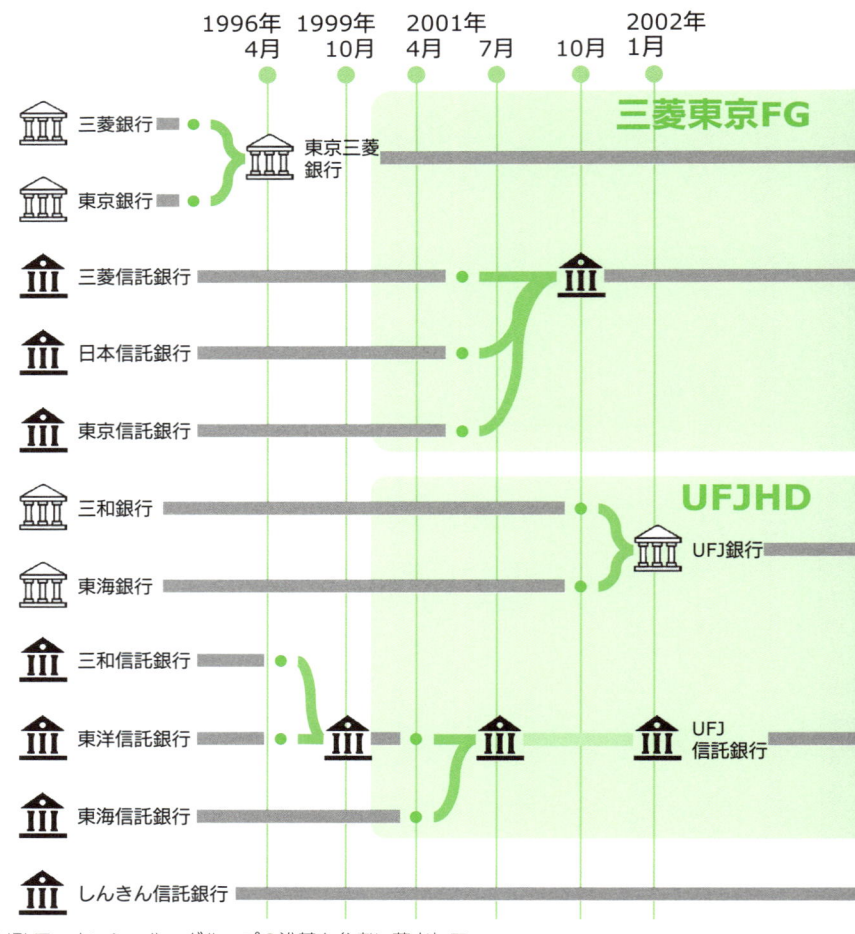

出典：三菱 UFJ フィナンシャル・グループの沿革を参考に著者加工

行持ち株会社の解禁、銀行同士の合併、グループの再編など、

の合併・名称変更を経ることになる。

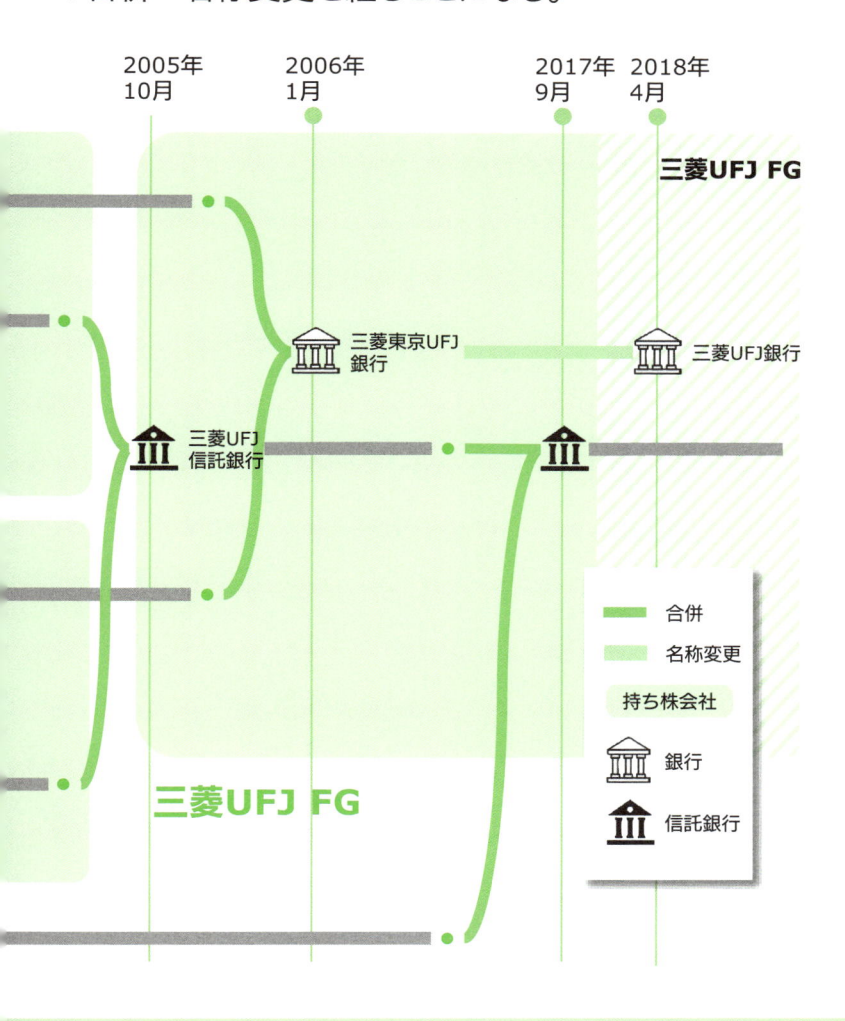

▼ 同じ内容でも見た目が変わると印象も変わる

前ページの3つのスライドについて、良かった点と課題点を示します。

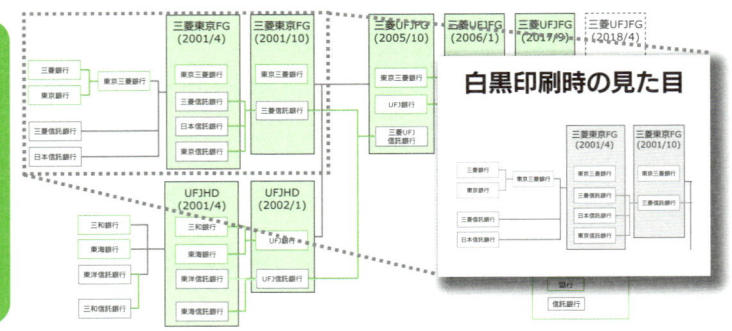

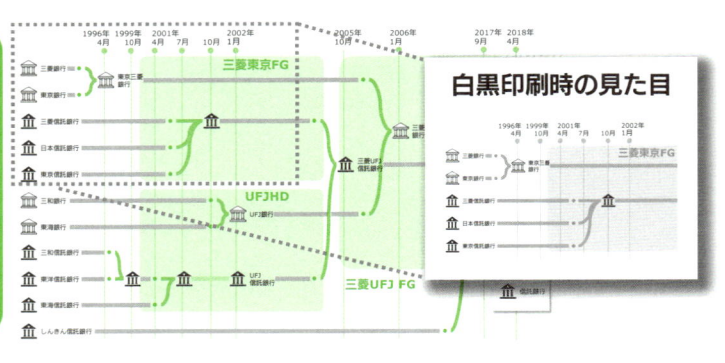

良かった点	課題点
◎作成時間が短い。 ◎伝えたいことがすべて文章で示されており、口頭説明せずとも正確に理解できる。	× 文字が多く、内容を理解するのに時間がかかる。 × 枠線が目立って文章が読みにくい。
◎全体構造を視覚的に把握することができ、文章を読む手間が省ける。 ◎凡例を設けて表現をパターン化している。	× 似た図形が多く、枠線が目立って要素をつなぐ関係を読み取りにくい。 × 明るさが似ている色で要素を描き分けているため、白黒印刷では読み取りにくい。
◎枠なし図形とイラストを用いたメリハリある表現により、短時間で全体構造を把握しやすい。 ◎凡例がさらに単純になり、わかりやすさが向上している。 ◎明るさに差のある色を用いており、白黒印刷でも見やすい。	× 図解の切り口を決めるのに時間がかかる。

1 図形の見せ方

2 図形の使い方

3 図解のパターン化

4 図解の魅せる化

　３つのスライドを並べて、私の周囲にいた 10 人に「どれが一番わかりやすいですか」と質問したところ、【スライド３】に 70％が投票しました。皆さんの周囲でもこれに近い回答が得られるのではないかと思います。

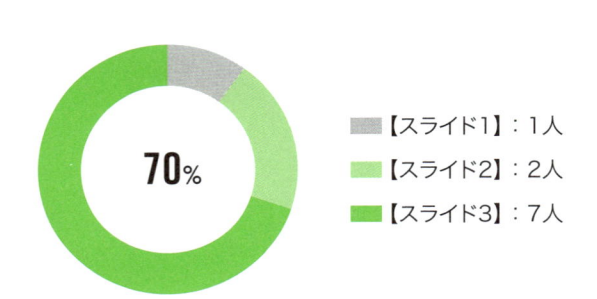

70% 　　【スライド1】：1人
　　【スライド2】：2人
　　【スライド3】：7人

図解作成のステップアップ

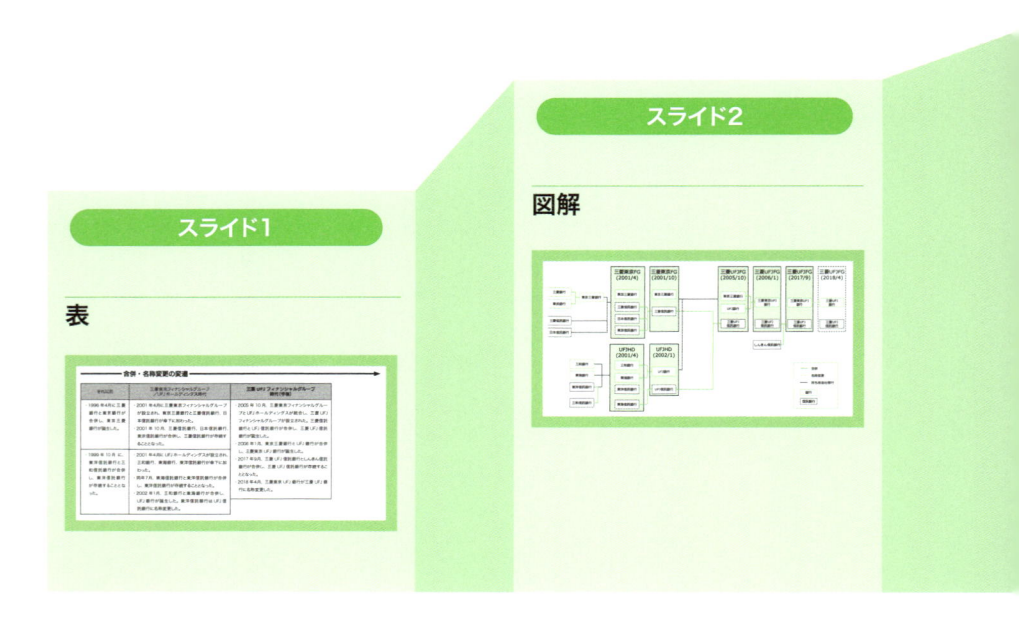

しかし、「スライドを白黒印刷」した上で、「30秒だけ見せて」から同じ質問をすると、なんと全員が【スライド3】に投票したのです。

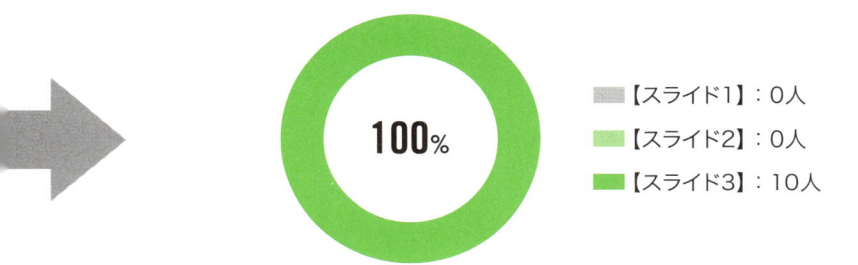

100%

- 【スライド1】：0人
- 【スライド2】：0人
- 【スライド3】：10人

スライド3

エグゼクティブ図解

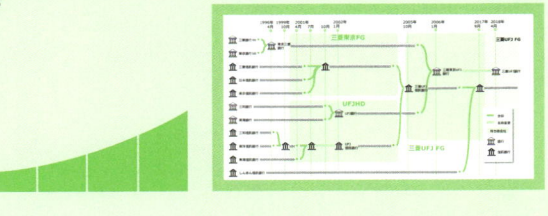

　白黒印刷した資料を短時間しか見せることができないというのは、かなり不運な状況です。しかし、意思決定を行う立場の人間を捕まえて、短時間で同意を取り付けるというシーンでは、この状況に置かれることも少なからずあります。こうした場面で「わかりやすい」と言われる資料を作るには、特定の図解作成のテクニックが有効です。

　本書では、これを「エグゼクティブ図解術」として解説します。

SECTION 0-2　エグゼクティブ図解術のアプローチ

▼ 図解作成のステップアップのゴール：エグゼクティブ図解

　エグゼクティブ図解術は、最初から図を作ることを目的としているわけではありません。文章だけで説明が充足するものは、それ以上加工しません。たとえば、最初の例題で示されているのは文章だけで説明したものです。参考情報として載せておきたい程度のものなら、文章だけで十分です。

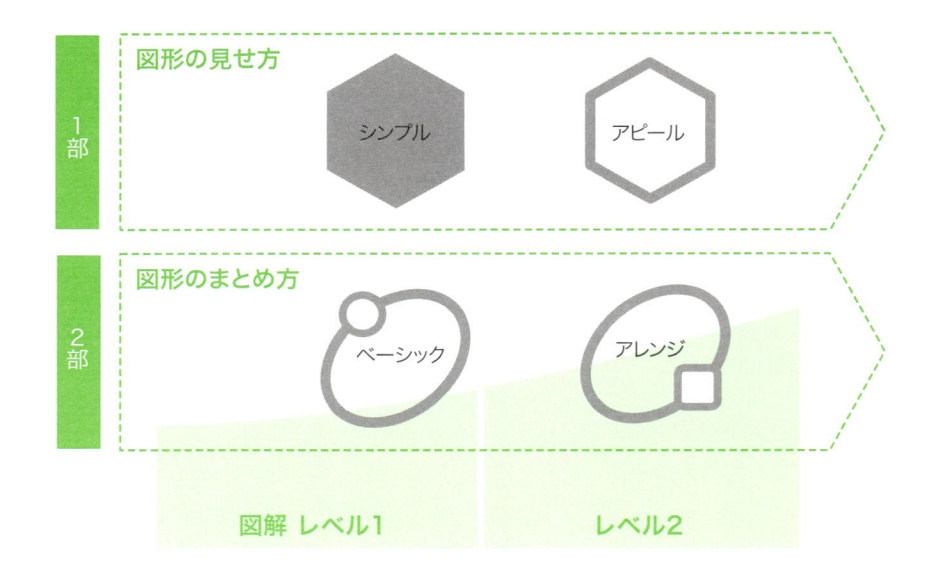

　時間を割いて説明するものであれば、【スライド1】(p.14)で挙げたように「表」によって、縦軸と横軸で整理します。

　相手に説明できる時間が短い場合は、【スライド2】(p.16)で挙げたように「図解」によって、要素のつながりや変化を視覚的に表現します。

　説明できる時間がさらに短い、もしくは資料だけが出回って直接説明する機会がない場合は、【スライド3】(p.18)で挙げたように見やすさに工夫を加えた「エグゼクティブ図解」によって、一目で論点がわかるように表現します。

　エグゼクティブ図解術は、見た目のわかりやすさを追求します。そのために必要なテクニックは以下の図解レベルに分けて習得することができます。

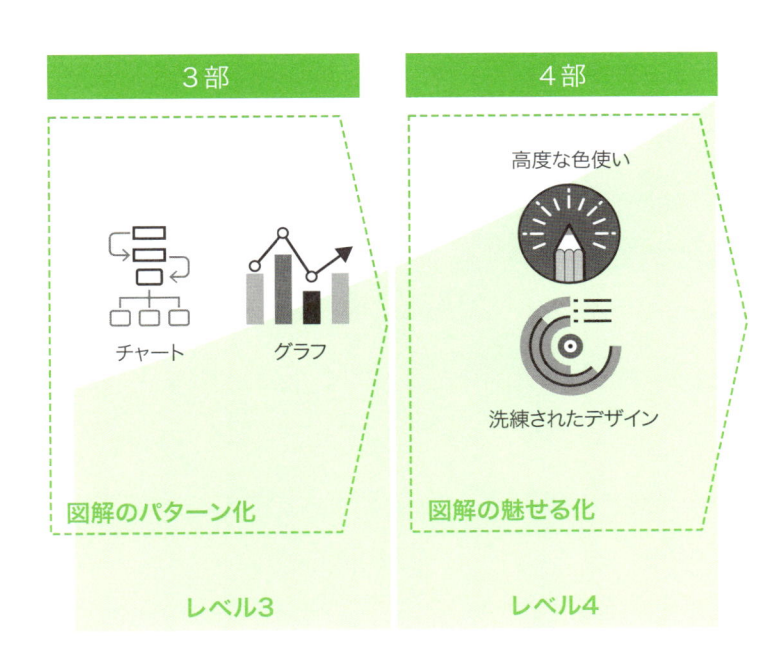

▼ エグゼクティブ図解術のアプローチ：全体マップ

エグゼクティブ図解術のアプローチを構造化し、図解すると次の全体マップとして表すことができます。本書ではこれを各章に分けて順に解説します。

このページは下図「0部」の2つ目の○（Section）にあたり、次の●（Section）で「図解キューブ」を解説します。

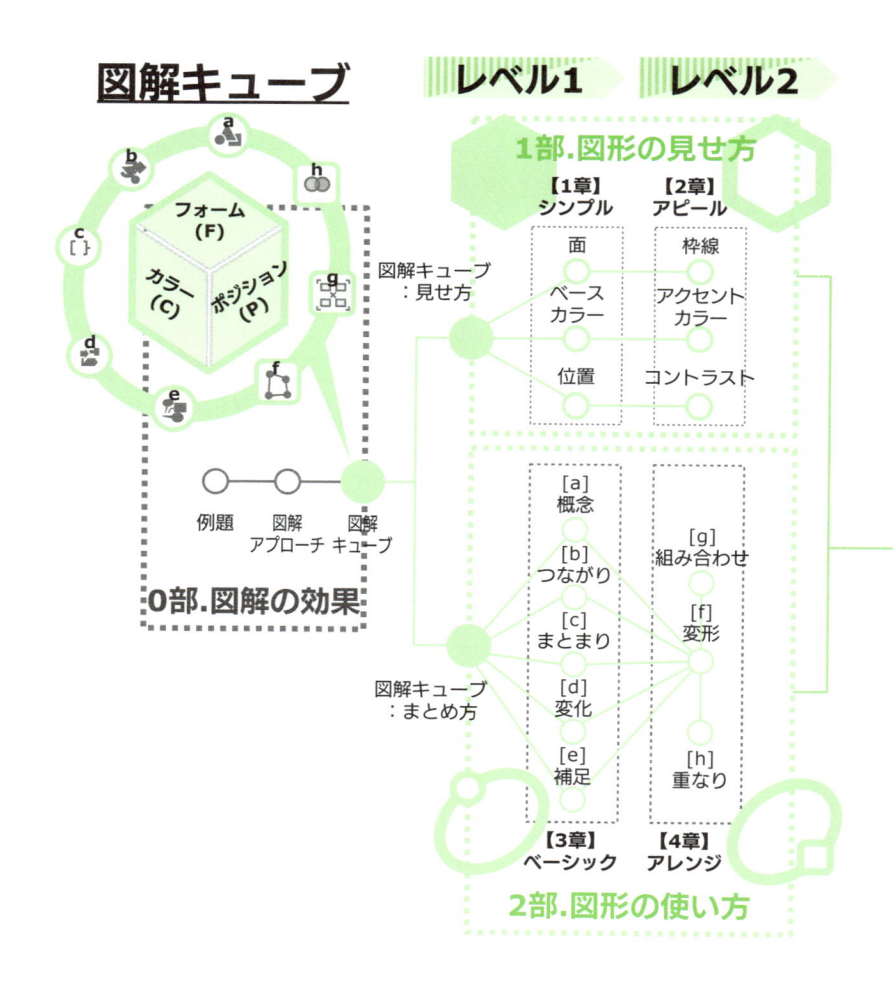

　「1部」と「2部」では「図形の見せ方」と「図形の使い方」について基本と応用をそれぞれ取り上げ、合計4章にわたって解説します。

　「3部」ではその内容を組み合わせて図解をパターン化した「チャート」と「グラフ」の実践例と作り方を解説します。

　「4部」では相手を魅了し、わかりやすさを追求する方法を解説します。

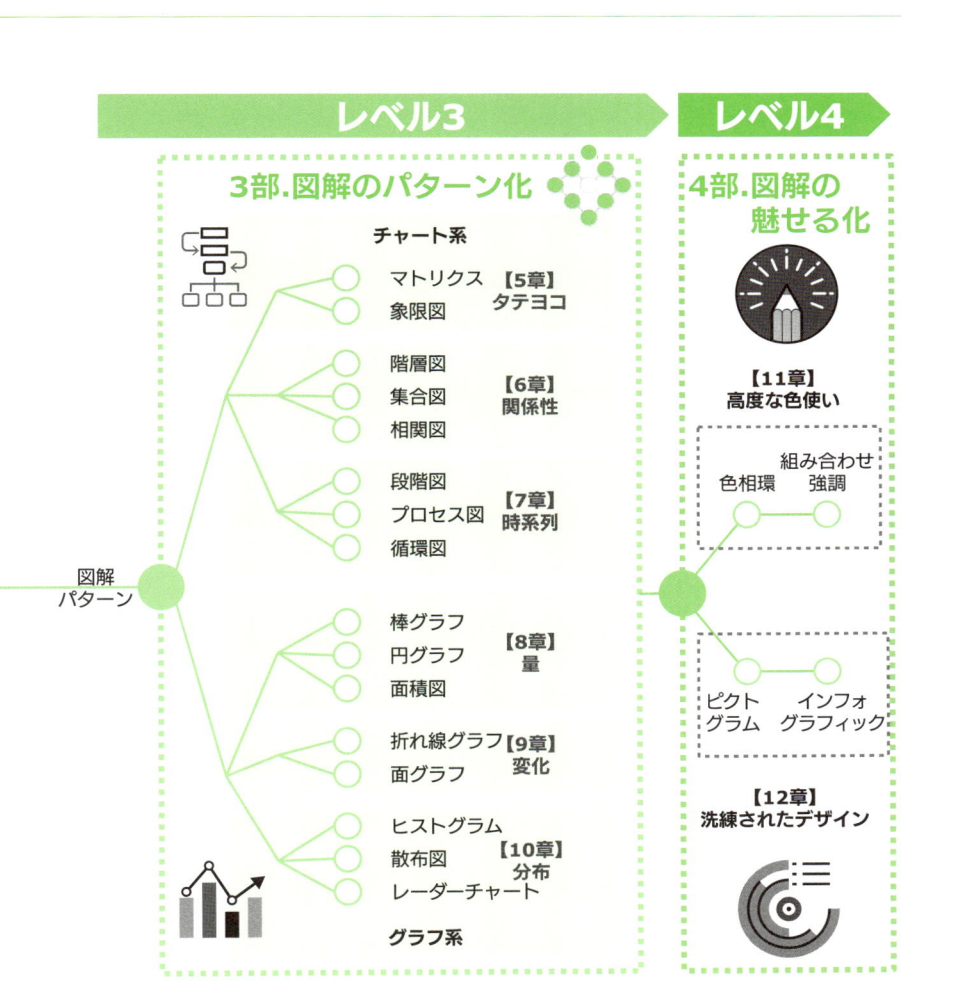

SECTION 0-3 「図解キューブ」による図形の見せ方と使い方

▼ 見た目にこだわる人 vs 内容さえ合っていればよい人

「この資料、見た目がしっくりこないな」
「色使いが悪くて気になるよ」
「図の配置がずれてわかりにくいぞ」

　資料に描かれた図を見て、そう思ったことはありませんか。あなたがそう思ったことがあるように、他の人もあなたの作った図を見てそう思っているかもしれません。

　「そんなことを思ったことはない」という人もいるでしょう。「内容さえ合っていれば良い、見た目の良し悪しに手間をかけるのは時間の無駄づかいだ」と思う人もいます。

　資料の見た目にこだわる姿勢は、部屋掃除への価値観に似ています。散らかった部屋を見て、「だらしがない」と不快感を示す人と「使いやすくものが置かれているのだろう」と気にもかけない人に分かれます。

　両者の価値観は一致しません。この二人が一緒に生活したら、毎日の掃除で言い争いが絶えないでしょう。

　ビジネスの現場で、資料の見た目を気にする人は必ずいます。そういう人が上司や取引先にいて、かつあなたが資料の見た目にこだわらないタイプであれば、資料説明やレビューの場は手厳しい批評の場になります。

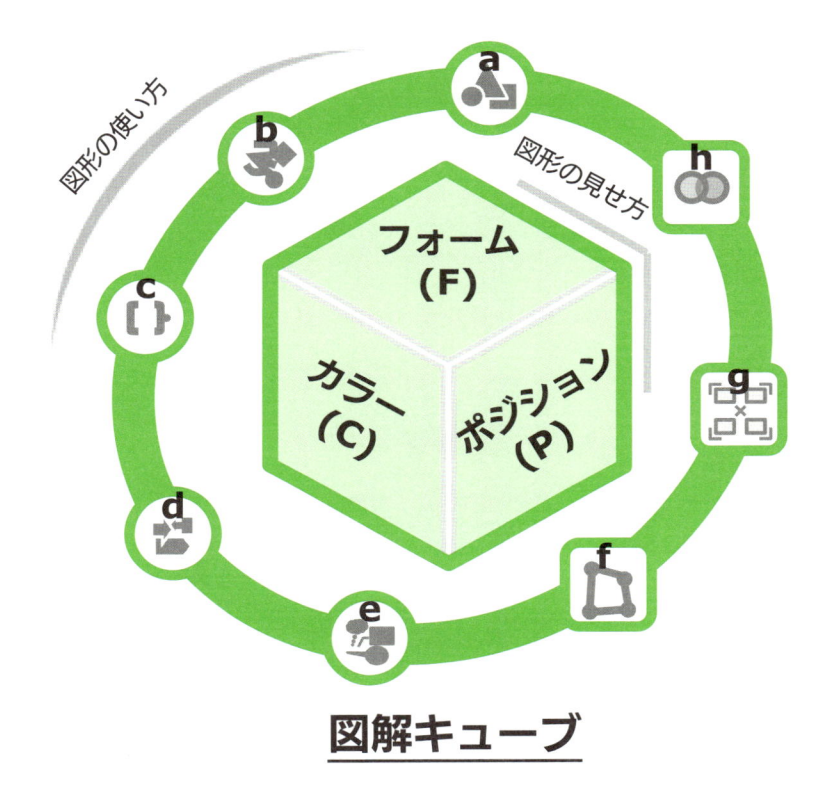

図解キューブ

▼ 図解は「フォーム」×「カラー」×「ポジション」

　どんな場合でも相手の理解を引き出すことができる資料の作り方を知っていて損はありません。相手の理解を引き出す資料は「図がわかりやすい」という共通の性質があります。

　図をわかりやすく示すことを「図解」と呼びます。うまく図解するには経験とセンスが求められますが、これをテクニックで補うことはできます。

　本書は図解テクニックを**「図形の見せ方」と「図形の使い方」を中心にキューブ**という形でまとめました。わかりやすい図解をするために必要な要素を、まさしく「図解」しています。【スライド4】(p.30)に図解したスライドを示します。

【図解キューブ】
図形の「見せ方」と「使い方」で図解する

相手の理解を引き出す図解は、3つの「見せ方」と8つの「使い方」それぞれの方法をレベル1(シンプル&ベーシック)とレベル2(アピることができる。

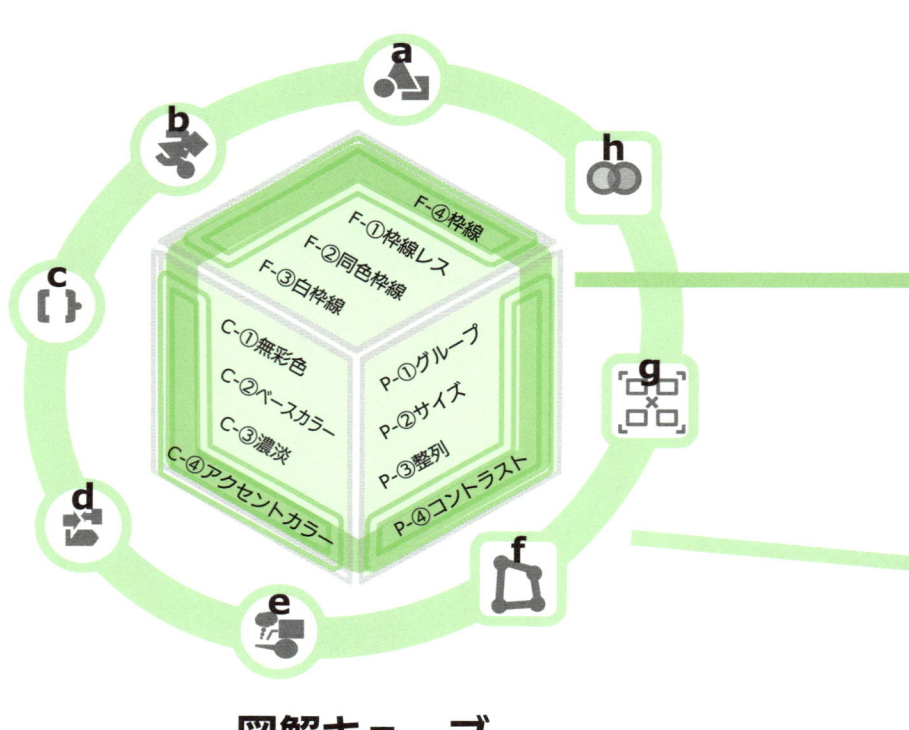

図解キューブ

を適切に用いている。

ール＆アレンジ)に分けることで、図解テクニックを段階的に習得す

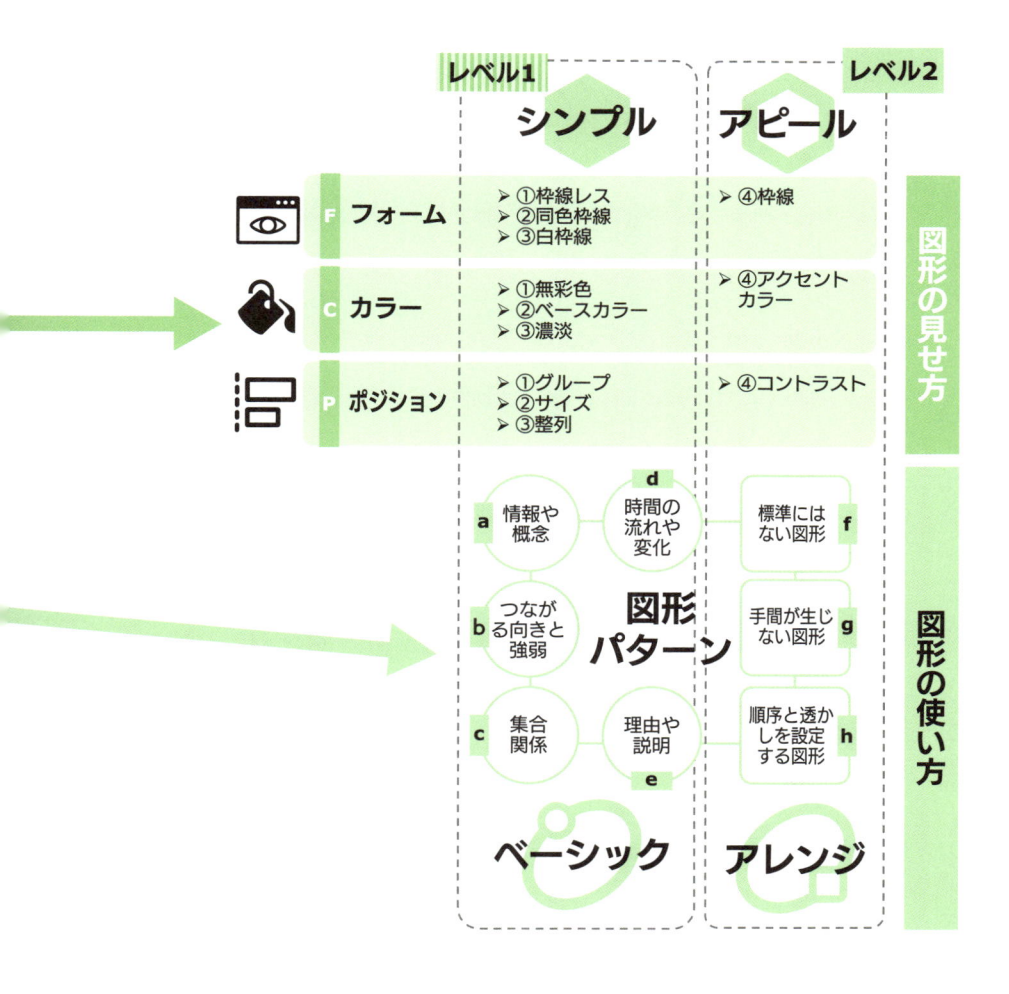

▼（見せ方）フォーム：線の使用を控える

たった1つのテクニックで図の見た目が大きく改善することがあります。私が指導してきた多くの図解で最も顕著に効果が見られたのは、「線を使わない」ことです。

線を使わずに図を作ろうとすると、面を組み合わせて表現を工夫するようになります。線はあくまでも補助的に使用するに留めます。

応用として、面を使いこなせるようになれば、枠線を効果的に使いこなすこともできるようになります。

▼（見せ方）カラー：使う色を絞る

図に用いる色は少ないほうが見やすくなります。白と黒をベースとし、目線を集めたい部分に絞って色を用います。複数の色を使い分けたいなら、似た系統の色を組み合わせます。

応用として、最低限の色使いで表現できるようになれば、効果的な強調色を組み合わせることができるようになります。

▼（見せ方）ポジション：図の位置を整える

図の位置を近づけると、その集合を1つのグループとして相手は捉えます。こうした考え方を利用して、図の距離や大きさ、タテヨコの整列に意味を持たせることができます。

応用として、図形の位置に意味を持たせておくと、左右対称や整列させるだけで、内容を強調できるようになります。

▼（使い方）図形パターン：伝わるデザインの図形を用いる

　図形を組み合わせたものが図です。図の種類を把握しておくと、図解が必要になったときにどんな図形を組み合わせれば良いか判断できます。

　図形のベーシックは5つあります。

[a] 情報や概念を図解する図形
　　→ 四角形、三角形、円形など
[b] つながりの向きと強弱を図解する図形
　　→ 矢印
[c] 集合関係を図解する図形
　　→ かっこ
[d] 時間の流れや状態変化を図解する図形
　　→ 矢羽、三角形、ブロック矢印など
[e] 理由や説明を図解する図形
　　→ 吹き出しなど

　また、ベーシックだけでは表現できない形を作るために3つのアレンジで図形の種類を増やします。

[f] 標準にはない図形を表現する
　　→ フリーフォーム図形の活用
[g] 変更時に手間が生じない図形を使う
　　→ 図形の組み合わせ
[h] 重ねる図形は順序と透かしを設定する
　　→ 図形の重ね合わせ

「見せ方」と「使い方」は1章、2章で解説します。

1部 図形の見せ方

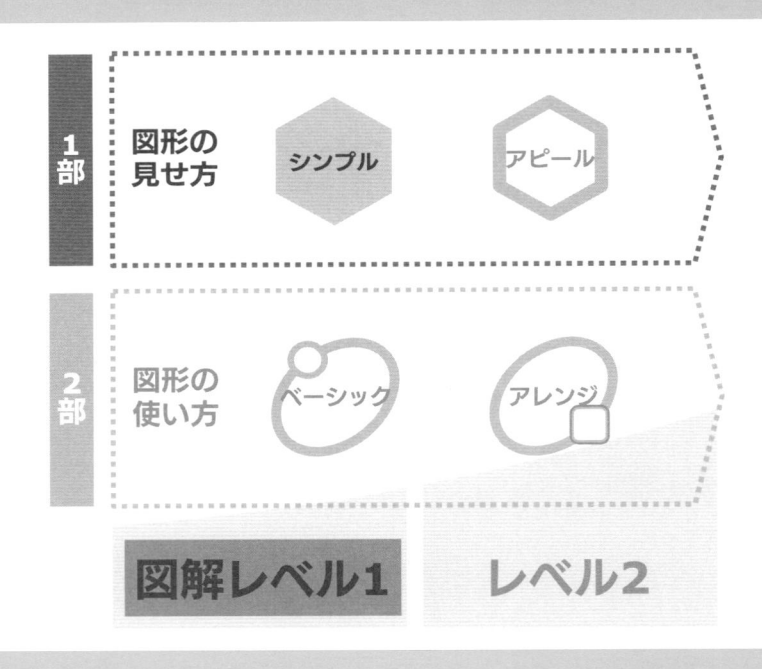

| 1部 | 図形の見せ方 | シンプル | アピール |
| 2部 | 図形の使い方 | ベーシック | アレンジ |

図解レベル1　レベル2

1章 「シンプルにする」ための見せ方

3部	4部
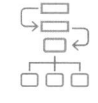  チャート　グラフ	高度な色使い  洗練されたデザイン
図解のパターン化	図解の魅せる化
レベル3	レベル4

1-1	フォーム：線ではなく「面」で表す
1-2	カラー：初期カラーではなく「ベースカラー」で表す
1-3	ポジション：言葉ではなく「位置」で表す

CHAPTER 1 「シンプルにする」ための見せ方

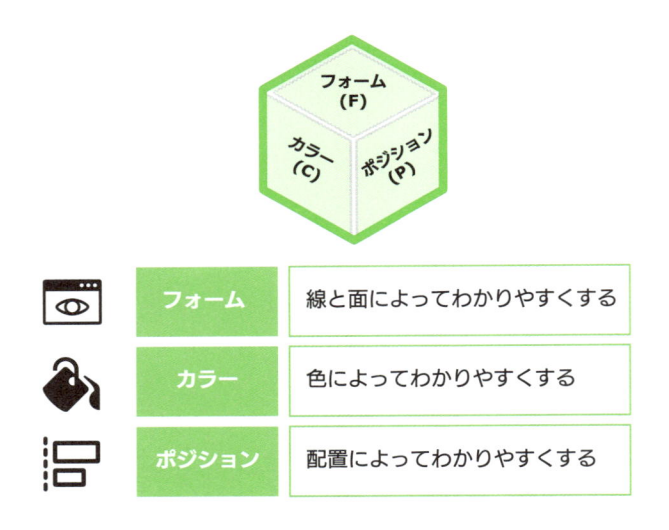

	フォーム	線と面によってわかりやすくする
	カラー	色によってわかりやすくする
	ポジション	配置によってわかりやすくする

▼ この章の要点

　わかりやすい図解にはわかりやすい図形が用いられており、そのわかりやすい図形は**「フォーム」「カラー」「ポジション」**の3要素がしっかりと考えられています。

　これら3つには、「シンプル」に見せる方法と「アピール」して目立たせる方法がそれぞれあります。このうち本章では「シンプル」にするための見せ方を取り上げます。

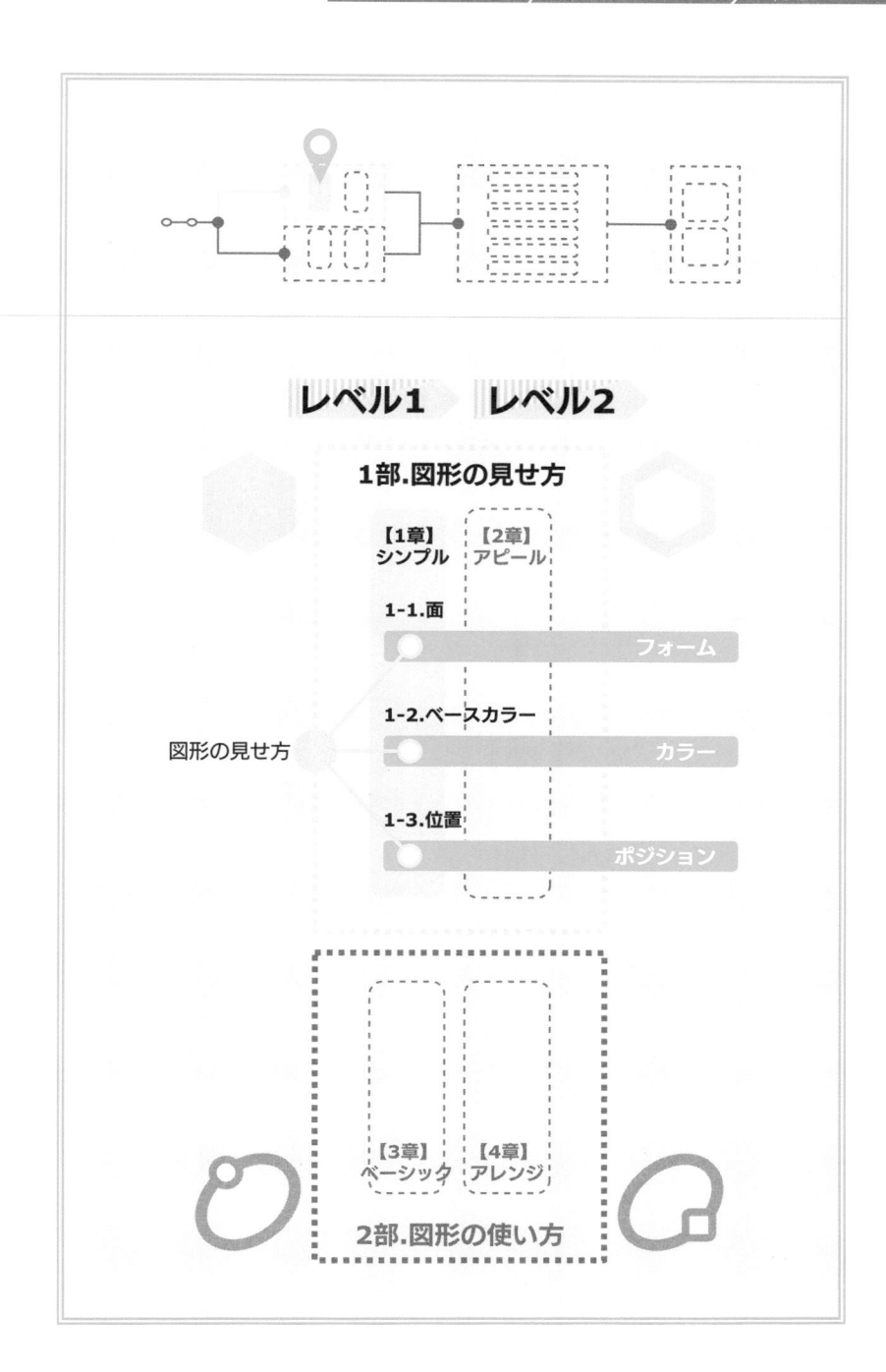

SECTION 1-1 フォーム：
線ではなく「面」で表す

👎 Not Good

▼ この Section の要点

　わかりやすい図形に用いられる 3 要素のうち、線と面によってわかりやすくするのが「フォーム」です。

　図形は線ではなく面、特に平面で表します。線で区切られた図形よりも、線を見せずに面で表現した図形のほうが目立ちません。影付きなどの立体表現も不要です。どんな図形も最初は目立たないような見せ方で作成します。

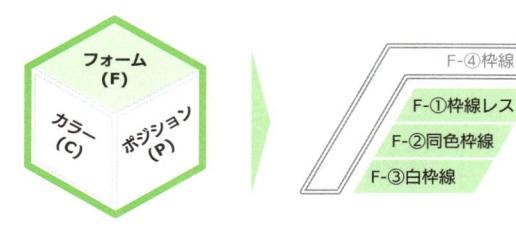

 **Good**

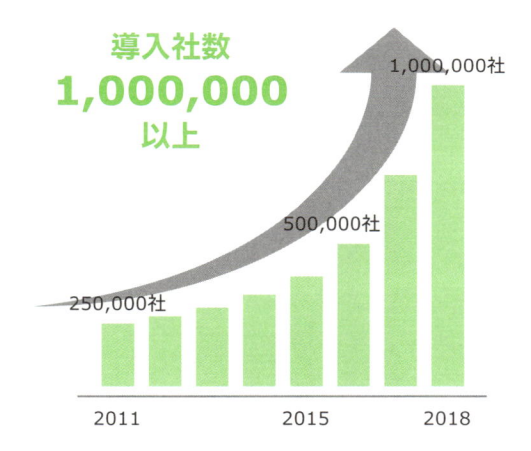

導入社数
1,000,000
以上

1,000,000社

500,000社

250,000社

2011　　　2015　　　2018

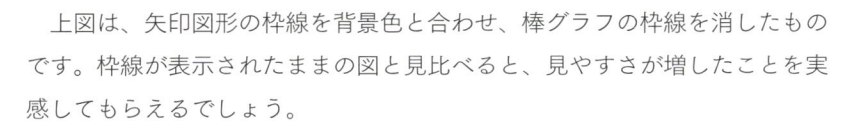

　上図は、矢印図形の枠線を背景色と合わせ、棒グラフの枠線を消したものです。枠線が表示されたままの図と見比べると、見やすさが増したことを実感してもらえるでしょう。

　図形の枠線に手を加えてシンプルに見せる方法には、**「枠線レス」「同色枠線」「白枠線」**の３つがあります。次ページ以降で、その使いこなし方を解説します。（アピールするためのＦ－④は２章で解説します）

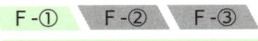

F - ① 枠線レス

👎 Not Good

フレームワーク	意味	注意点
MECE	➤ MECEとは、ダブリがなく、モレがない状態を表す言葉。	✓ 必ず図に書き出してモレとダブリがあるか確認すること。
ロジックツリー	➤ 樹形図の形で物事を整理していく手法。イシューツリーとも呼ばれる。	✓ 説明する相手が期待する結論に応じ、ブレイクダウンの方向性を調整する。
KPI	➤ 業務の達成度などを数値で測定するための指標である。重要業績指標と訳されることもある。	✓ 有用性が認められる単位でなければ意味ない。
PDCA	➤ Plan-Do-Check-Actionをスパイラルに進めることによって継続的な改善を推進する。	✓ 必ず定期的な計画の立て直しを行う。
Top Down / Bottom Up	➤ 上意下達、下意上達の流れを表す。	✓ どちらか片方だけではうまく働かない。
IPO	➤ インプット／プロセス／アウトプットの三要素からなるフレームワークを指す。	✓ プロセスが曖昧なままではインプットとアウトプットを明確に定義できない。

▼ 線で囲む図形、影が付いた図形は見た目がうるさい

　線で組まれた図形は、数が増えると線の数も比例して増えます。1つの長方形には縦と横で合計4本の線があり、図形の数が増えるほど、線の存在が邪魔になります。図形に影を付けて立体的に見せると目を引きますが、複数並ぶと影の存在がうるさくなります。

　上図のように長方形が集まると、枠線と影が目立ちすぎて、肝心の内容がすっと頭に入ってきません。

 **Good**

フレームワーク	意味	注意点
MECE	➤ MECEとは、ダブリがなく、モレがない状態を表す言葉。	✓ 必ず図に書き出してモレとダブリがあるか確認すること。
ロジックツリー	➤ 樹形図の形で物事を整理していく手法。イシューツリーとも呼ばれる。	✓ 説明する相手が期待する結論に応じ、ブレイクダウンの方向性を調整する。
KPI	➤ 業務の達成度などを数値で測定するための指標である。重要業績指標と訳されることもある。	✓ 有用性が認められる単位でなければ意味ない。
PDCA	➤ Plan-Do-Check-Actionをスパイラルに進めることによって継続的な改善を推進する。	✓ 必ず定期的な計画の立て直しを行う。
Top Down / Bottom Up	➤ 上意下達、下意上達の流れを表す。	✓ どちらか片方だけではうまく働かない。
IPO	➤ インプット／プロセス／アウトプットの三要素からなるフレームワークを指す。	✓ プロセスが曖昧なままではインプットとアウトプットを明確に定義できない。

▼ 線を消す

　文字も線で構成されているため、枠線が目立つ図形では文字が埋もれてしまいます。文字情報を読み取るには、文字の存在を強く意識しながら図を読みこまなければなりません。枠線が文字の読みやすさを阻害している図では、シンプルに枠線を全部消すことでわかりやすさが向上します。

　上図のとおり、元の図から**枠線を消すことで、文字に集中しやすくなり、内容がわかりやすく**なりました。

F-① F-② F-③

F-② 同色枠線

👎 Not Good

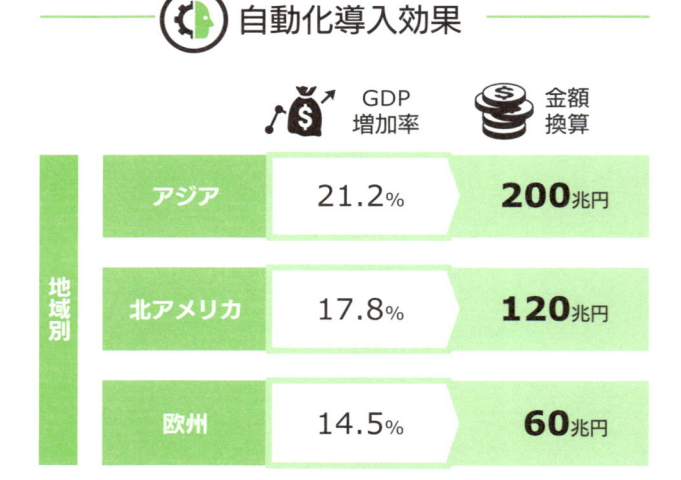

枠線を消すと図形同士の高さがずれる場合がある

枠線レスで図形を作るのが基本ですが、図形内の色が背景色と同じものは、図形として認識させるために枠線を設定します。枠線のある図形とない図形が混在すると、枠線が太くなるにつれて、両者の高さや幅にできる差が目立ってきます。よく考えて図形を配置している図解では、こうした差が見た目を損ないます。

上図は「GDP 増加率」の部分だけ高さが合っておらず、ちぐはぐな見た目になっています。

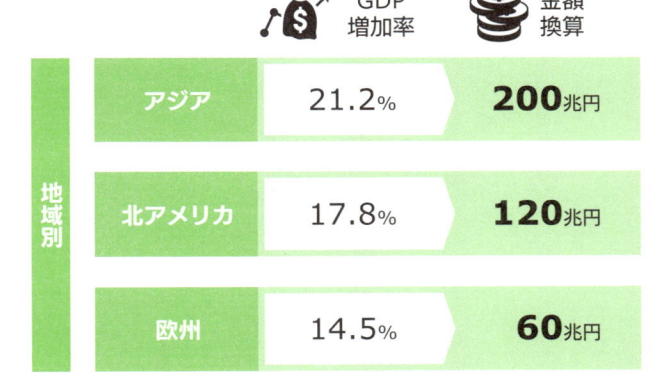

▼ 線の色を図形内に合わせる

　枠線が高さの違いを見せてしまうならば、枠線を消さなければよいのです。その代わり、**枠線の色を図形の塗りつぶし色と同じものにすることで、枠線レスと見た目が一緒になります。**

　枠線が太くない場合、画面上ではでっぱり部分に気づかないこともありますが、印刷するとずれている部分がはっきりとわかります。

　図解作成の基本として、枠線の太さが異なっている図形は、気づいた時点で「同色枠線」で揃えるか「枠線レス」にしましょう。

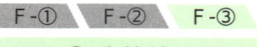

F - ③ 白枠線

👎 Not Good

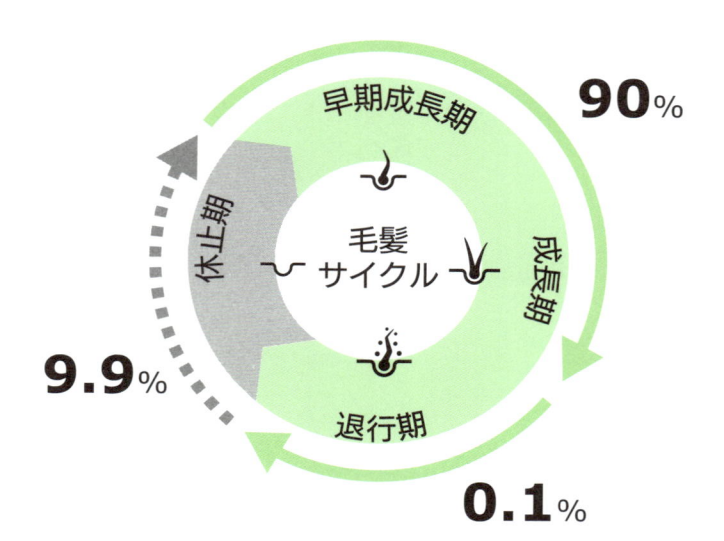

▼ 図形が重なると輪郭がわからない

　複数の図形を組み合わせて図解する際、「枠線レス」では図形同士の境界がわかりにくくなることがあります。そうした図形では、枠線の色を背景色と同じ色にすることで、目立たず控えめに区分することができます。

　多くの資料は白を背景色としているため、そのような枠線を本書では便宜上「白枠線」と呼ぶことにします。

　白枠線を使わなかったために、図形同士の境がわかりにくくなってしまったものが上図です。

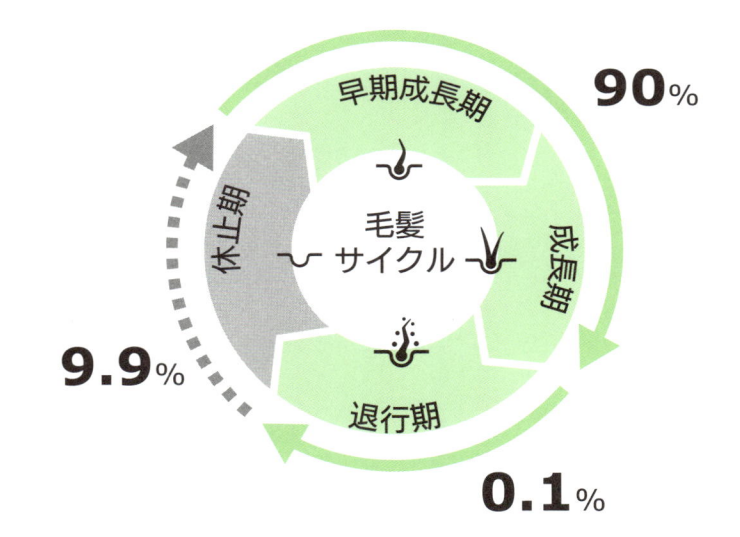

▼ 白枠線で目立たず控えめに区分する

　先ほどの循環図に白枠線を設定すると、上図のようにすっきりしました。白枠線によって、4つのサイクルが明確に分かれています。

　「最初から枠線を設定すればよい」という考えだとうまくいきません。

　たとえば、黒で枠線を引くと、枠線が目立ちすぎて見た目が損なわれます。図形の塗りつぶし色よりやや濃い色を設定しても、「休止期」の枠線が他の枠線の色とぶつかり、きれいに区分できません。

　文字を邪魔せずに図形の区切りをすっきり見せるなら白枠線が適します。

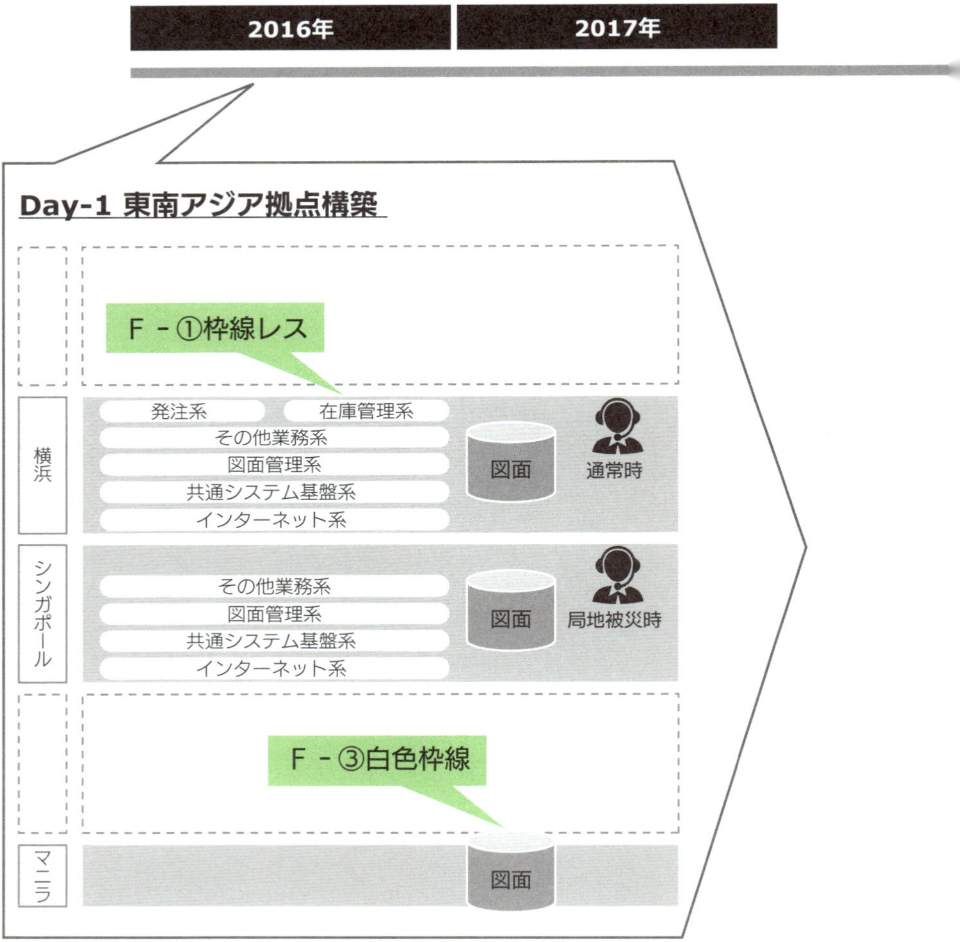

2016年	2017年

Day-1 東南アジア拠点構築

F - ①枠線レス

横浜 （通常時）
- 発注系
- 在庫管理系
- その他業務系
- 図面管理系
- 共通システム基盤系
- インターネット系

図面

シンガポール （局地被災時）
- その他業務系
- 図面管理系
- 共通システム基盤系
- インターネット系

図面

F - ③白色枠線

マニラ

図面

主なポイント

- ❑ 今後の拠点方針を作成
- ❑ 拠点移行プロシージャの定義
- ❑ 業務要件となるサービスレベル、処理性能を見直し
- ❑ 香港拠点：NW構築
- ❑ シンガポール：リカバリ環境を整備
- ❑ ジャカルタ：仮想環境構築

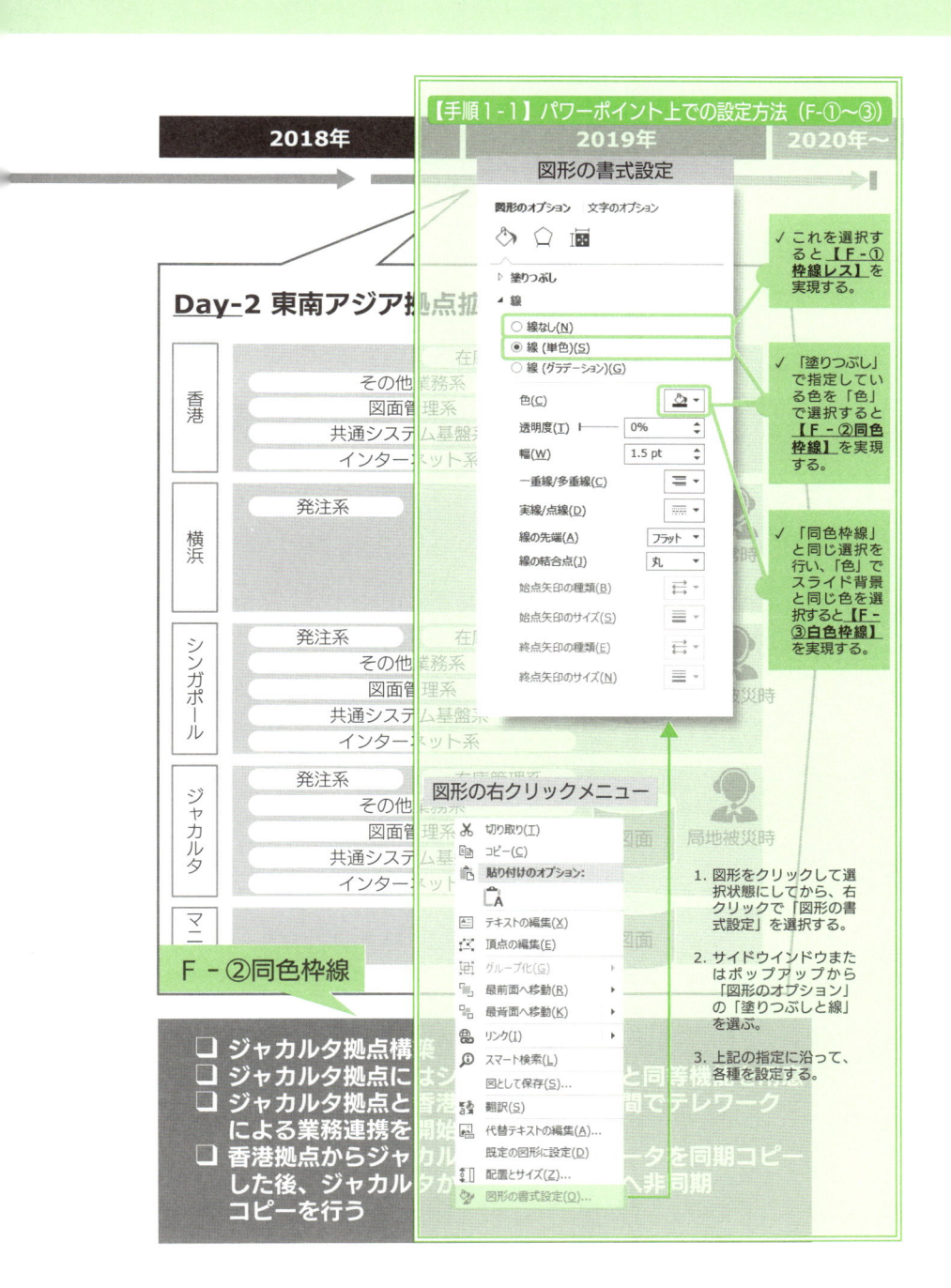

SECTION 1-2 カラー：初期カラーではなく「ベースカラー」で表す

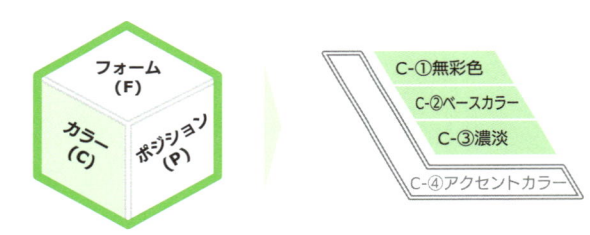

▼ この Section の要点

　わかりやすい図形に用いられる３要素のうち、色使いによってわかりやすくするのが「カラー」です。**図形に使う色は必要最低限に絞ります。** 意味もなく色をつけると余分な色で溢れてしまいます。どんな図形も色の数が最小限になる見せ方で作成します。

　右図の改善後は、使用する色を白黒系（無彩色）とベースカラー１色に限定し、色の濃淡をつけました。変更前と比べると、何を強調したいのかはっきりすることがわかるでしょう。

　図形に色をつけてシンプルに見せる方法には、**「無彩色」「ベースカラー」「濃淡」** の３つがあります。次ページ以降で、その使いこなし方を解説します。（アピールするためのＣ－④は２章で解説します）

Not Good

抗生物質は人や動物の
健康状態を阻害する菌
を殺すために用いられ
ます。

抗生物質を患者へ投与すると、腸
内で薬剤耐性細菌が発生すること
もあります。

バクテリアの
抗生物質への
抵抗力が強まるとき、
抗生物質耐性
が生じます。

動物は腸内で薬剤耐性細菌
を発生させます。

衛生状態が悪い施設を通じて、
他の患者にも薬物耐性細菌は広
がります。

薬物耐性細菌は、食物、環境を介し、ま
たはヒトと動物との直接接触によってヒ
トへ到達します。

薬物耐性細菌は広く拡散し
ます。

Good

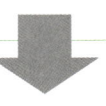

抗生物質は人や動物の
健康状態を阻害する菌
を殺すために用いられ
ます。

抗生物質を患者へ投与すると、腸
内で薬剤耐性細菌が発生すること
もあります。

バクテリアの
抗生物質への
抵抗力が強まるとき、
抗生物質耐性
が生じます。

動物は腸内で薬剤耐性細菌
を発生させます。

衛生状態が悪い施設を通じて、
他の患者にも薬物耐性細菌は広
がります。

薬物耐性細菌は、食物、環境を介し、ま
たはヒトと動物との直接接触によってヒ
トへ到達します.

薬物耐性細菌は広く拡散し
ます。

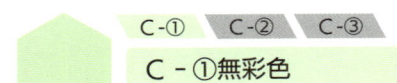

C-① C-② C-③

C - ①無彩色

👎 Not Good

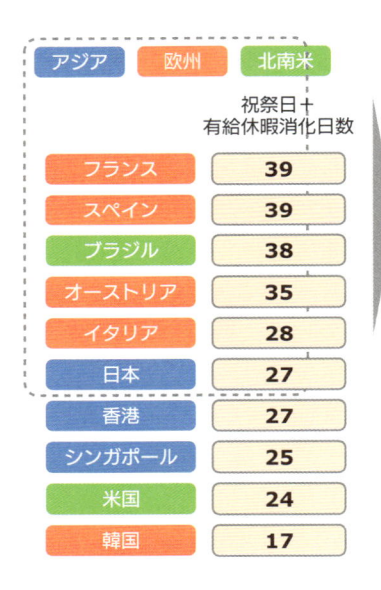

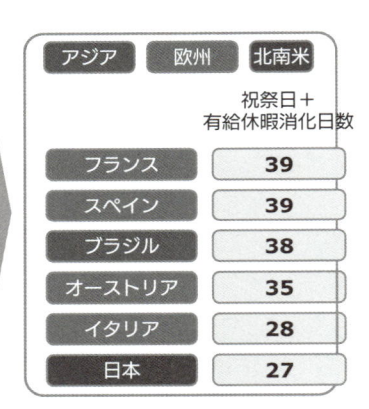

白黒印刷時の見た目

▼ 色で溢れた図形はゴチャゴチャしている

　「1つめの要素は青、2つめは緑」など使い分けようとすると、出てくる要素の数だけ色の種類が必要になります。こうした図は色の情報量が多すぎて、ゴチャゴチャした見づらいものになってしまいます。

　上図のように、要素の種類が多いケースでは、何に注目したらよいのか判断できません。さらに、白黒印刷でプリンターから出力すると、「アジア」「欧州」「北南米」の色の違いがわからなくなります。

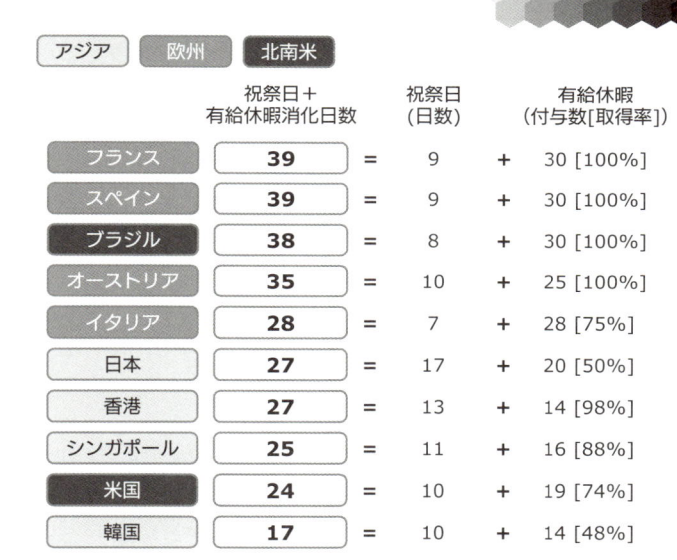

無彩色のカラーパレット

👍 Good

	祝祭日+ 有給休暇消化日数		祝祭日 （日数）		有給休暇 （付与数[取得率]）
アジア 欧州 北南米					
フランス	39	=	9	+	30 [100%]
スペイン	39	=	9	+	30 [100%]
ブラジル	38	=	8	+	30 [100%]
オーストリア	35	=	10	+	25 [100%]
イタリア	28	=	7	+	28 [75%]
日本	27	=	17	+	20 [50%]
香港	27	=	13	+	14 [98%]
シンガポール	25	=	11	+	16 [88%]
米国	24	=	10	+	19 [74%]
韓国	17	=	10	+	14 [48%]

▼ 白黒ベースの無彩色で図形を塗り分ける

　白黒印刷するときのことも考えて色を塗り分けるのは手間です。その手間を省くため、まずは無彩色を使って図形を整理しましょう。無彩色とは、白、黒、グレーの色合いだけでも多くの要素を描き分けることができます。図形ツールでは、カラーパレットから選択することができます。

　上図のとおり、**白に近いグレーには黒文字、黒に近いグレーには白文字、その中間は白文字を合わせる**と、可視性の高い無彩色のカラーコンビネーションになり、見やすくなります。

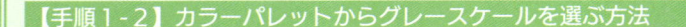

【手順1-2】カラーパレットからグレースケールを選ぶ方法

図形の書式設定

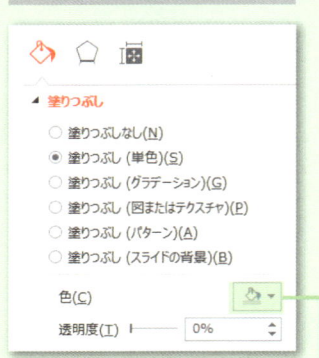

1. 図形をクリックして選択状態にしてから、右クリックで「図形の書式設定」を選択する。
2. 「色」ポップアップカラーパレットの左端2列に配置されたグレースケール12色から選ぶ。
3. さらに細かくグレースケールを使い分けたい場合、「その他の色」から「色の指定」ウインドウを開く。「標準」タブに並ぶグレースケール16色から選ぶ。 または、「ユーザー設定」タブの色パレット最下部をクリックすると、グレースケール256色から選ぶことができる。

図形の右クリックメニュー

カラーパレット

方法①:12色

✓ 両端の白、黒と中間色の
　グレーを合わせた12色から
　選択する。

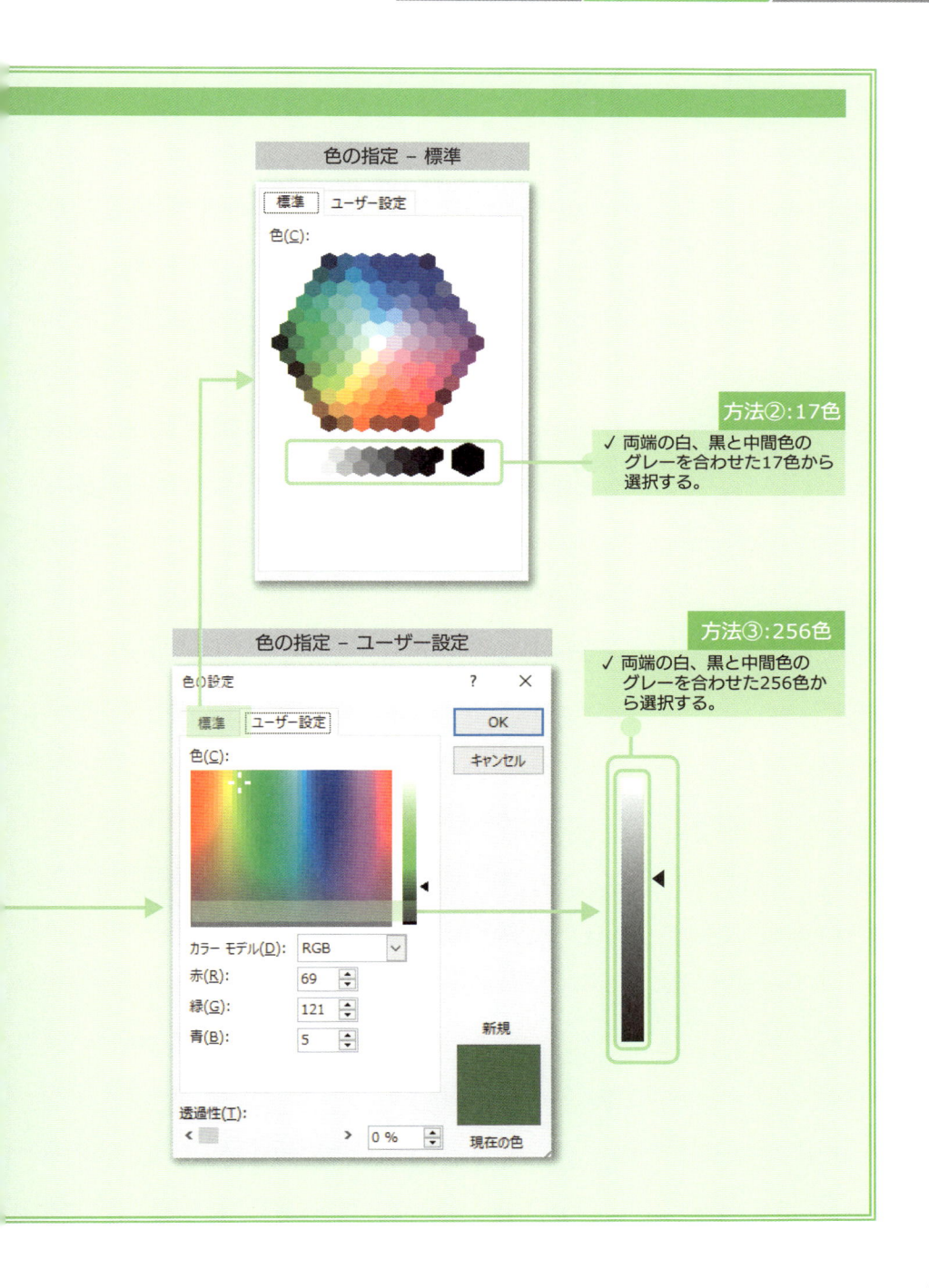

色の指定 – 標準

方法②:17色

✓ 両端の白、黒と中間色の
グレーを合わせた17色から
選択する。

色の指定 – ユーザー設定

方法③:256色

✓ 両端の白、黒と中間色の
グレーを合わせた256色か
ら選択する。

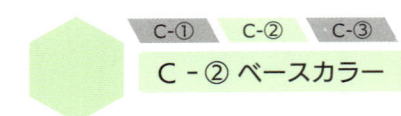

C-① C-② C-③

C - ② ベースカラー

Not Good

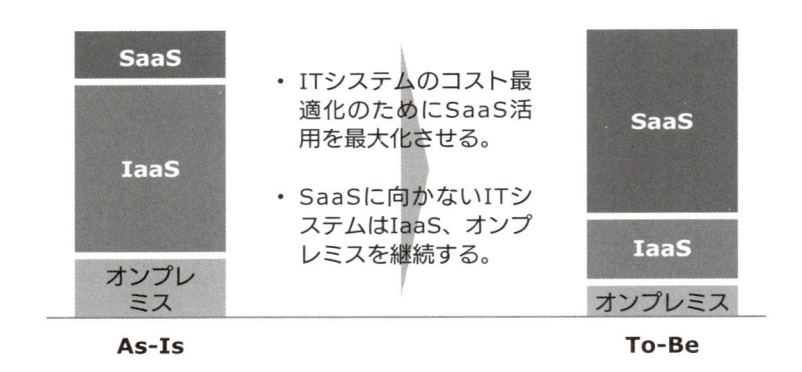

- ITシステムのコスト最適化のためにSaaS活用を最大化させる。
- SaaSに向かないITシステムはIaaS、オンプレミスを継続する。

As-Is　　　　To-Be

▼ 無彩色の図は主張を読み取りづらい

　無彩色の図形は資料作成者のゴテゴテした主観が排除され、落ち着いた印象を相手に与えます。しかし、無彩色であらわせるカラーバリエーションは少なく、主張したい点をわかりやすく伝えるには工夫が求められます。

　上図のように、無彩色だけで構成された図解では伝えたい点が明確ではありません。資料を読む相手は何を読み取るべきか迷い、あなたの意図とは違う理解をすることもあります。

👍 Good

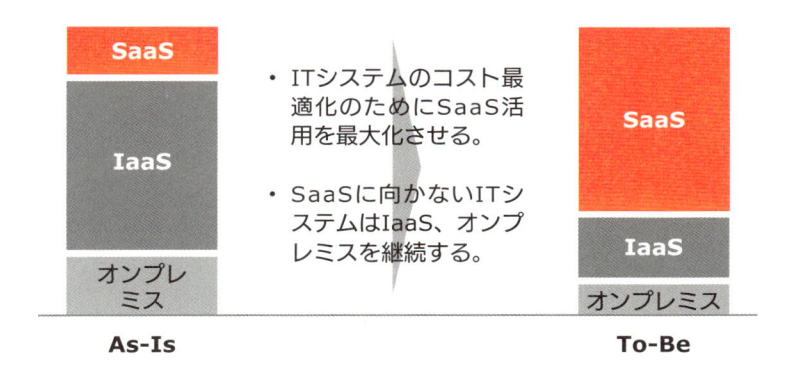

▼ 一番伝えたい部分に有彩色を使う

　一番伝えたい部分には有彩色を用いると、相手はあなたの言いたいことを適切に受け取ってくれます。

　有彩色とは、無彩色ではない色です。赤、青、緑など様々な種類があり、パワーポイントのカラーパレットでは1677万色以上から選ぶことができます。その中から1色を選び、強調したい部分を塗りましょう。この色をベースカラーと呼び、他に強調したい部分があれば、同じ色を用います。

　上図のとおり、**色合いが強くて白文字が目立つ色を1つだけ組み込む**と、可視性が一層増したカラーコンビネーションになります。どの色を用いるかは次のページを参考にしてください。

【手順1-3】ベースカラーの選び方

理性に働きかける
ベースカラー

- 数字や事実に基づいて客観的に判断をしてもらいたい場面で用いる。ロジカルに伝えたい図に向いている。

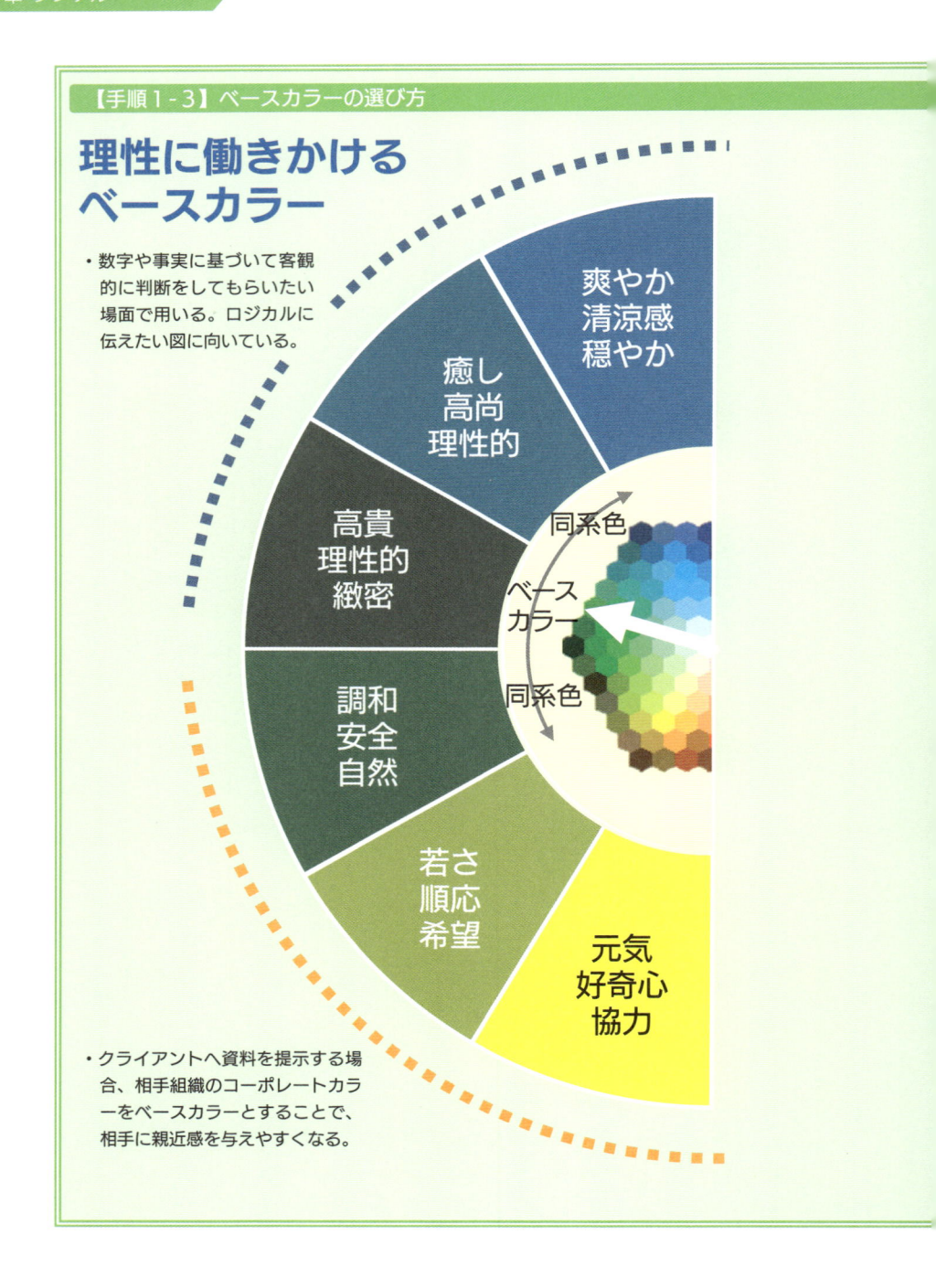

- クライアントへ資料を提示する場合、相手組織のコーポレートカラーをベースカラーとすることで、相手に親近感を与えやすくなる。

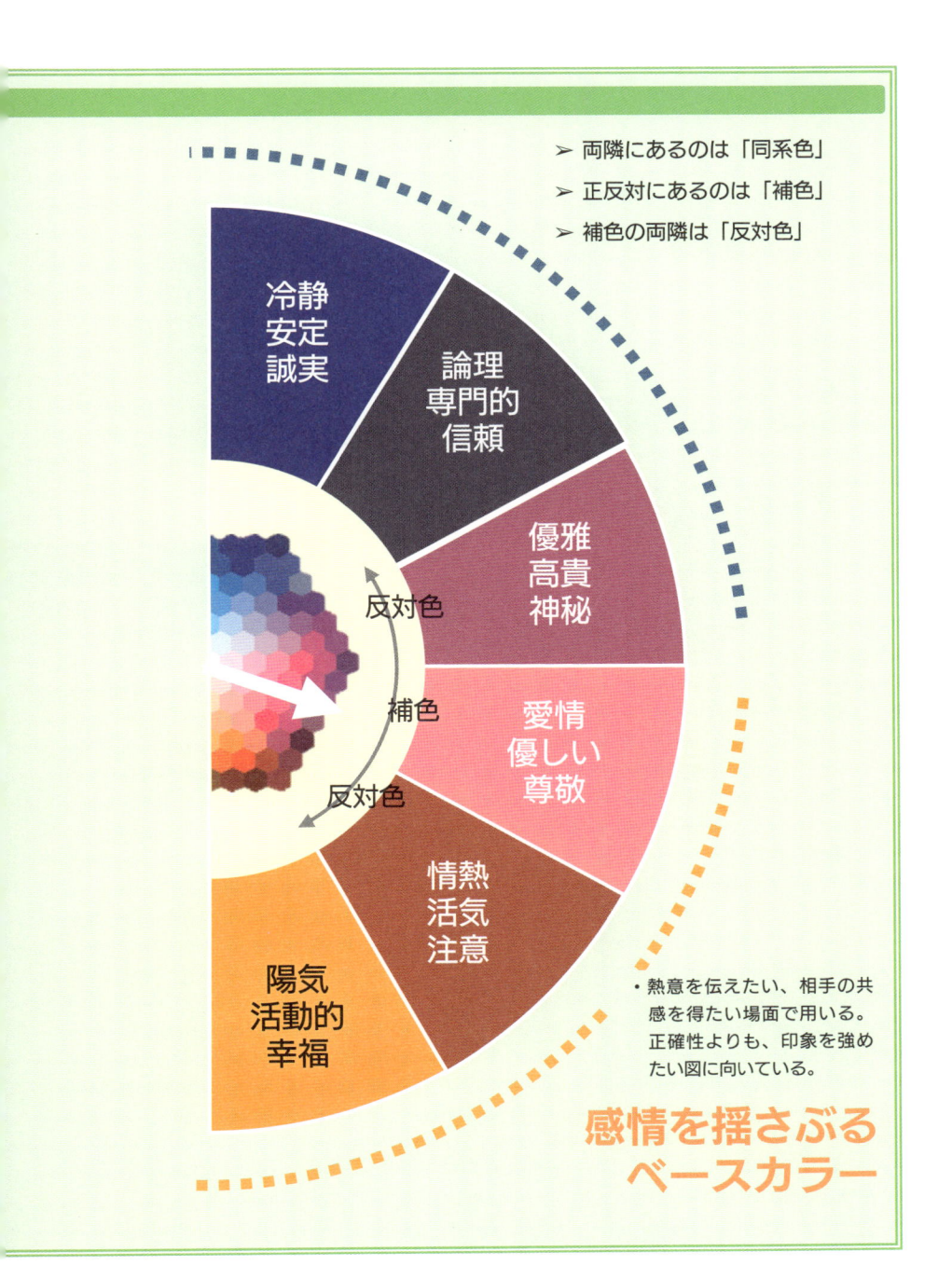

➤ 両隣にあるのは「同系色」
➤ 正反対にあるのは「補色」
➤ 補色の両隣は「反対色」

冷静
安定
誠実

論理
専門的
信頼

優雅
高貴
神秘

愛情
優しい
尊敬

情熱
活気
注意

陽気
活動的
幸福

反対色

補色

反対色

・熱意を伝えたい、相手の共
感を得たい場面で用いる。
正確性よりも、印象を強め
たい図に向いている。

感情を揺さぶる
ベースカラー

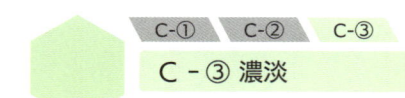

C-① C-② C-③

C‐③ 濃淡

👎 **Not Good**

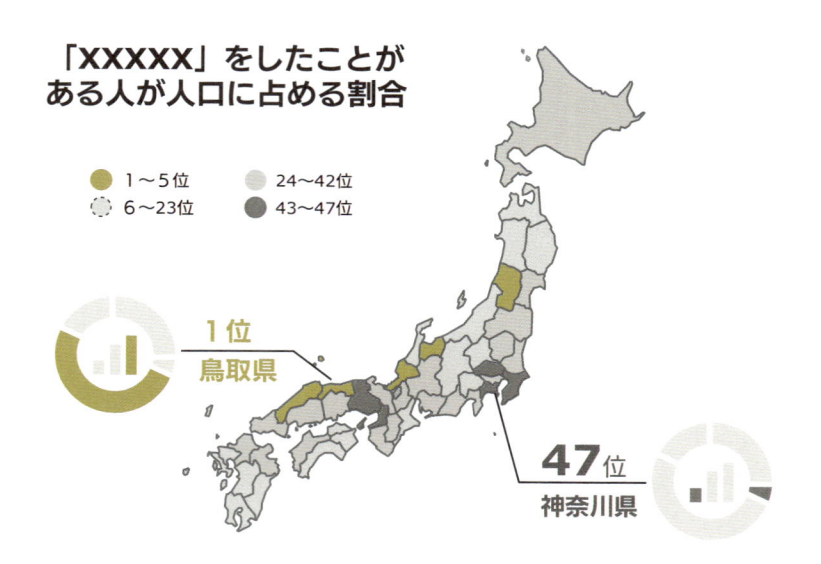

「XXXXX」をしたことが
ある人が人口に占める割合

● 1〜5位　　○ 24〜42位
◌ 6〜23位　　● 43〜47位

1位
鳥取県

47位
神奈川県

▼ 色の強弱が足りない図はメリハリがない

　無彩色と単一のベースカラー（有彩色）の組み合わせだけでは、うまく相手に伝わらない図もあります。特に、ベースカラーで強調したい部分にも強弱がある場合、図の意図がぼやけてしまいます。

　ベースカラーに強弱がない場合には、無彩色で表現する部分が広すぎて、何が重要なのか判断しづらくなります。上図のように、「1〜5位」までは明確ですが、それ以外の順位がわかりにくいです。

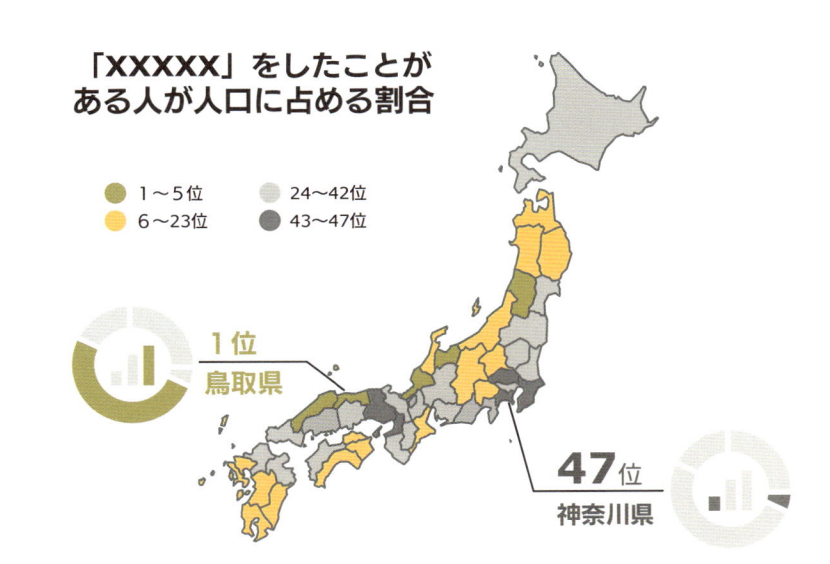

👍 **Good**

「**XXXXX**」をしたことが
ある人が人口に占める割合

● 1〜5位　　● 24〜42位
● 6〜23位　　● 43〜47位

1位
鳥取県

47位
神奈川県

▼ ベースカラーの濃淡で強弱をあらわす

　無彩色だけでなく、ベースカラーにも濃淡を設けることで、図の見やすさが大きく向上します。濃淡の色を直接指定する方法と、背景色の透明度を高めて色を淡くする方法があります。

　上図のとおり、濃淡のあるベースカラーで上位半分の都道府県を示すと、対象を一目で見分けられます。**ベースカラーに濃淡で段階を設けることで目立たせたい対象に強弱をつける**ことができます。

【手順1-4】ベースカラーとその濃淡を選ぶ方法

ベースカラーパターン

図解・資料の中の濃淡色の割合(%)	20 濃 Thick	30 ベースカラー	50 淡 Pale
水色 Aqua		RGB: 0/150/200 HSL: 140/255/100	
シアン Cyan		RGB: 0/200/150 HSL: 116/255/100	
深緑 Deep Green		RGB: 0/100/ 0 HSL: 85/255/50	
緑 Green	黒：透過率60%追加	RGB: 0/150/ 0 HSL: 85/255/77	白：透過率40%追加
黄緑 Lime		RGB: 150/200/ 0 HSL: 55/255/100	
黄色 Yellow		RGB: 255/255/ 0 HSL: 40/255/128	
橙色 Orange		RGB: 255/150/ 0 HSL: 25/255/128	
赤 Red		RGB: 200/ 0/ 0 HSL: 0/255/100	
桃色 Pink		RGB: 255/100/205 HSL: 227/255/180	
紫 Purple		RGB: 205/ 0/205 HSL: 227/255/180	
藍色 Indigo		RGB: 0/ 0/100 HSL: 170/255/50	
青 Blue		RGB: 0/ 0/255 HSL: 170/255/128	
灰色 Gray		RGB: 150/150/150 HSL: 170/ 0/150	

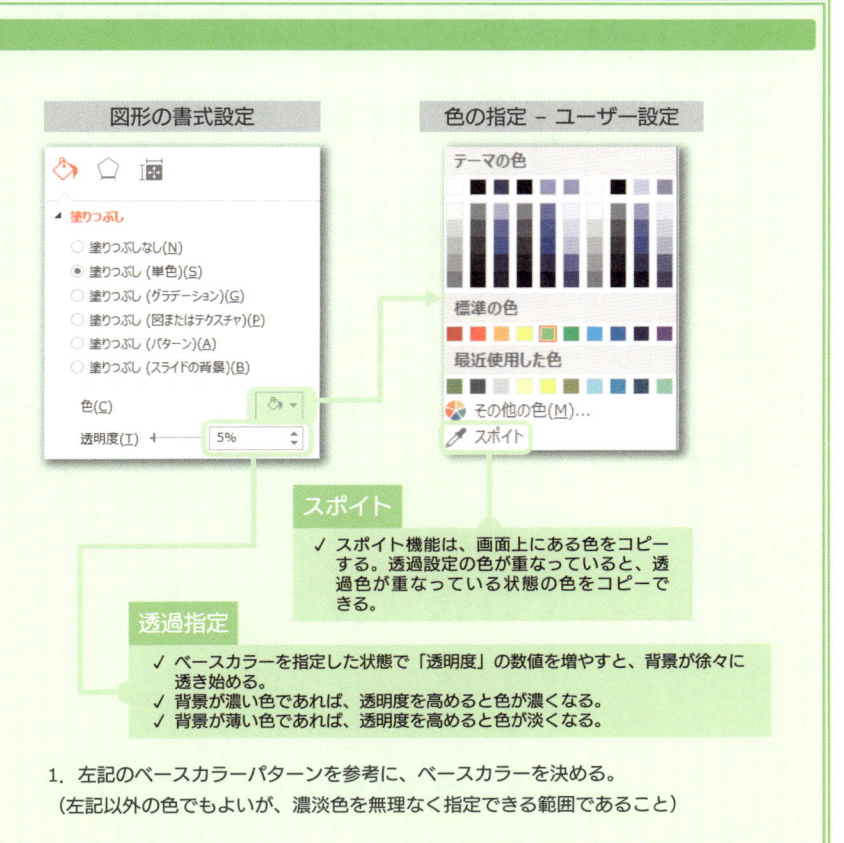

1. 左記のベースカラーパターンを参考に、ベースカラーを決める。
（左記以外の色でもよいが、濃淡色を無理なく指定できる範囲であること）

2. 着色したい図形（図形A）を右クリックして「その他の色」を選んだ後、「ユーザー設定」タブからRGBで色を指定する。「カラーモデル」をHSLに設定すると、色合い、鮮やかさ、明るさで設定できる。

（濃色・淡色を用いる場合、透過指定した図形と「スポイト」機能を活用する）

3. ベースカラー設定済みの図形Aとは別に、白または黒で「透過指定」した新たな図形（図形B）を作り、左記ベースカラーパターンのように、図形Aの一部に重ねる。

4. 図形Aを選択した状態で「スポイト」を使い、図形Bと重なっている部分（濃色・淡色）にスポイトを合わせてクリックすると、図形Aの色として設定される。
　　→ 濃色：黒（RGB: 0/ 0/ 0）& 透過指定：60%
　　→ 淡色：白（RGB: 255/255/255）& 透過指定：40%

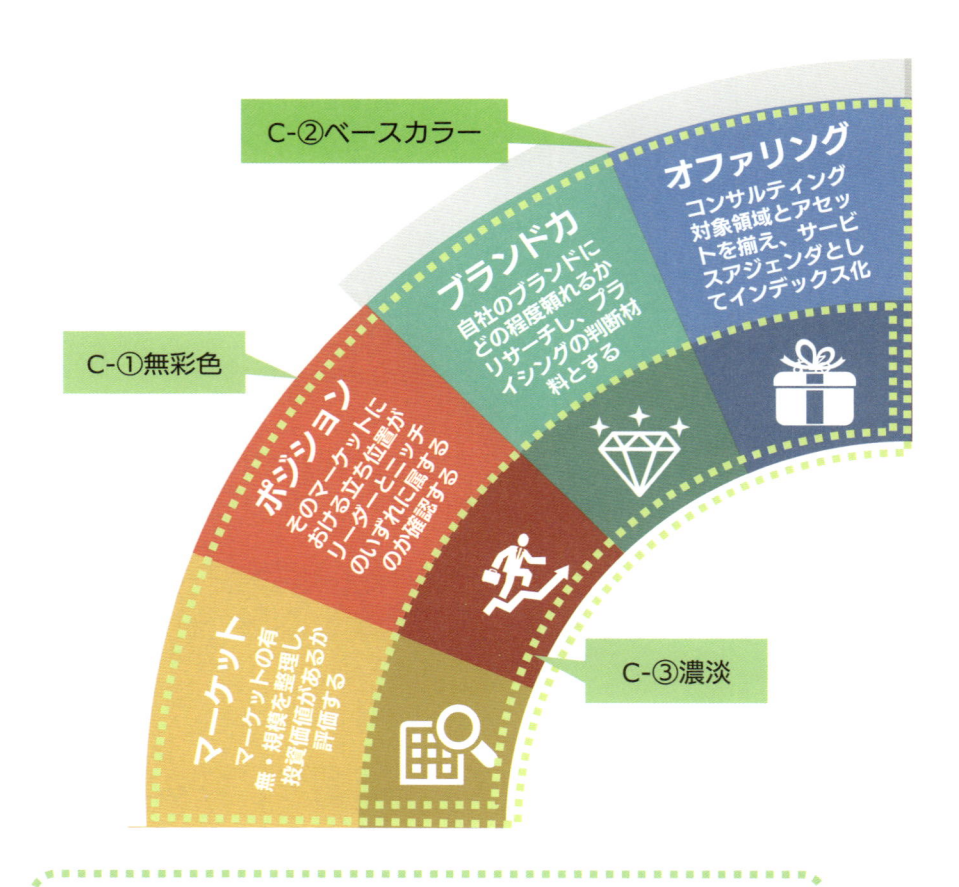

C-②ベースカラー

オファリング
コンサルティング対象領域とアセットを揃え、サービスアジェンダとしてインデックス化

C-①無彩色

ブランド力
自社のブランドにどの程度頼れるかリサーチし、プライシングの判断材料とする

ポジション
そのマーケットにおける立ち位置がリーダーニッチのいずれに属するのか確認する

C-③濃淡

マーケット
マーケットの有無・規模を整理し、投資価値があるか評価する

同じサービスを提供し続けているだけでは顧客満足度は低下する一方

ブランド力・価値提案を支える強力なオファリングが必要とされる

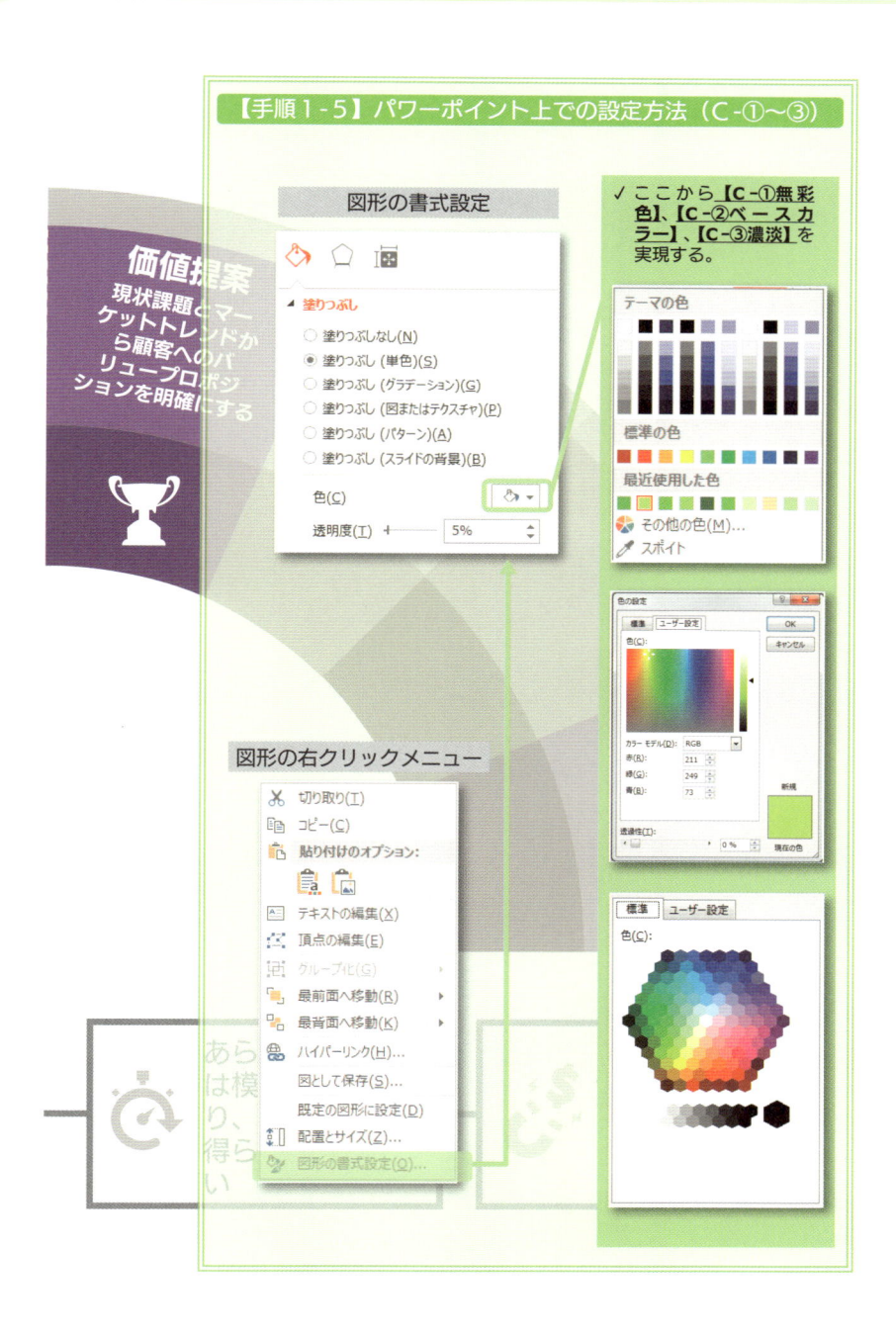

【手順1-5】パワーポイント上での設定方法（C-①～③）

図形の書式設定

✓ ここから【C-①無彩色】、【C-②ベースカラー】、【C-③濃淡】を実現する。

図形の右クリックメニュー

SECTION **1-3** ポジション：
言葉ではなく
「位置」で表す

👎 **Not Good**

中長期計画の実施に伴い実行される施策

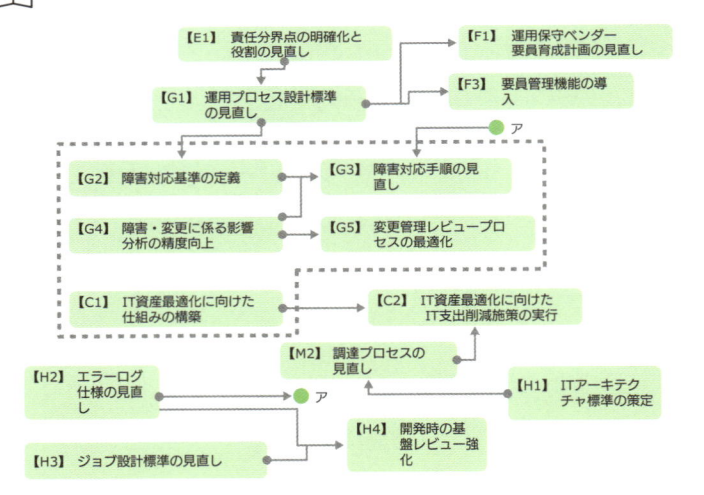

▼ この Section の要点

わかりやすい図形に用いられる3要素のうち、図形の配置にルールを設けることでわかりやすくするのが「ポジション」です。

図形の配置には必ず意味を持たせます。 無造作に並べられた図形は見栄えが悪いだけではありません。矢印を辿る向きや図形の位置により、相手の理解を阻害することもあります。

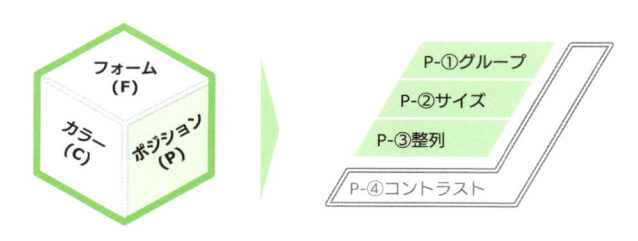

👍 Good

※開始タスクが分かりやすいよう **#** を追記

 中長期計画の実施に伴い実行される施策

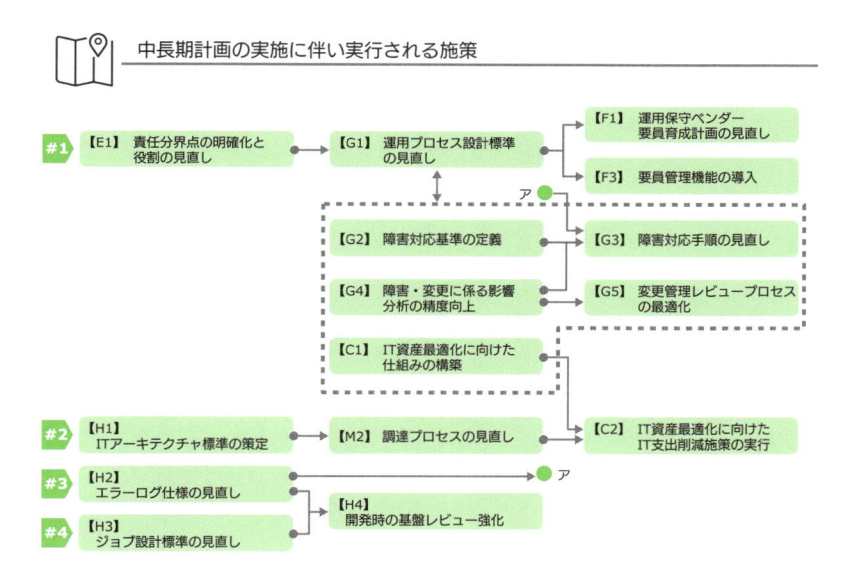

　上図は、図形の並びを揃えて間隔を均等にしました。同じ用途の図形は大きさも合わせています。変更前と比べると、図形ではなく中身に集中できるようになりました。

　図形の配置を揃えてシンプルに見せる方法には、**「グループ」「サイズ」「整列」** の３つがあります。次ページ以降で、その使いこなし方を解説します。（アピールするためのＰ－④は２章で解説します）

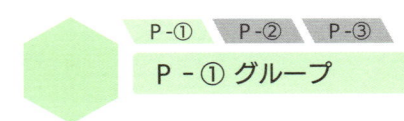

P-① P-② P-③

P - ① グループ

👎 Not Good

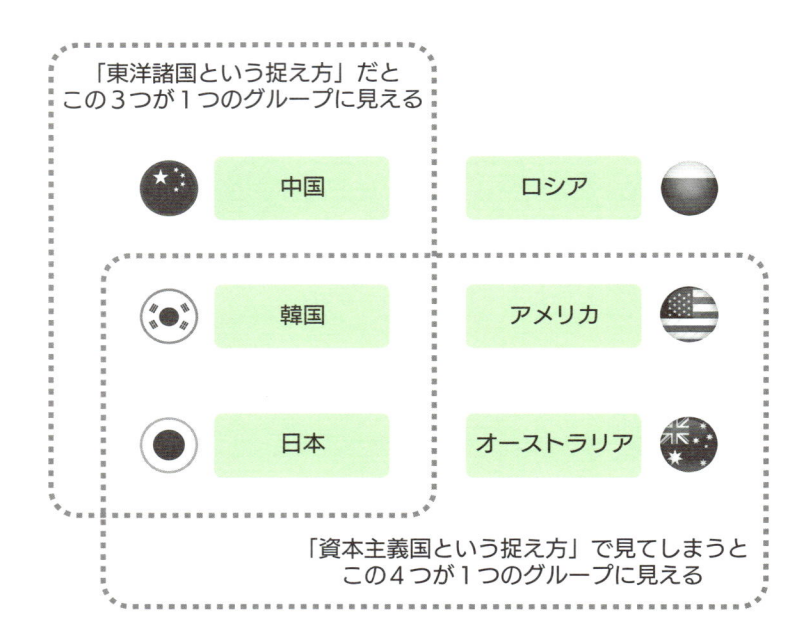

▼ 図形の位置がバラバラだと理解もバラバラ

　図形が並んでいると、多くの人は配置に意味があると考えます。図形を無造作に扱っていると、相手に思わぬ誤解を与えます。

　上図のように国名を並べた時、ある人は「下４つを資本主義国、上２つをそれ以外に分けている」と考えますし、別の人は「左３つは東洋諸国、右３つは西洋諸国」と考えます。人によって捉え方に差が出るあいまいな図形の並べ方は避けるべきです。

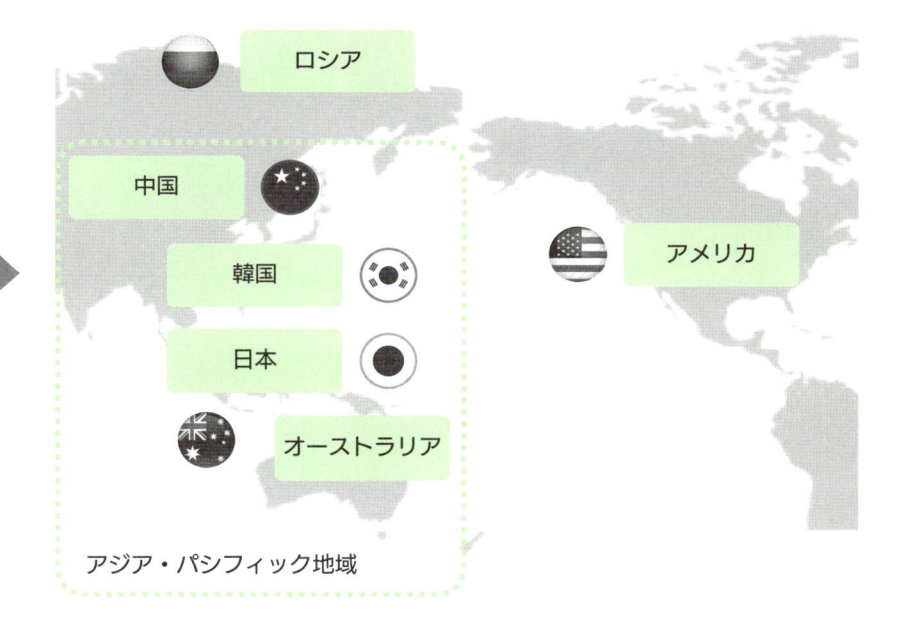

▼ 伝えたいチャンクにまとめて図形を置く

　誤解を避けるため、図形を配置するときには「このように読み取ってほしい」と決めてから、そう読み取れるよう並べます。何らかの意図でまとめた単位を「チャンク」とよび、**複数のチャンクを作るよう図形を配置**します。

　上図では、アジア・パシフィックをチャンクとしつつ、必要に応じて地域別の議論ができるように図形を置きました。

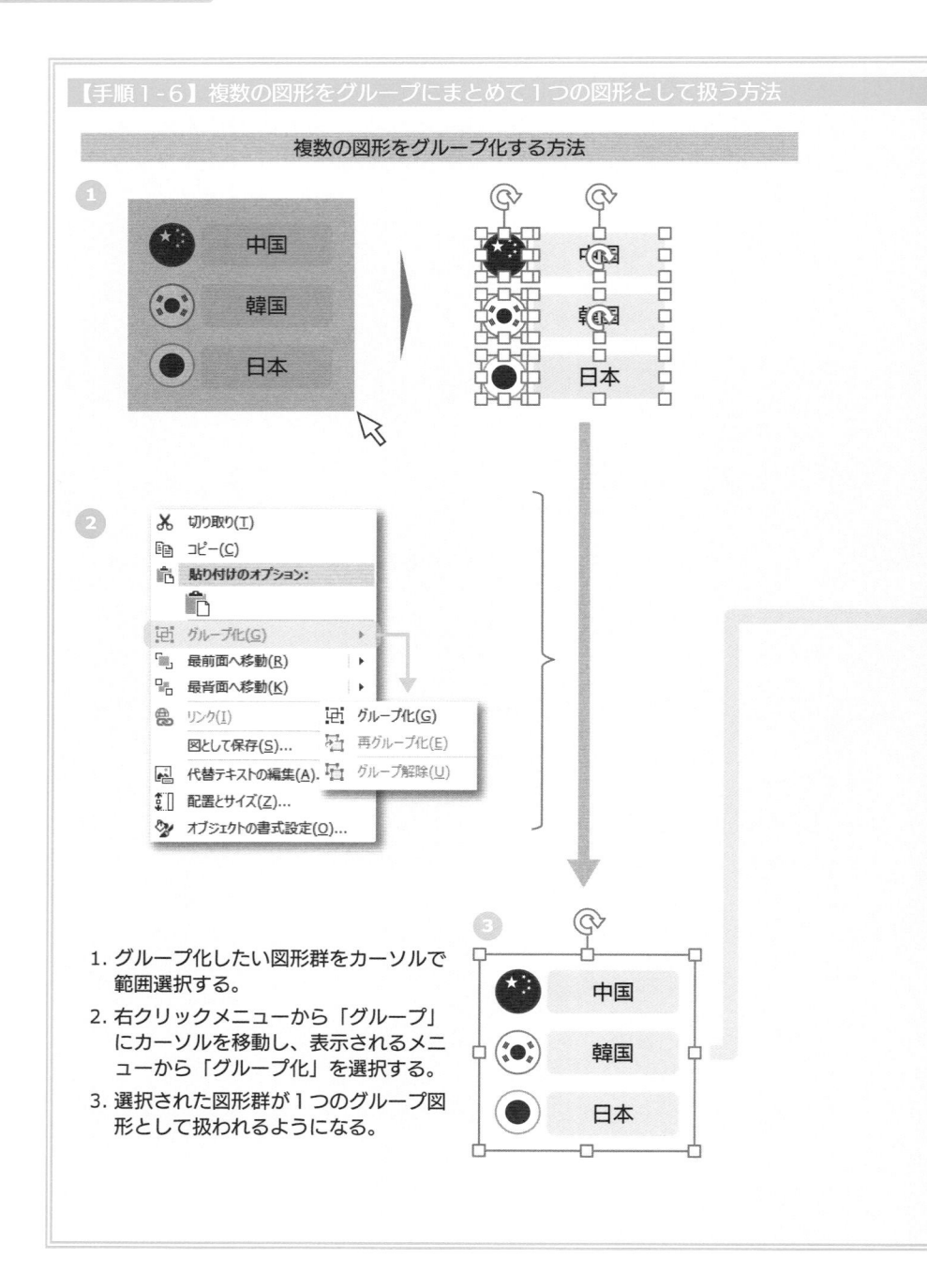

【手順1-6】複数の図形をグループにまとめて1つの図形として扱う方法

複数の図形をグループ化する方法

1. グループ化したい図形群をカーソルで範囲選択する。
2. 右クリックメニューから「グループ」にカーソルを移動し、表示されるメニューから「グループ化」を選択する。
3. 選択された図形群が1つのグループ図形として扱われるようになる。

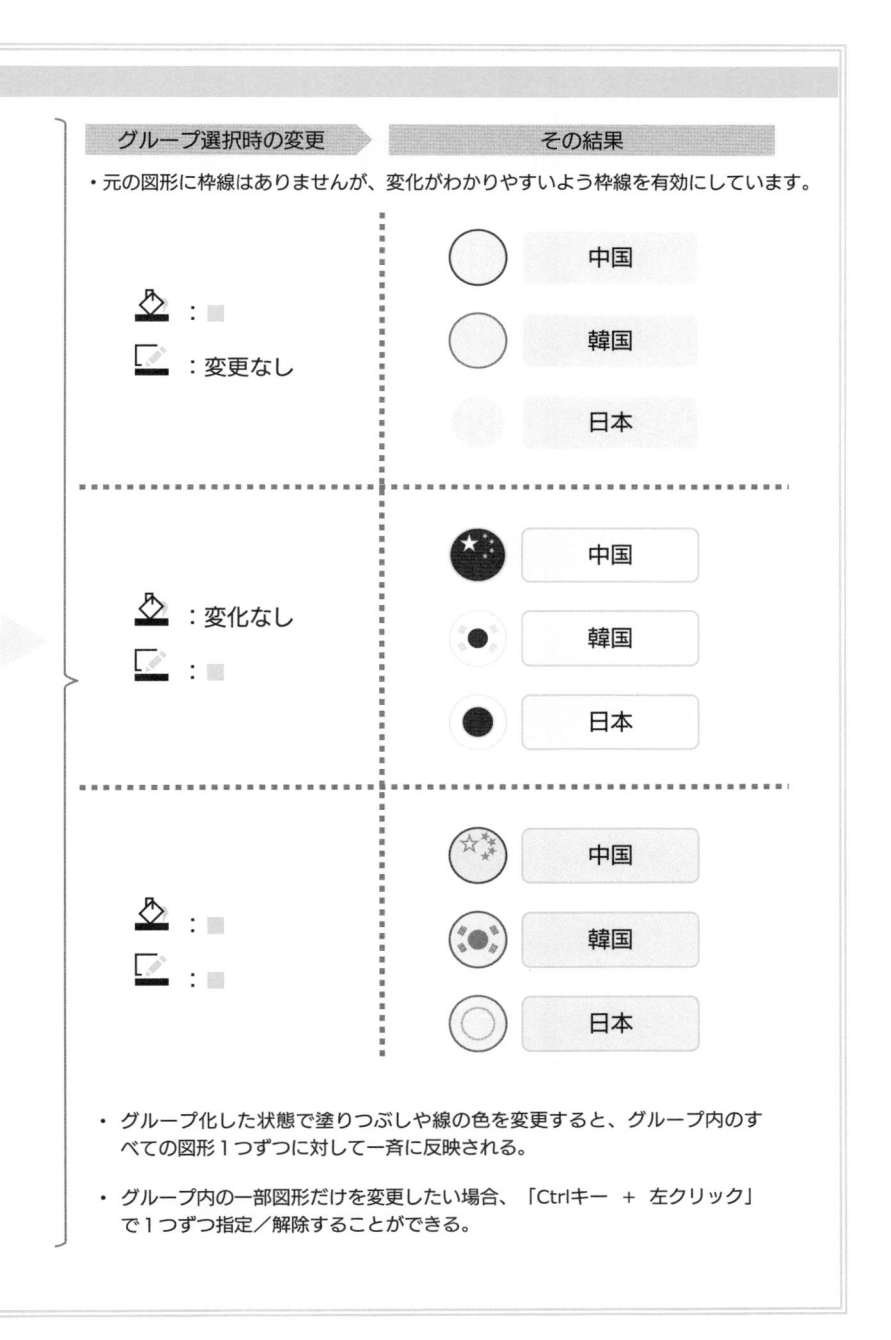

グループ選択時の変更	その結果

・元の図形に枠線はありませんが、変化がわかりやすいよう枠線を有効にしています。

- グループ化した状態で塗りつぶしや線の色を変更すると、グループ内のすべての図形1つずつに対して一斉に反映される。

- グループ内の一部図形だけを変更したい場合、「Ctrlキー ＋ 左クリック」で1つずつ指定／解除することができる。

1 図形の見せ方

2 図形の使い方

3 図解のパターン化

4 図解の魅せる化

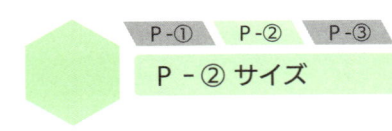

P-① P-② P-③

P-② サイズ

👎 Not Good

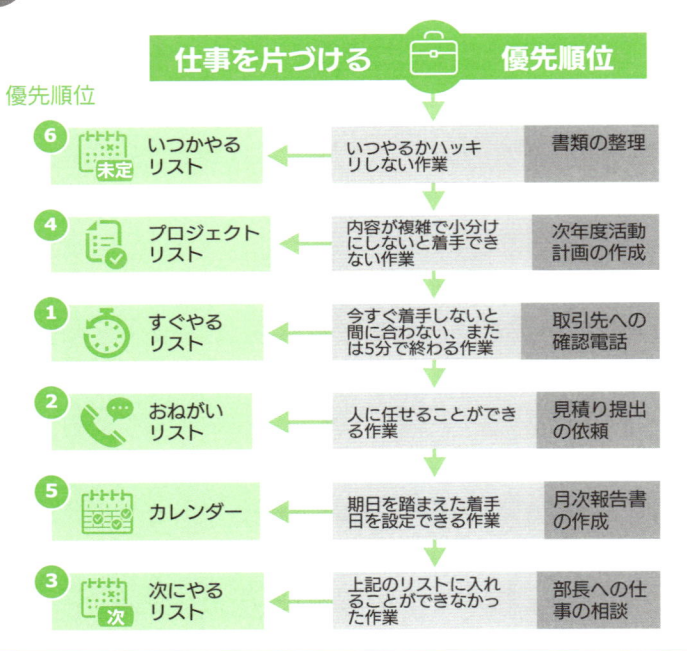

▼ 大きさの異なる図形を並べると美しくない

　大きさの異なる2つの図形を並べてもあまり気になりませんが、3つの中の1つだけ大きさが異なると、「何か意味があるのではないか」と相手は疑問を持ちます。さらに多くの図形がバラバラのサイズで並ぶと、「見た目が汚い」とネガティブな印象を相手に与えます。

　上図は、イラストの大きさ・番号・見出しボックスのすべてで大きさがミリ単位で異なります。手作業で図形のサイズを設定していると、こうした状態になりやすいでしょう。

👍 **Good**

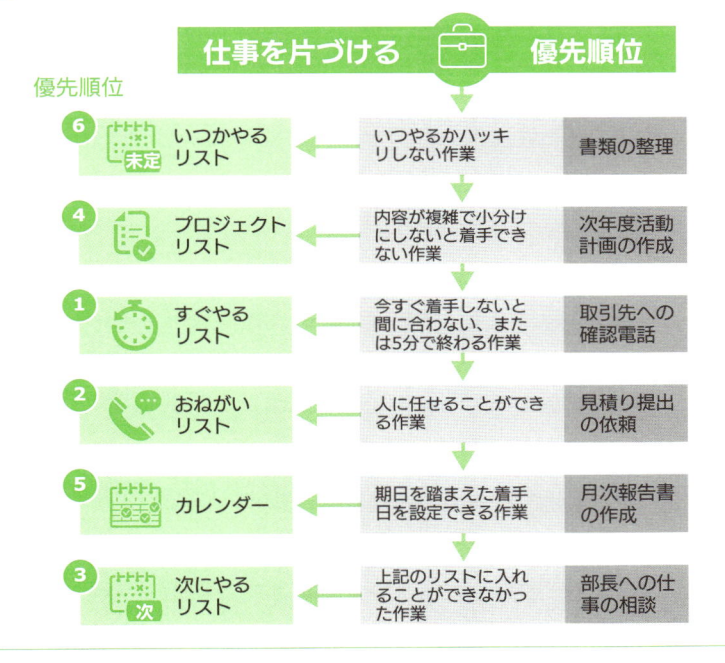

▼ 図形を完全に揃える

　タテヨコに並ぶ図形のサイズを揃えると、それだけで見た目がとてもきれいになります。特別な意図がないかぎり、タテヨコに並ぶ図形はサイズをピッタリ合わせます。ミリ単位で図形のサイズを合わせるために、「図形の書式設定」から高さ・幅を変更できます。クイックアクセスツールバーから直接変更することもできます。（次ページ参照）

　上図では、並び合う図形のタテとヨコを完全に一致させました。**サイズが揃うと見た目の安定感が増し、図に対する信頼感がアップ**します。

【手順1-7】図形サイズをミリ単位で揃える方法

①右クリックメニューから設定する方法

図形の右クリックメニュー

図形の書式設定

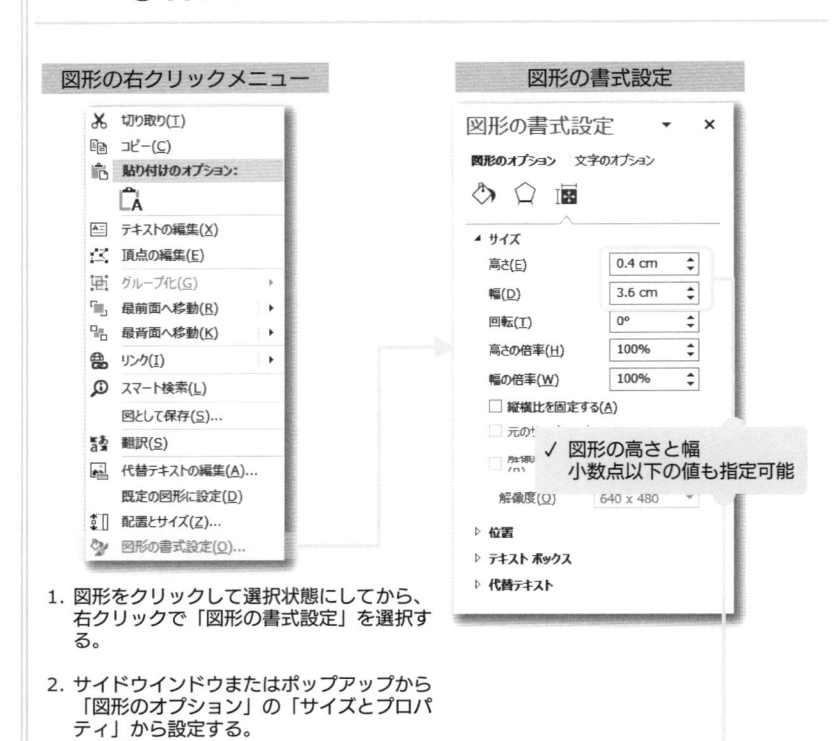

1. 図形をクリックして選択状態にしてから、右クリックで「図形の書式設定」を選択する。

2. サイドウインドウまたはポップアップから「図形のオプション」の「サイズとプロパティ」から設定する。

メニューリボン（パワーポイント画面上部）

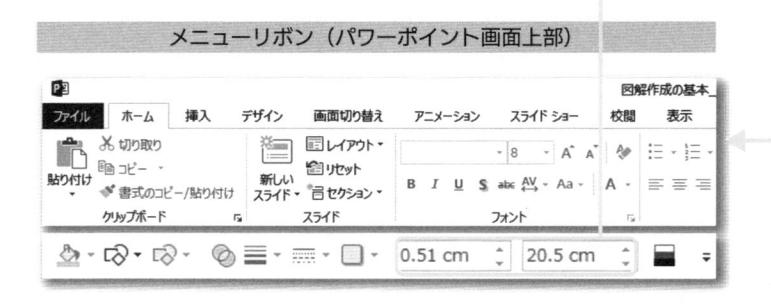

②クイックアクセスツールバーから設定する方法

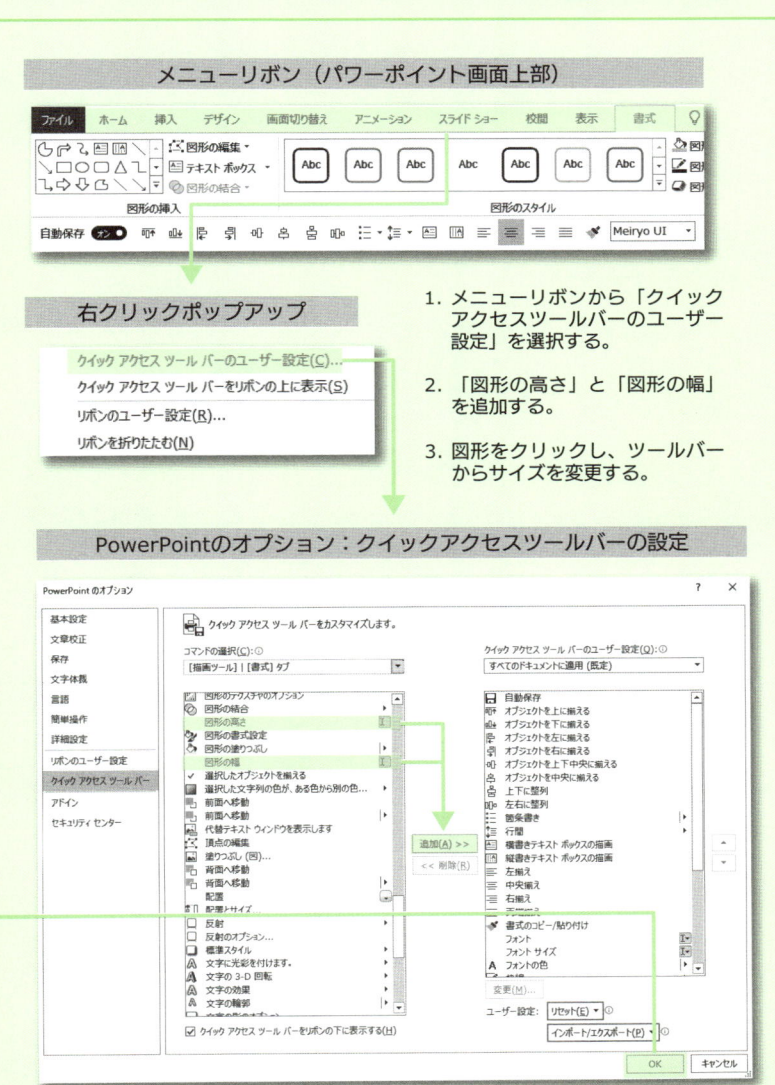

メニューリボン（パワーポイント画面上部）

右クリックポップアップ

1. メニューリボンから「クイック
   アクセスツールバーのユーザー
   設定」を選択する。

2. 「図形の高さ」と「図形の幅」
   を追加する。

3. 図形をクリックし、ツールバー
   からサイズを変更する。

PowerPointのオプション：クイックアクセスツールバーの設定

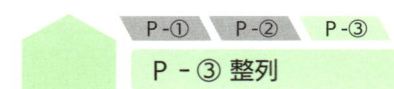

P - ③ 整列

👎 Not Good

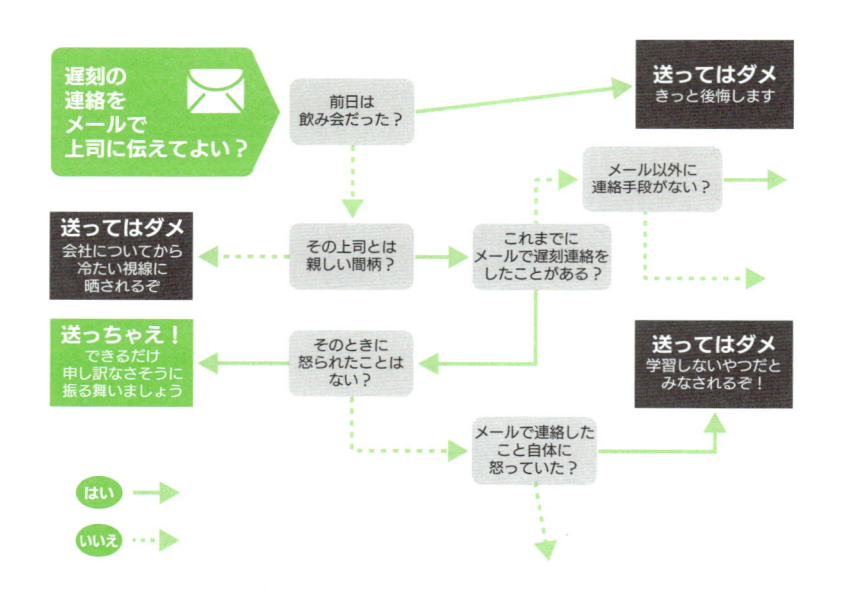

▼ 図形の位置がバラバラだと理解もバラバラ

　図形が2つ以上並んでいると、配置に何か意味があるのではないかと考えがちです。そのため図形を無造作に扱っていると、相手に思わぬ誤解を与えます。

　上図のように「問い」に対する正反対の回答(はい、いいえ)がフローになっている図では、矢印が上下左右へ行ったり来たりで読み取りづらいです。隣り合う図形の高さが揃っていないのも理解を足止めします。

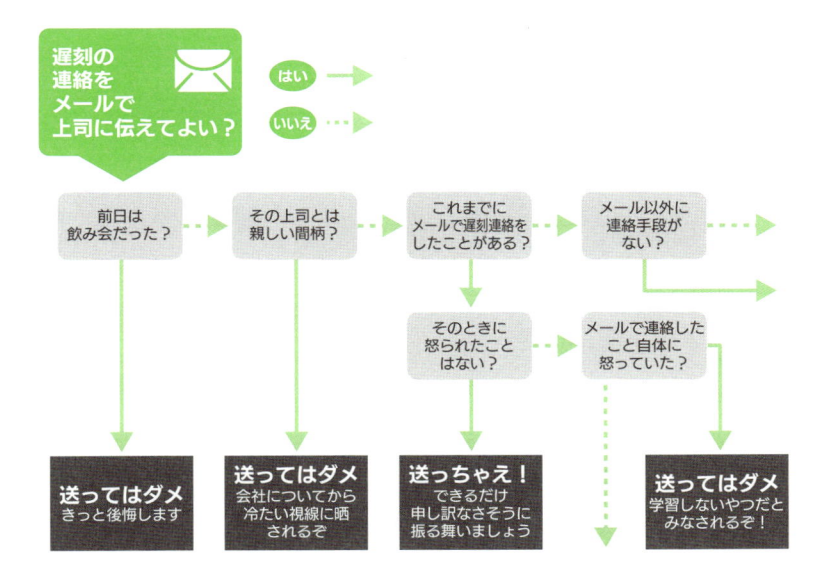

1｜図形の見せ方

2｜図形の使い方

3｜図解のパターン化

4｜図解の魅せる化

▼ 図形を整列させる

　図形を整列させると、図形の位置関係で大まかに意味を読み取れるように
なり、言葉で説明することなく相手の理解を引き出すことができます。

　上図では、矢印の流れを上から下、左から右へ進むように統一し、アクシ
ョン指示は図の下部に並ぶよう整列させました。

　**同じ意味を持つ図形の位置を集め、読み取る順が左上から右下へ流れるよ
う図形の位置を揃える**ことを徹底します。

【手順1-8】図形の位置を揃える方法

①リボンメニューから設定する方法

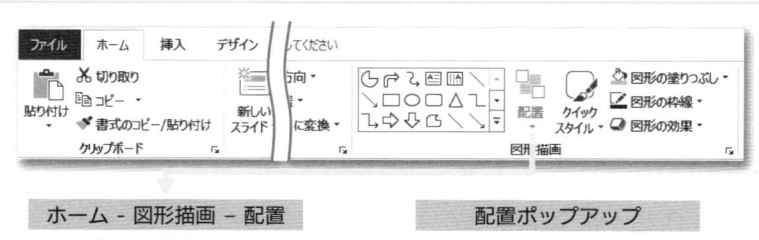

ホーム - 図形描画 - 配置

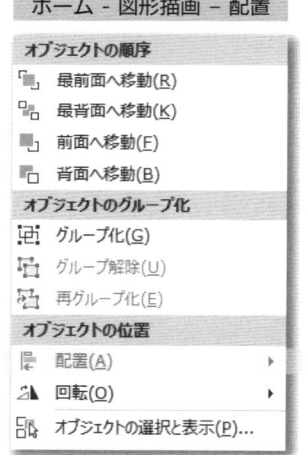

オブジェクトの順序
- 最前面へ移動(R)
- 最背面へ移動(K)
- 前面へ移動(F)
- 背面へ移動(B)

オブジェクトのグループ化
- グループ化(G)
- グループ解除(U)
- 再グループ化(E)

オブジェクトの位置
- 配置(A)　▶
- 回転(O)　▶
- オブジェクトの選択と表示(P)...

配置ポップアップ

- 左揃え(L)
- 左右中央揃え(C)
- 右揃え(R)
- 上揃え(T)
- 上下中央揃え(M)
- 下揃え(B)
- 左右に整列(H)
- 上下に整列(V)
- スライドに合わせて配置(A)
- ✓ 選択したオブジェクトを揃える(O)

②クイックアクセスツールバーから設定する方法

手順6で示した『PowerPointのオプション：クイックアクセスツールバーの設定』

```
 1    2    3    4    5    6    7    8
```

1. オブジェクトを上に揃える
2. オブジェクトを下に揃える
3. オブジェクトを左に揃える
4. オブジェクトを右に揃える
5. オブジェクトを上下中央に揃える
6. オブジェクトを中央に揃える
7. 上下に整列
8. 左右に整列

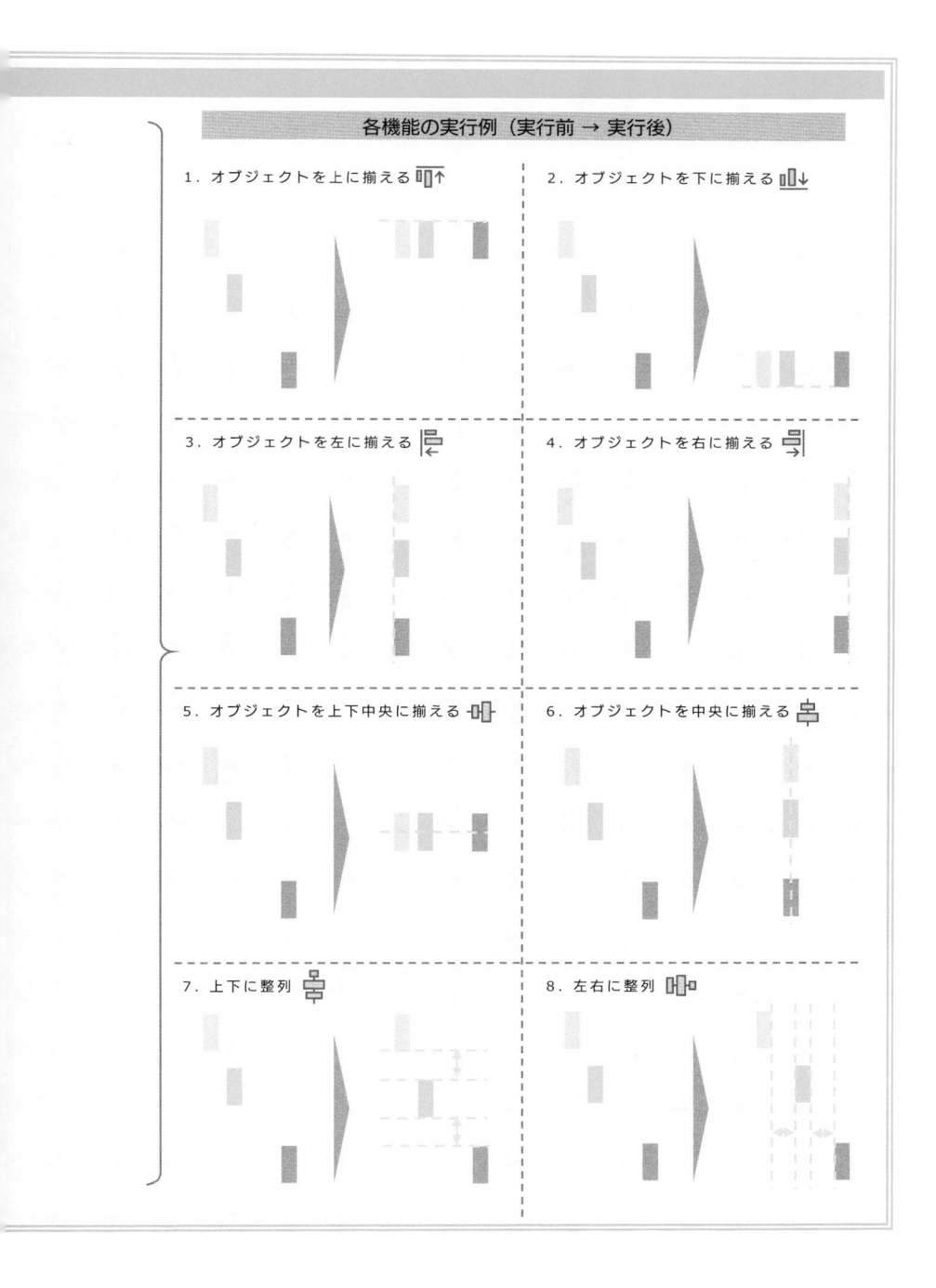

各機能の実行例（実行前 → 実行後）

1. オブジェクトを上に揃える

2. オブジェクトを下に揃える

3. オブジェクトを左に揃える

4. オブジェクトを右に揃える

5. オブジェクトを上下中央に揃える

6. オブジェクトを中央に揃える

7. 上下に整列

8. 左右に整列

1 図形の見せ方

2 図形の使い方

3 図解のパターン化

4 図解の魅せる化

【手順1-9】パワーポイント上での設定方法（P-①～③）

図形の書式設定

図形の書式設定 ▼ ×

図形のオプション 文字のオプション

▼ サイズ
高さ(E) | 0.4 cm ↕
幅(D) | 3.6 cm ↕
回転(T) | 0° ↕
高さの倍率(H) | 100% ↕
幅の倍率(W) | 100% ↕
☐ 縦横比を固定する(A)
☐ 元のサイズを基準にする(R)
☐ 解像度に合わせてサイズを調整する(M)
解像度(O) | 640 x 480 ▼

▷ **位置**
▷ **テキスト ボックス**
▷ **代替テキスト**

ホーム - 図形描画 - 配置

オブジェクトの順序
🔲 最前面へ移動(R)
🔳 最背面へ移動(K)
🔲 前面へ移動(F)
🔳 背面へ移動(B)

オブジェクトのグループ化
🔲 グループ化(G)
🔳 グループ解除(U)
🔳 再グループ化(E)

オブジェクトの位置
🔲 配置(A) ▶
🔲 回転(O) ▶
🔲 オブジェクトの選択と表示(P)...

✓ この項目を選択することで【P-③整列】を実現する。

✓ 「高さ」と「幅」を直接指定することで【P-②サイズ】を実現する。

✓ この項目を選択すると【P-①グループ】を実現する。

・複数の図形を範囲指定、または個別に指定（Ctrl+クリック）した状態で指定することで、一度に設定できる。

図形の右クリックメニュー

✂ 切り取り(T)
📋 コピー(C)
📋 貼り付けのオプション:
🅰
📄 テキストの編集(X)
📐 頂点の編集(E)
🔲 グループ化(G) ▶
🔲 最前面へ移動(R) ▶
🔳 最背面へ移動(K) ▶
🔗 リンク(I) ▶
🔍 スマート検索(L)
図として保存(S)...
🈯 翻訳(S)
🖼 代替テキストの編集(A)...
既定の図形に設定(D)
↕ 配置とサイズ(Z)...
🖌 図形の書式設定(O)...

Coffice 24/7

・Coffice 24/7は、企業向けアプリケーションのCanter Cofficeスイートの Webベースバージョンです。Coffice 24/7は、クラウドを介してユーザー に配信され、電子メール用のCanter Ma〜〜〜〜用の Canter Work Online、統合コミュニケーショ〜〜〜〜 P - ①グループ および従来のCanter Officeアプリケーショ〜〜〜〜 Web Appsスイートが含まれます。

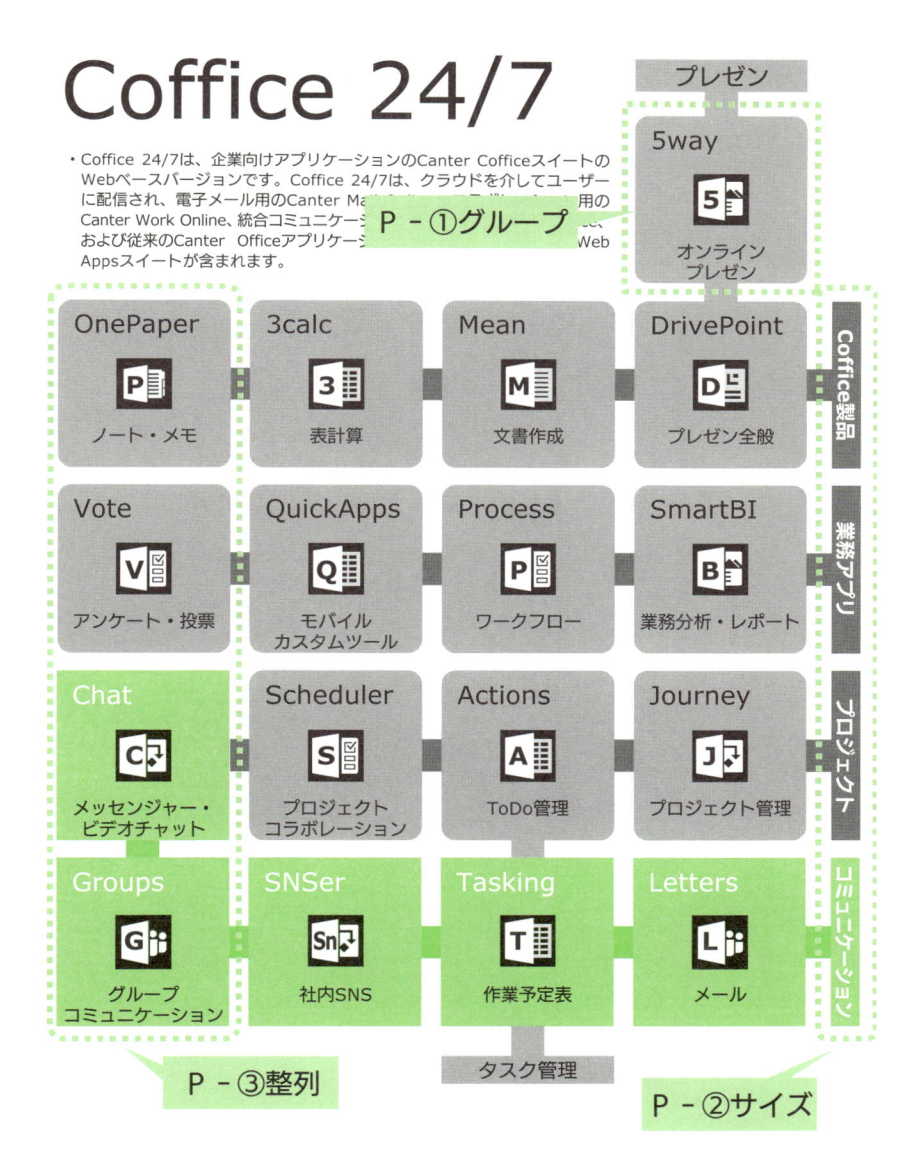

				5way
				オンライン プレゼン
OnePaper	3calc	Mean	DrivePoint	Coffice製品
ノート・メモ	表計算	文書作成	プレゼン全般	
Vote	QuickApps	Process	SmartBI	業務アプリ
アンケート・投票	モバイル カスタムツール	ワークフロー	業務分析・レポート	
Chat	Scheduler	Actions	Journey	プロジェクト
メッセンジャー・ ビデオチャット	プロジェクト コラボレーション	ToDo管理	プロジェクト管理	
Groups	SNSer	Tasking	Letters	コミュニケーション
グループ コミュニケーション	社内SNS	作業予定表	メール	

P - ③整列

タスク管理

P - ②サイズ

1部 図形の見せ方

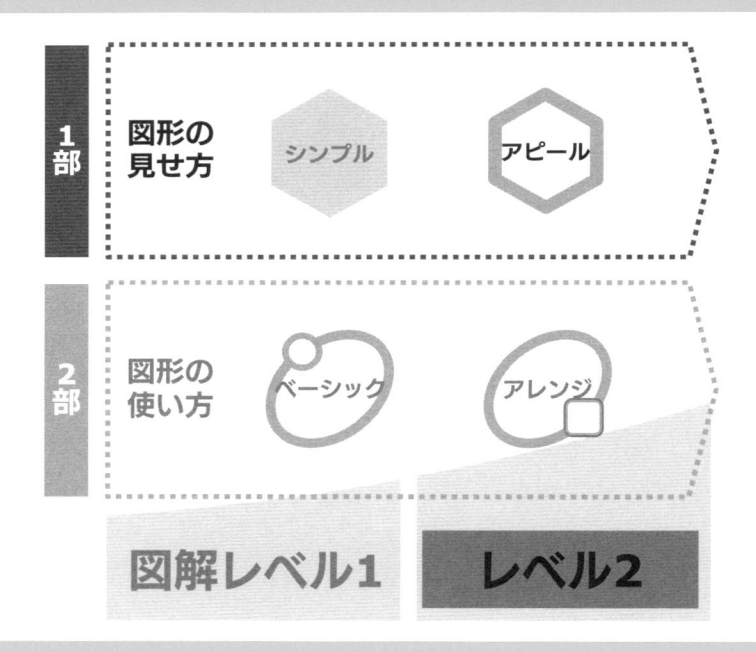

1部	図形の 見せ方	シンプル	アピール
2部	図形の 使い方	ベーシック	アレンジ
		図解レベル1	レベル2

2章 「アピールする」ための見せ方

	3部	4部

3部

チャート　　グラフ

図解のパターン化

レベル3

4部

高度な色使い

洗練されたデザイン

図解の魅せる化

レベル4

CHAPTER

2 「アピールする」ための見せ方

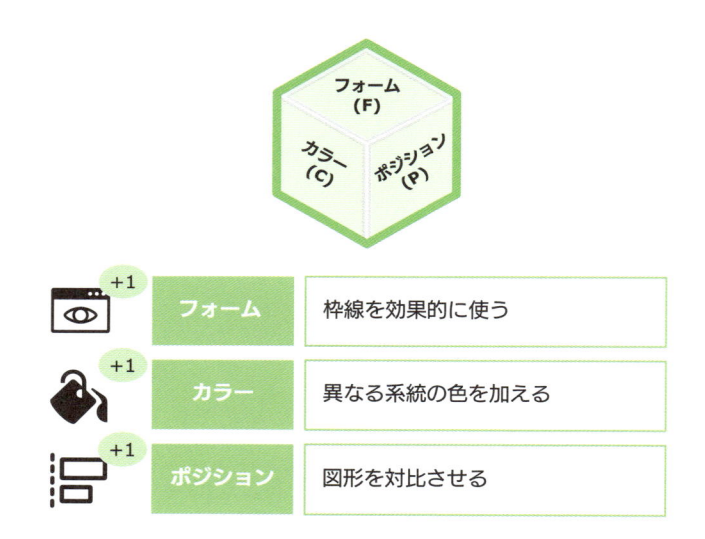

▼ この章の要点

　シンプルな図形は**「フォーム」「カラー」「ポジション」**の3要素がしっかりと考えられていますが、それぞれアピールするためのプラスワンアクションというものがあります。いずれも「シンプル」に見せる方法を使いこなした上で、効果的に相手に伝えることができます。

　本章各Sectionの終わりでパワーポイントによる設定方法を提示します。

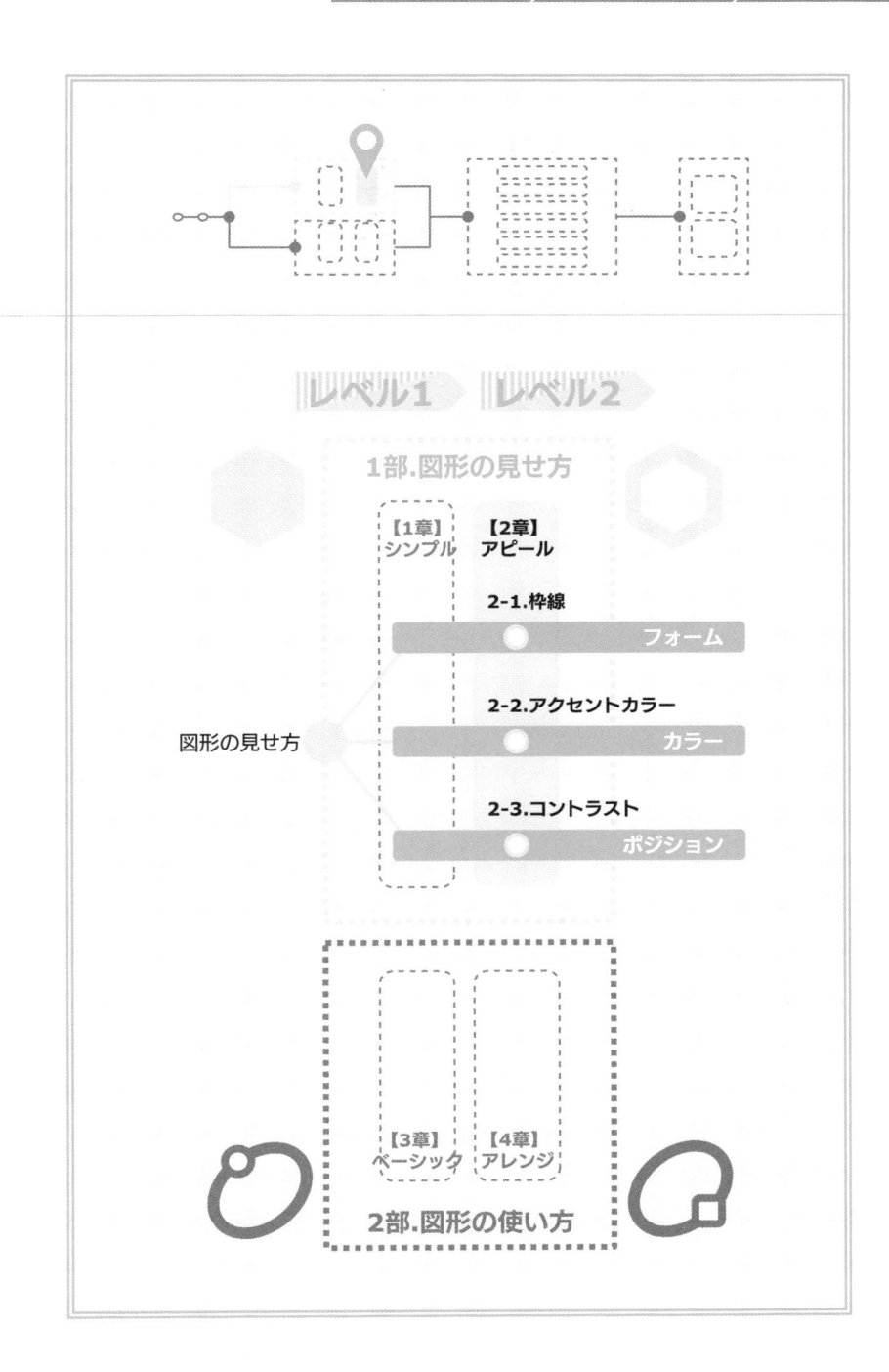

2-1 フォーム：
「枠線」で強調する

F -④

F - ④ 枠線

👎 Not Good

凡例 固定コスト 変動コスト
固定コスト 変動コスト

先進情報管理基盤の導入要素

ITコスト

開発費用 / 運用保守費用	ビヘイビア監視	マネジメントレポート	オートメーション
案件開発	−	−	−
運用管理	Y	Y	Y
オペレータ作業	Y	Y	Y
実運用作業	Y	Y	Y
基盤管理	−	−	−
基盤管理			Y
緊急PGM修正	Y	−	Y
要件定義支援	−	−	−
共通開発	−	−	−

▼ 面を積み重ねる場合は線を加える

　図形は面で構成されたシンプルなものが説明に適しています。しかし、面の種類が増えてくると、伝えたいことを素早く読み取ることができません。

　上図は、面が増えすぎてわかりづらくなったものです。

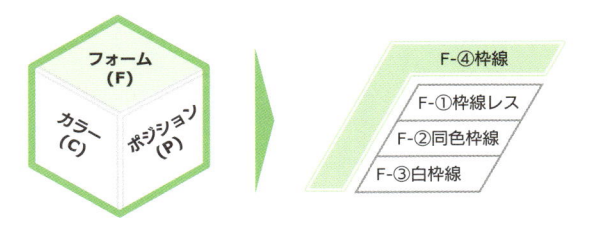

👍 **Good**

凡例　実線：固定コスト　点線：変動コスト　| 保守コスト | | 運用コスト |

先進情報管理基盤の導入要素

ITコスト		ビヘイビア監視	マネジメントレポート	オートメーション
開発費用	運用保守費用			
案件開発		–	–	–
	運用管理	Y	Y	Y
	オペレータ作業	Y	Y	Y
	実運用作業	Y	Y	Y
	基盤管理	–	–	–
	基盤管理	–	–	Y
	緊急PGM修正	Y	–	Y
要件定義支援		–	–	–
共通開発		–	–	–

　線と面によってわかりやすくする「フォーム」の観点で内容をアピールするのが「枠線」です。面を中心に作成された図は**線を引くだけで目立たせることができます。**面で構成されて枠線で強調された図は、シンプルでインパクトがあります。

　上図のように、面の濃淡を減らし、枠線を交えることで図形の種類が減り、アピール箇所もすぐにわかるようになりました。

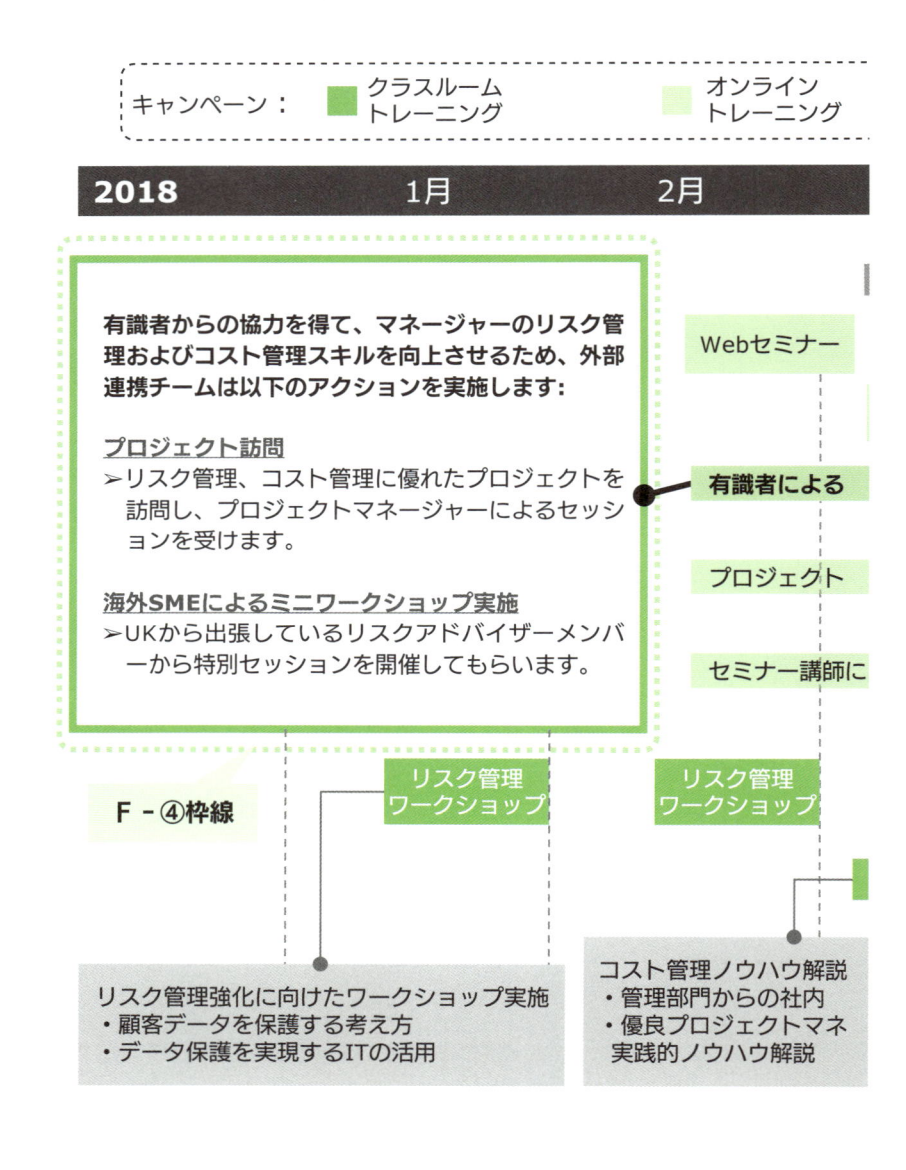

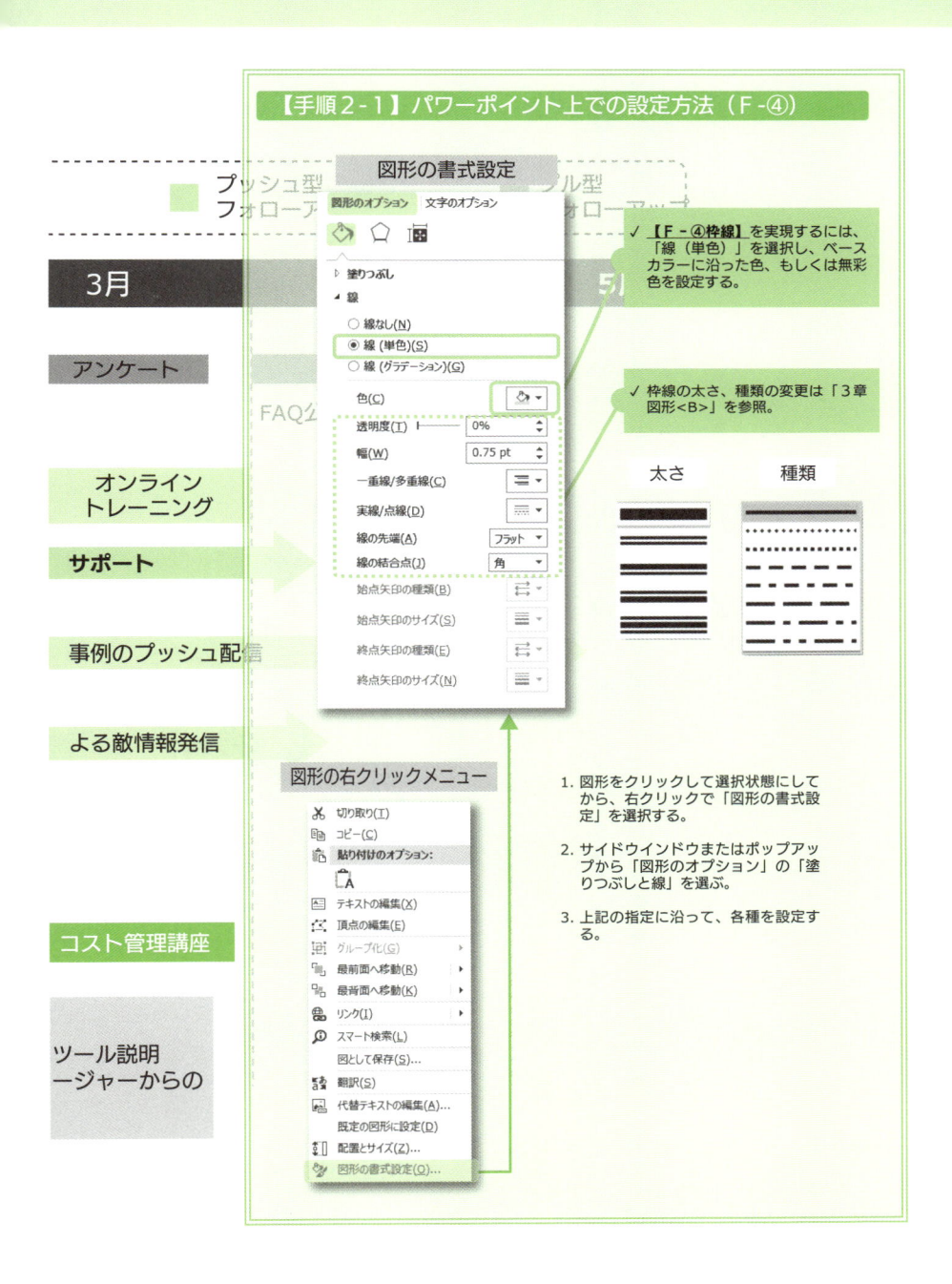

SECTION 2-2 カラー：「アクセントカラー」で強調する

C-④

C - ④ アクセントカラー

👎 **Not Good**

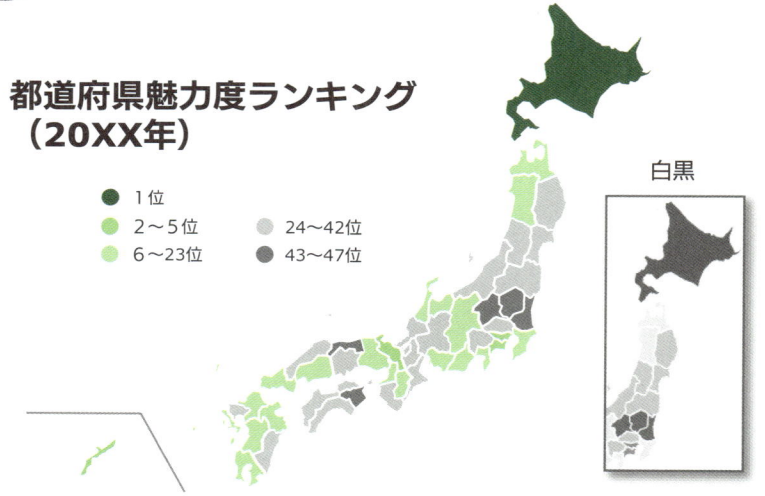

都道府県魅力度ランキング（20XX年）

- 1位
- 2〜5位
- 6〜23位
- 24〜42位
- 43〜47位

白黒

▼ ベースカラーだけではアピールが足りない

　異なる2つの要素を強調したい場面では、1系統のベースカラーで無理に表現しようとすると、わかりづらくなってしまうことがあります。

　上図は、日本全国を魅力度でランキングしたものですが、色の濃淡で区別をつけても1位がどこを指しているのかよくわかりません。

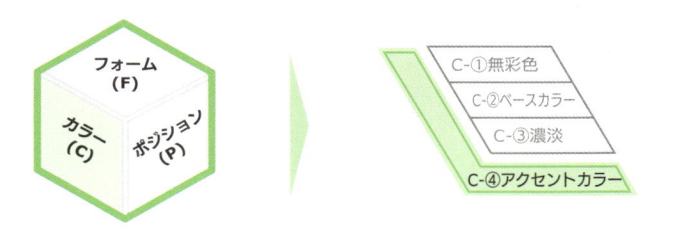

1　図形の見せ方

2　図形の使い方

3　図解のパターン化

4　図解の魅せる化

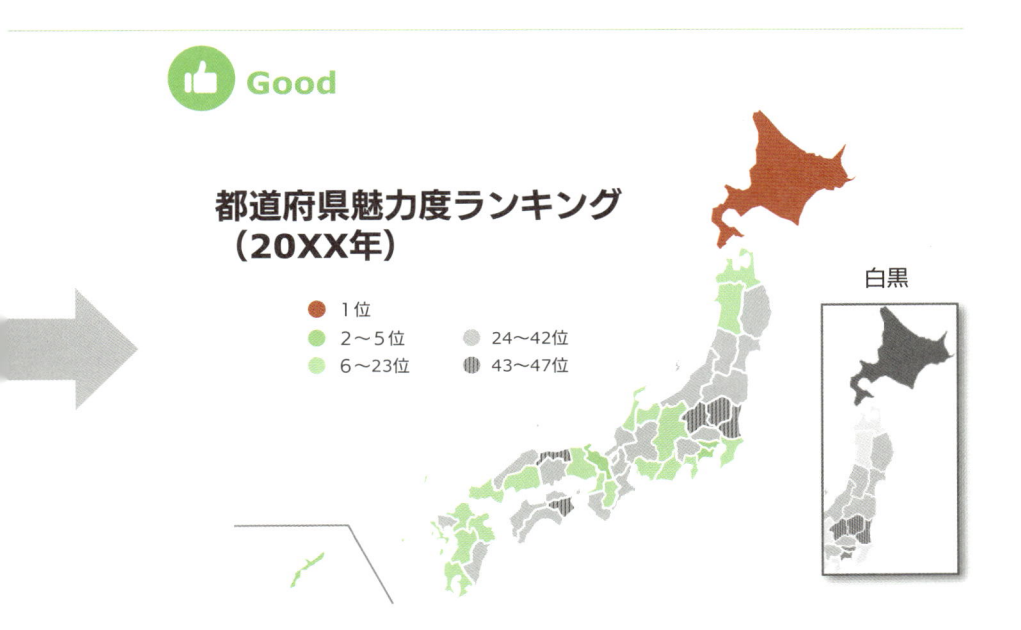

👍 **Good**

都道府県魅力度ランキング
（20XX年）

- 🔴 1位
- 🟢 2〜5位
- 🟢 6〜23位
- ⚪ 24〜42位
- 🔳 43〜47位

白黒

▼ アクセントで反対色と塗り方パターンを使う

　強調したい箇所は「異なる系統の色を使う」「塗り方パターンを使う」ことでカラーでも白黒でも簡単に見分けることができます。

　上図は、1位にベースカラーの反対色(p.90)、下位5位にパターンを用いました。カラー／白黒のいずれも各要素を見分けることができます。

【手順2-2】パターンカラーを選ぶ方法／パワーポイント上での設定方法

図形の書式設定

◇ ⬠ ▦

▲ 塗りつぶし
- ◯ 塗りつぶしなし(N)
- ◯ 塗りつぶし (単色)(S)
- ◯ 塗りつぶし (グラデーション)(G)
- ◯ 塗りつぶし (図またはテクスチャ)(P)
- ◉ 塗りつぶし (パターン)(A)
- ◯ 塗りつぶし (スライドの背景)(B)

パターン

前景(F)
背景(C)

▷ **線**

1. 図形をクリックして選択状態にしてから、右クリックで「図形の書式設定」を選択する。

2. サイドウインドウまたはポップアップから「図形のオプション」の「塗りつぶしと線」を選ぶ。

3. 上記の指定に沿って、各種を設定する。

✓ パターンの前景色と背景色をそれぞれ指定することで、色の濃淡を効かせたパターンを示すことができる。

- パターンは前景色と背景色のバランスが等しいほど見やすい。右記マークを付けたパターンを優先的に使用することを推奨する。

- 類似パターンを並べると見分けづらい。複数のパターンを活用する場合は右記マークを付けたパターンを組み合わせることを推奨する。

- 前景色と背景色の色はベースカラーの濃淡、もしくは同系色から指定すると見やすくなる。

同系色
ベースカラー
反対色
同系色
補色
反対色

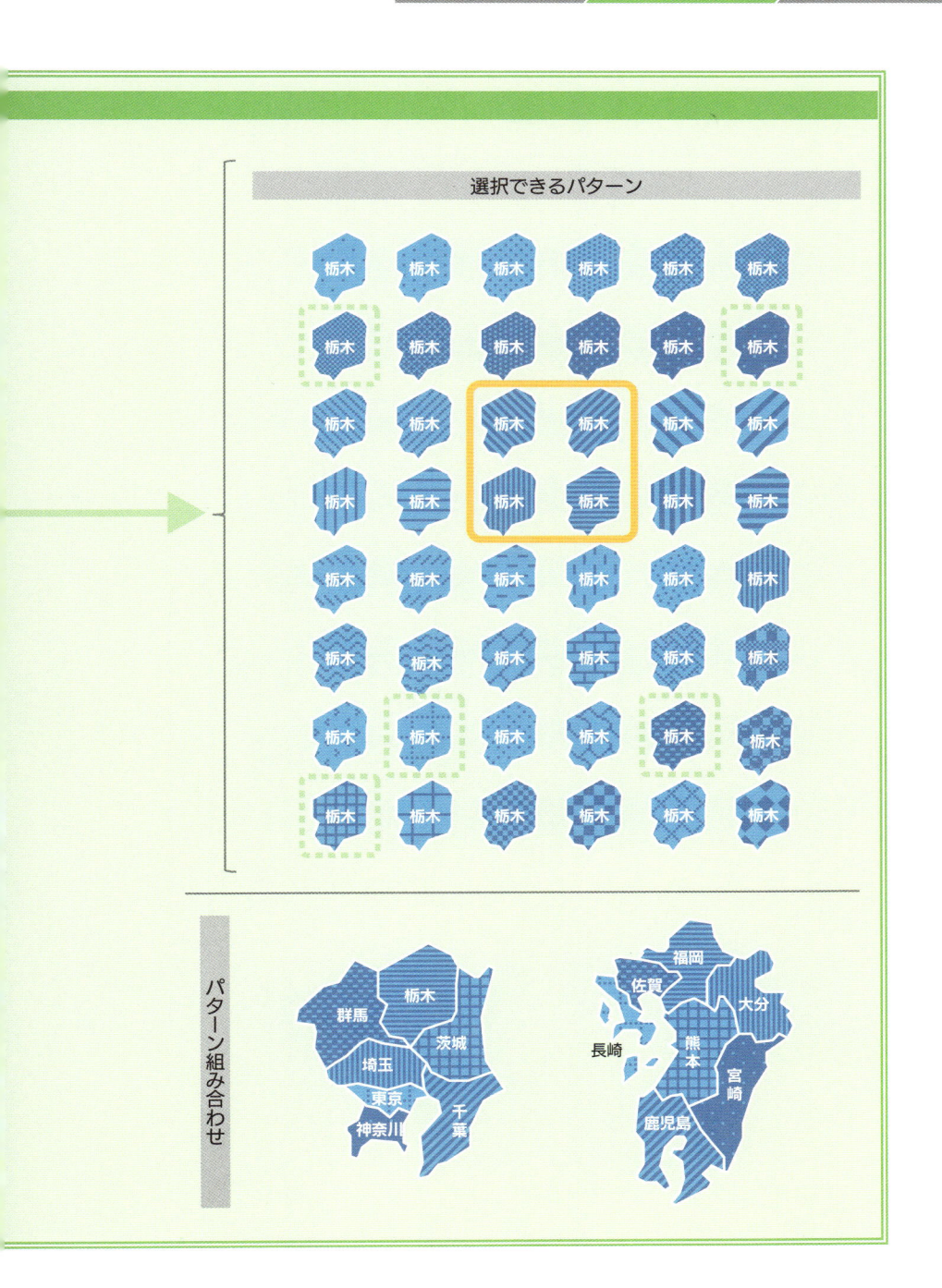

選択できるパターン

パターン組み合わせ

SECTION **2-3** ポジション：
「コントラスト」で強調する

P-④

P - ④ コントラスト

👎 **Not Good**

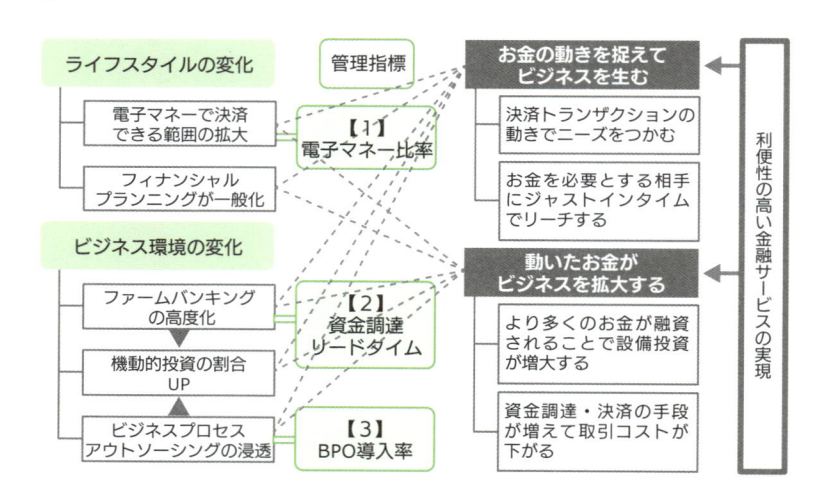

▼ 図形の位置に意味を持たせる

図形の数が多い図は、意味を説明するのに時間を要します。

上図は、右から左への流れ、左から右への流れが混在しており、各要素が過剰な接続線でつながっています。関係性を示すルールの多さがわかりづらさを助長しています。

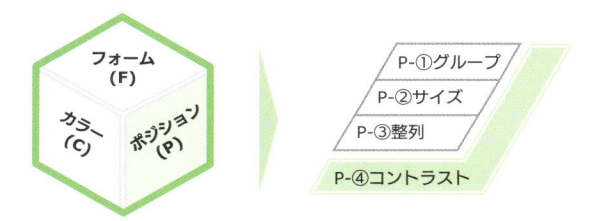

1　図形の見せ方

2　図形の使い方

3　図解のパターン化

4　図解の魅せる化

👍 **Good**

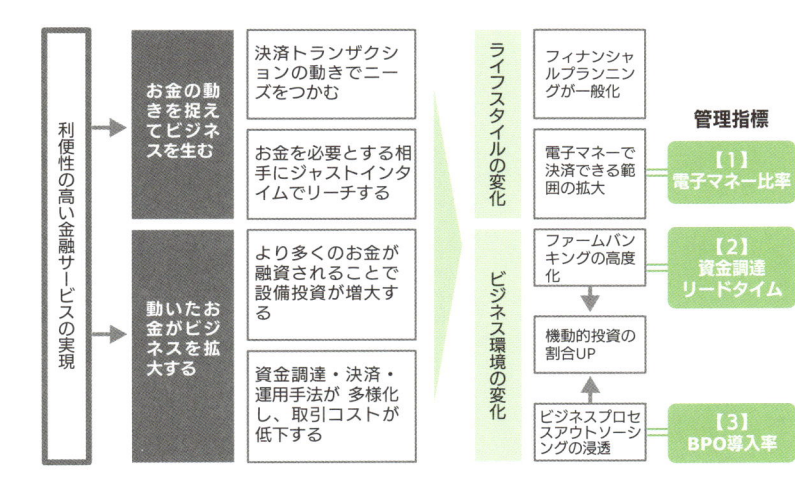

　　図形の位置に意味を持たせておくと、左右対称や整列させるだけで意味を**強調する**ことができます。同じ位置、同じ行、同じ列に図形や記号を置き続けることで、説明することなく相手が規則性を理解してくれます。上図は、灰色と緑色の要素を縦方向から横方向に並べました。グレーの要素はすべての緑の要素に紐付いていたため、1つの△に置き換えています。KGI（管理指標）は右端に寄せ、ロジックが左から右へ流れるように統一しました。

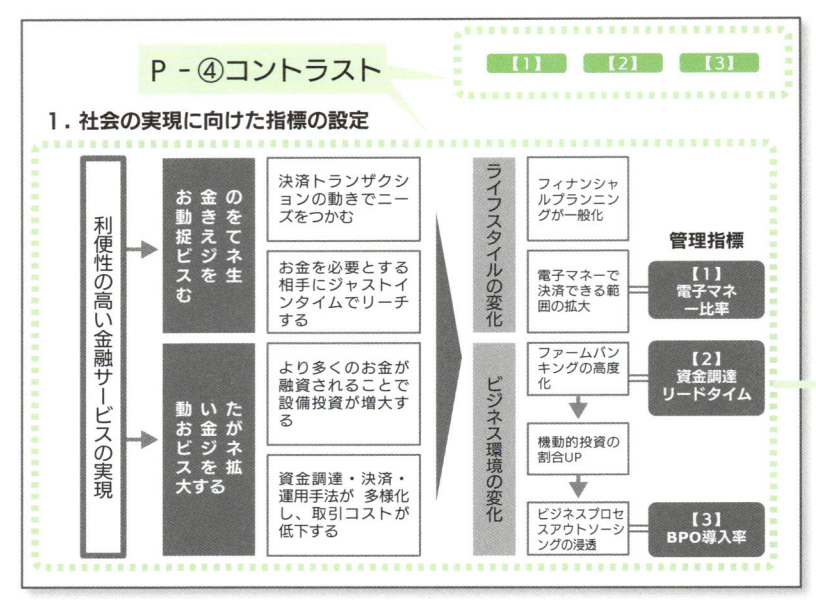

【手順2-3】パワーポイント上での設定方法 （ P -④）

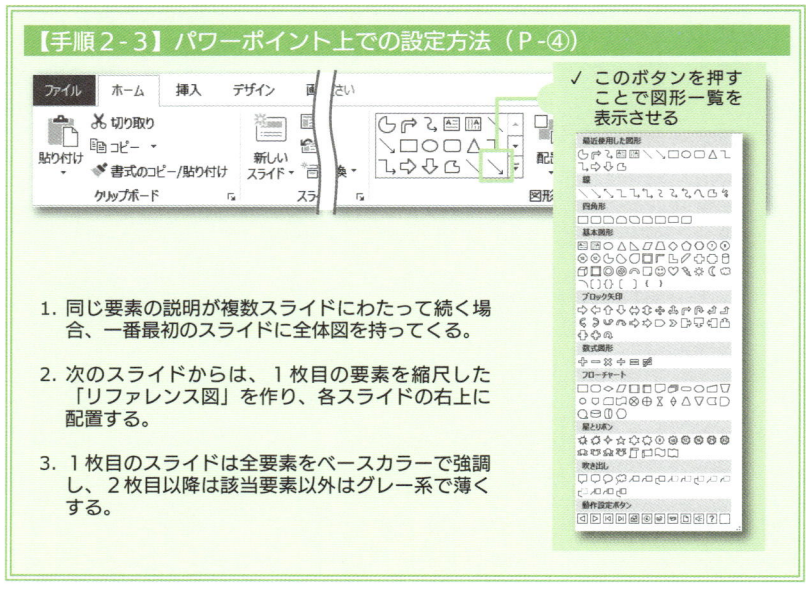

1. 同じ要素の説明が複数スライドにわたって続く場合、一番最初のスライドに全体図を持ってくる。

2. 次のスライドからは、1枚目の要素を縮尺した「リファレンス図」を作り、各スライドの右上に配置する。

3. 1枚目のスライドは全要素をベースカラーで強調し、2枚目以降は該当要素以外はグレー系で薄くする。

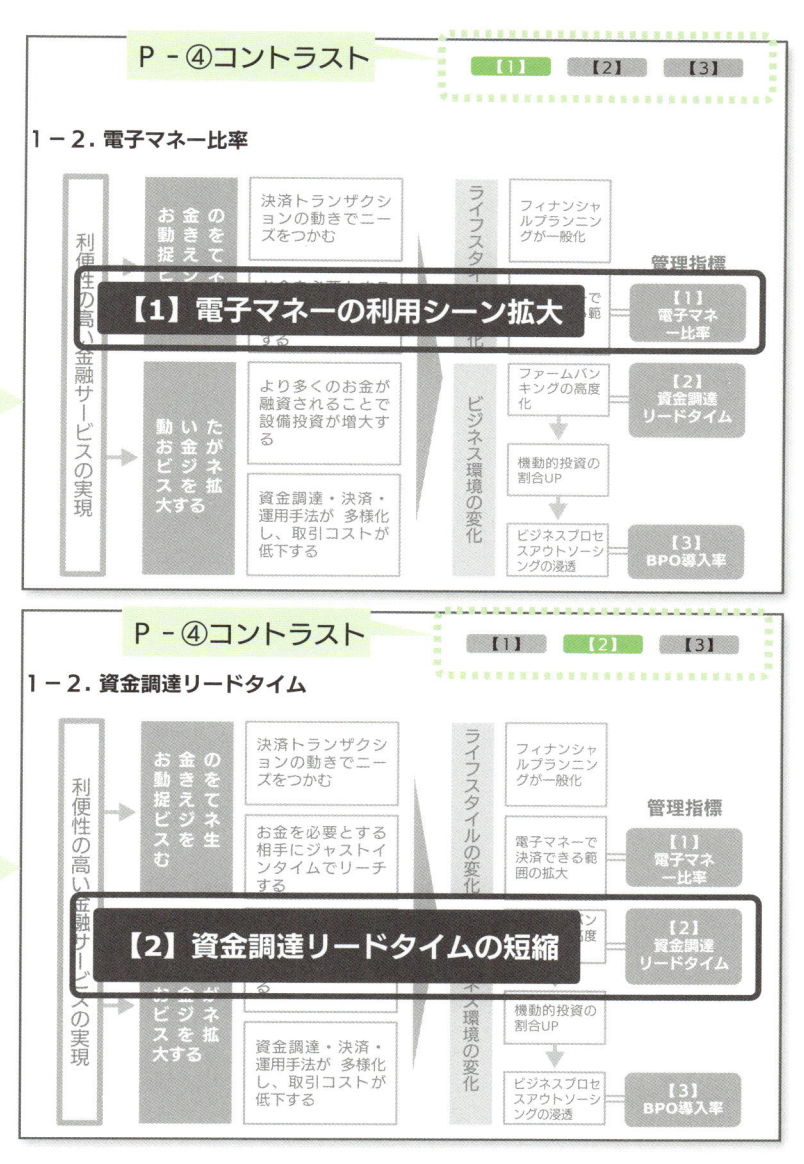

【3】サプライチェーンの資金循環速度の説明スライドへ続く・・・・・・

2部 図形の使い方

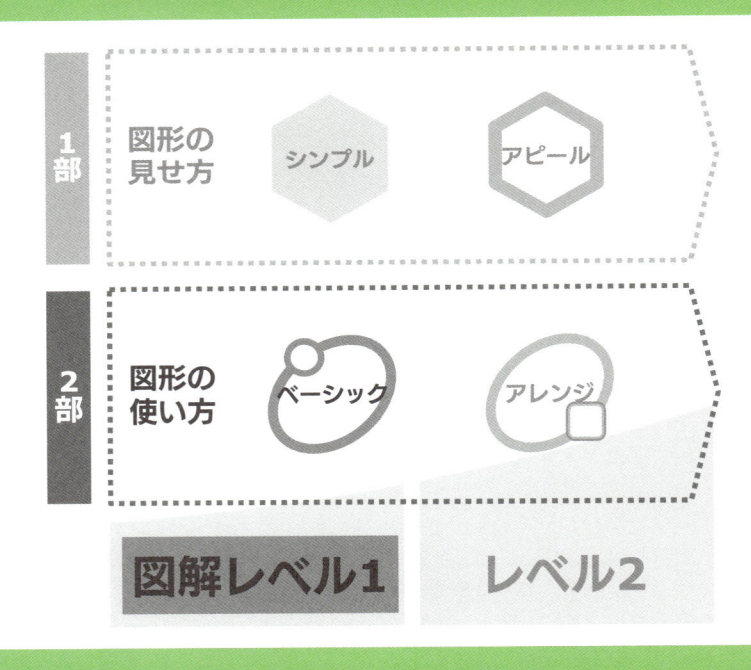

		シンプル	アピール
1部	図形の見せ方		

		ベーシック	アレンジ
2部	図形の使い方		

図解レベル1　レベル2

3章 「ベーシック」な使い方

3部	4部
図解のパターン化	図解の魅せる化
レベル3	レベル4

チャート　グラフ

高度な色使い

洗練されたデザイン

CHAPTER **3** 「ベーシック」な使い方

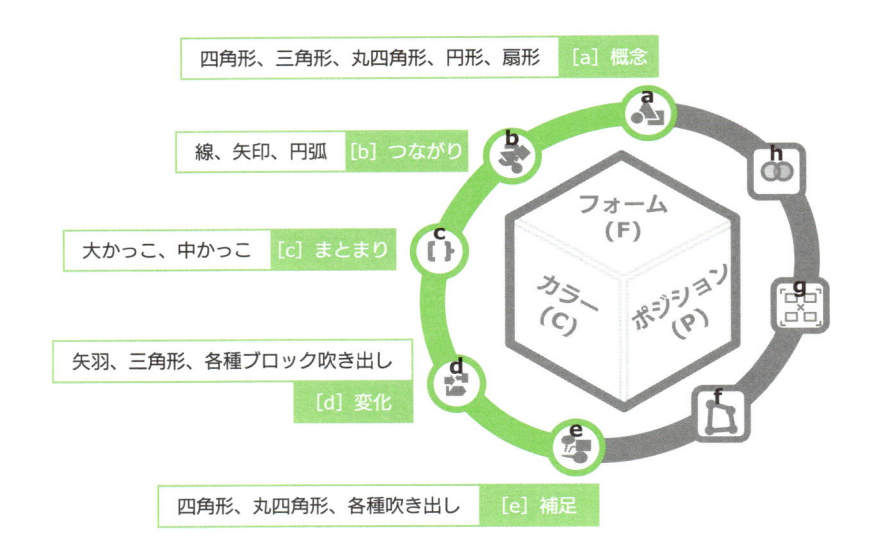

四角形、三角形、丸四角形、円形、扇形　[a] 概念

線、矢印、円弧　[b] つながり

大かっこ、中かっこ　[c] まとまり

矢羽、三角形、各種ブロック吹き出し　[d] 変化

四角形、丸四角形、各種吹き出し　[e] 補足

フォーム（F）

カラー（C）　ポジション（P）

▼ この章の要点

　わかりやすい図形は **「概念」「つながり」「まとまり」「変化」「補足」** の5タイプをはっきりと使い分けて図解しています。

　これらは図解資料を作成するときに必ず用いる図形です。パワーポイントによる設定方法は、本書の第1部で示したものを使います。新たに発生する手順のみ、本章の該当 Section で提示しています。

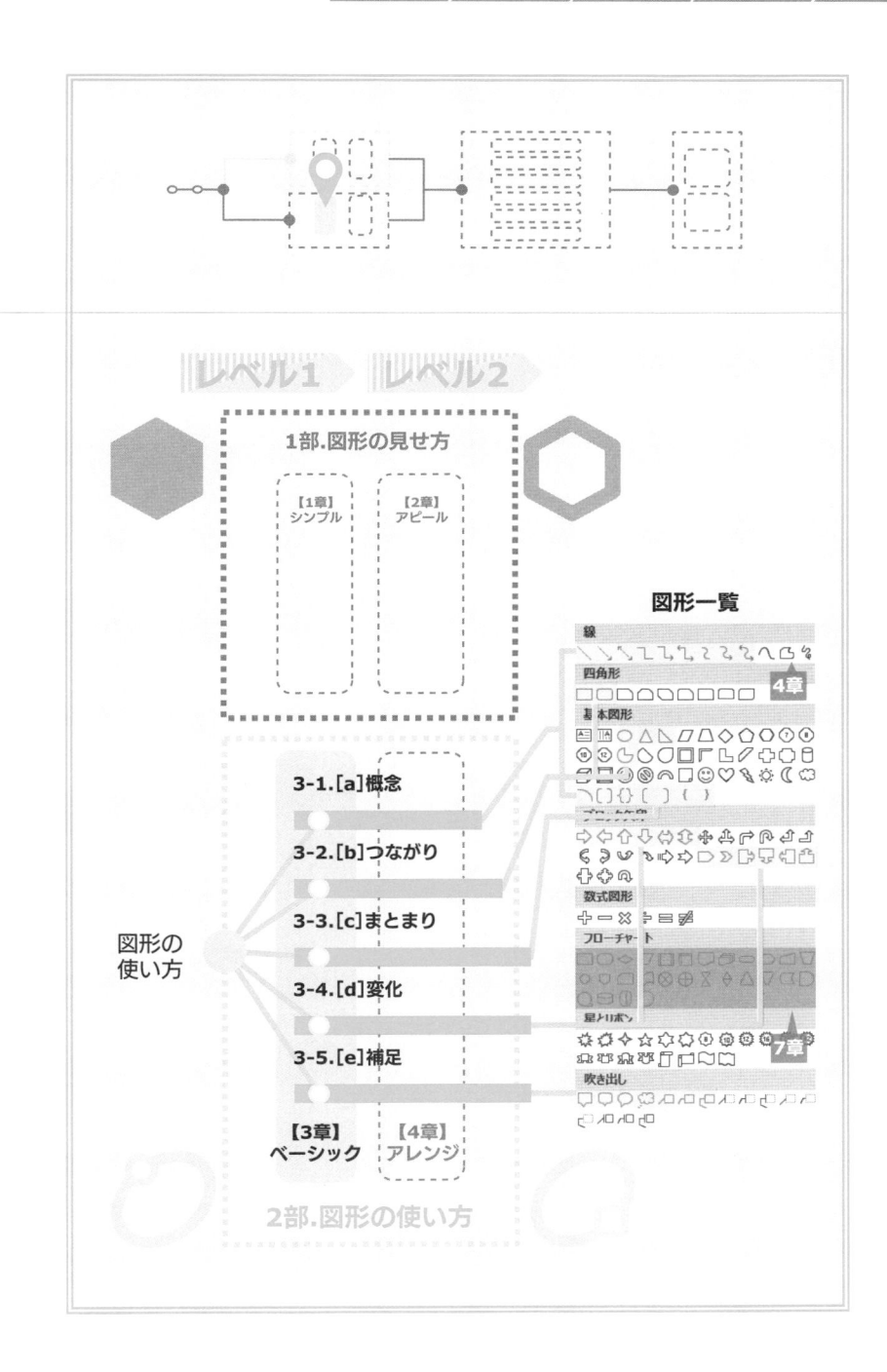

SECTION 3-1 [a]概念：
情報や概念を表す

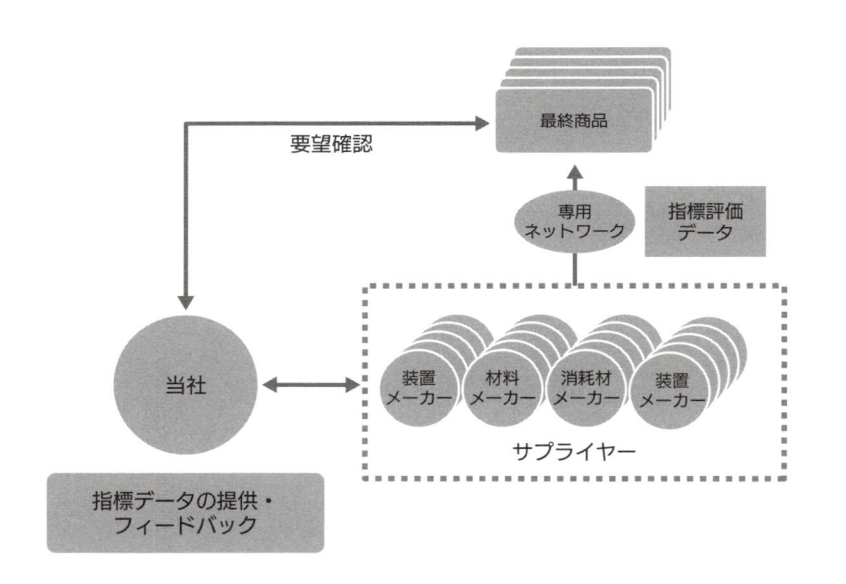

Not Good

▼ この Section の要点

　多角形は、情報や概念を示すのに用います。四角形、三角形、丸四角形・雲、円・扇形があります。これらは特性ごとに使い分け、「同じ意味を表すが見た目が異なるもの」を混在させないようにします。

　上図は、四角形・丸四角形・円を特に意識せずに混在させたため、それぞれの存在に意味の違いがあるのか、人によっては悩んでしまう図です。

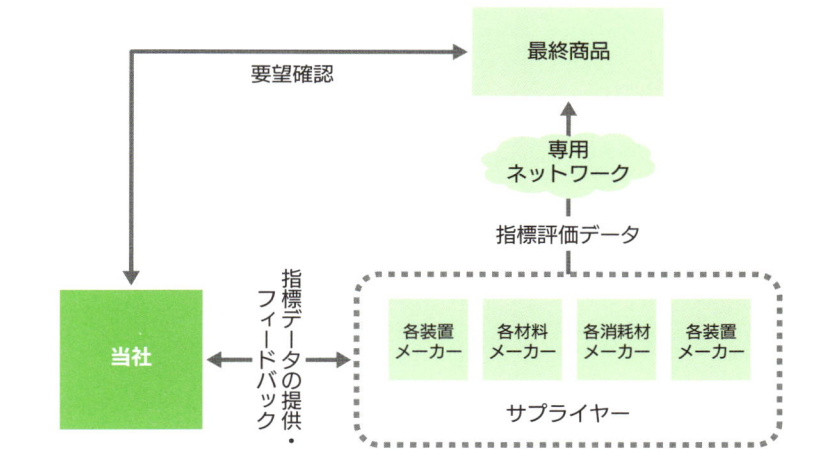

　前図の中にある要素は、組織・グループ・その関係性を表していました。それらにルールを加えることで見やすさが向上します。枠線に点線を用いると、実線よりも弱い・緩やかな意味として認識されます。

　上図は「組織は四角形」「グループは丸四角形」「それらの関係性は矢印線と背景・枠線なしの四角形」というルールで統一し、図の中心が「当社」となるよう色で強調しています。図形の数も必要最小限に減らしました。

　次ページ以降で、その使いこなし方を解説します。

1 図形の見せ方

2 図形の使い方

3 図解のパターン化

4 図解の魅せる化

四角形 | 三角形 | 丸四角形・雲 | 円・扇形

四角形：具体性のある考え方、事実

 **Good**

	代表的な国税	代表的な地方税	
		道府県税	市町村税
直接税	・所得税 ・法人税 ・相続税 ・贈与税	・県民税 ・事業税 ・自動車税 ・不動産取得税	・市町村民税 ・固定資産税 ・軽自動車税
間接税	・消費税 ・酒税 ・揮発油税 ・たばこ税	・地方消費税 ・道府県 　たばこ税 ・ゴルフ場 　利用税 ・軽油引取税	・市町村 　たばこ税 ・入湯税

▼ 四角形は要素を表す基本形

　四角形はあらゆる図形の基本です。角ばった見た目から、**具体性のある考え方や事実を示す**のに適します。配置するスペースに応じて長方形と正方形を使い分けます。

　図形ツールの「長方形／正方形」を選んで作成します。塗りつぶしと枠線の色を「なし」として、テキストのみを入力すると、テキストボックスとして使えます。

四角形　　**三角形**　　丸四角形・雲　　円・扇形

三角形：増加/減少、集中/拡大、上下関係、目標点

 **Good**

法人番号の
利用促進目標

わかる

- 法人番号をキーに法人の名称・所在地が容易に確認可能
- 鮮度の高い名称・所在地情報が入手可能となり、取引先情報の登録・更新作業が効率化

つながる

- 複数部署またはグループ各社において異なるコードで管理されている取引先情報に、法人番号を追加することにより、取引情報の集約や名寄せ作業が効率化

ひろがる

- 企業間取引における添付書類の削減等の事務効率化が期待されるほか、国民に対しても有用な企業情報の提供が可能

▼ **三角形は注目を集める図形**

　三角形は、**量の増加や減少、集中と拡大、組織モデルや上下関係、スケジュール上の目標地点やマイルストンを示す**のに適します。

　図の中で表現したい対象が三角形のシルエットを持っている場合は、四角形を使わずに三角形を用いることもあります。

　図形ツールの「二等辺三角形」「直角三角形」を選んで作成します。左右対称の「二等辺三角形」は、幅を狭めると正三角形になります。

四角形　三角形　丸四角形・雲　円・扇形

丸四角形：抽象的な概念、主観的な意見、推測

👍 Good

── 一人当たりの教育費歳出 ──

保護者からの要望

高校生		奨学金制度を改良してほしい	**86.2**万円
中学生		公的な学習サポートを充実させてほしい	**98.4**万円
小学生	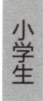	共働きを支える学童保育を実現してほしい	**97.9**万円

学校教育・科学技術の発展に貢献している

▼ 丸四角形は四角形と組み合わせて使う図形

　丸四角形は、丸みを帯びた見た目を持つため、四角形で示すよりも抽象的な概念や主観的な意見、推測を示すのに適しています。四角形と混在させる場合、**より抽象的で主観的な要素を丸四角形**に当てます。

　図形ツールの「角丸四角形」を選んで作成します。頂点部分の丸みは大きさを微調整できるため、丸四角形同士でも抽象度合を分けて表現することができます。アイデア・願望を表現するのに「雲形」を使うこともあります。

円・扇形：抽象度が最も高い概念、未確定な情報、割合

👍 **Good**

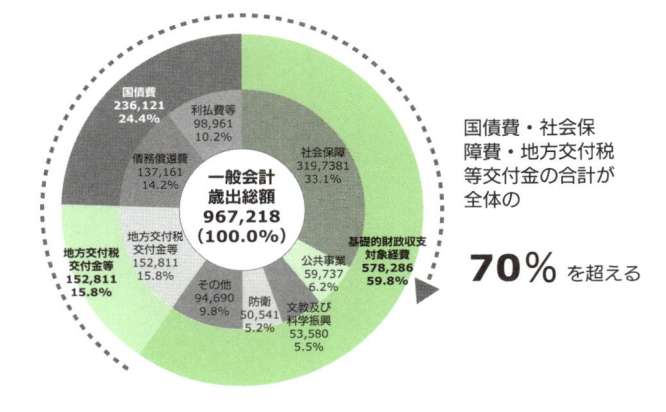

▼ 円・扇形は調和的な要素、割合表現で使う図形

　円・扇形は、図形全体が曲線で成り立っているため、**抽象度が高く、決まっていることが少ない情報を示す**のに適しています。抽象度の小さいものは丸四角形とし、それより大きいものを円とします。半円を作ったり、円の中の要素を表現するのに扇型を使います。

　図形ツールの「円／楕円」「パイ」を選んで作成します。扇の大きさは調整できます。弧を描く曲線を描く方法は【3-2】(p.111) を参照ください。

SECTION 3-2 [b]つながり： つながる向きと 強弱を表す

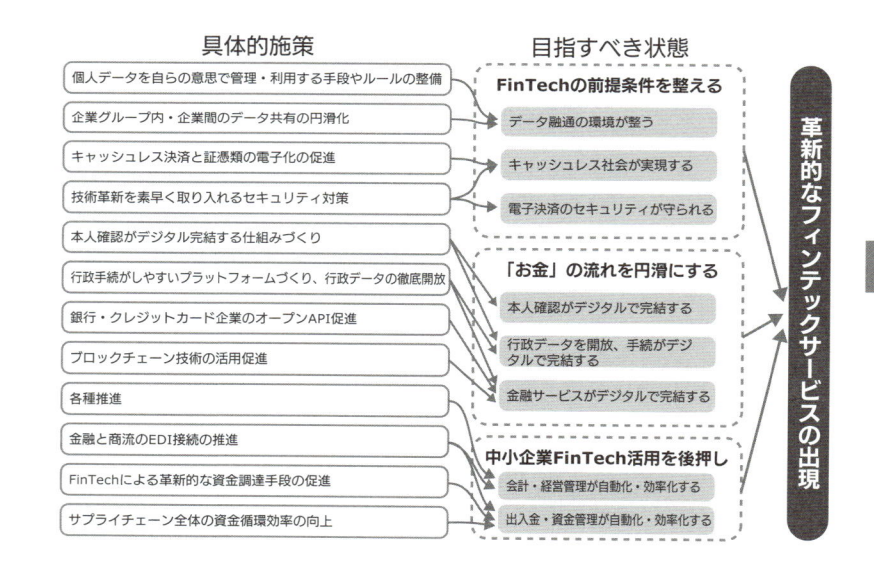

▼ この Section の要点

線・矢印・円弧は、要素同士のつながる向きと強弱を示すのに用います。
直線・カギ線、曲線、実線、点線、標準矢印、開いた矢印、鋭い矢印、ひし
形矢印、丸形矢印、円弧・アーチがあります。これらは特性ごとに使い分け、
「同じ意味を表すが見た目が異なるもの」を混在させないようにします。
　上図は異なる矢印が混在してわかりづらくなっています。

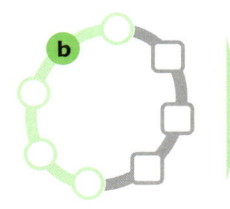

線・矢印・円弧

【線】直線・カギ線、曲線、実線、点線
【矢印】標準矢印、開いた矢印、鋭い矢印、ひし形/丸形矢印
【円弧】円弧・アーチ

 **Good**

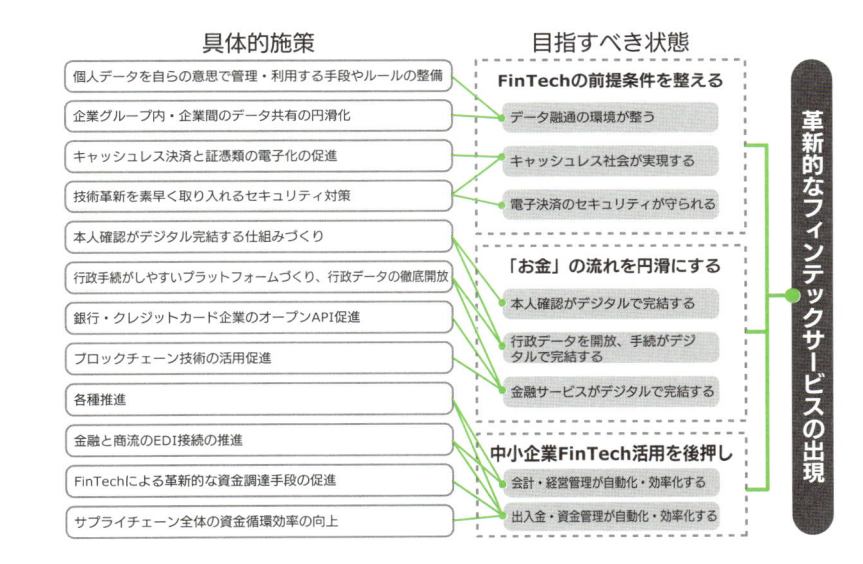

前図に含まれている要素は、①「具体的施策」、②「目指すべき状態」、③「将来像」の３つです。①と②をつなぐ線、②と③をつなぐ線に異なる種類を用いると、「矢印に何か意味があるのか」気になり、純粋にコンテンツに集中してくれない人も現れます。

上図は、①から②、②から③へそれぞれ丸形矢印で結んでいます。登場させる矢印を１種類に絞ることで、相手は矢印を「要素同士をつなぐもの」だと純粋に認識し、余計な疑問を持たせません。

標準・開いた・鋭い・ひし形/丸形矢印 ／ 円弧・アーチ

線・矢印全般：順序、矢印方向への働きかけ、詳細、まとめ

▼ 線・矢印は「線形」×「線種」×「コネクタ形状」×「サイズ」

　線・矢印は、要素同士のつながる向きと強弱を示すのに役立ちます。矢印の線形①、矢印の線種②、矢印のコネクタ形状③の組み合わせで矢印の形が決まります。②は太さ、③は大きさを変更できます。

　①の直線とカギ線は、直線的な見た目が要素同士の明確な紐づけを示すのに適します。中心ラインが一致するもの同士をカギ線コネクタでつなぐと、線の途中で不自然な凹凸ができるため、その場合は「直線」を使います。

　①の曲線は、丸みを帯びた見た目が要素同士のゆるやかな結びつけを示すのに適します。図中の罫線に埋もれるのを避けるために、直線ではなく曲線を使うこともあります。図形ツールから、直線・カギ線は「直線・カギ線コネクタ」、曲線は「曲線」を選んで作成します。

　②の実線は継続的なつながり、点線は一時的なつながりや弱い関係を示すのに適します。点線は複数種類あり、つながりの種類が複数ある場合は粒度の細かいものから使います。

　直接・カギ線・曲線を選択して「図形の書式設定」を選び、「線のスタイル」から指定できます。多角形の枠線も同じ設定ができます。

　③のコネクタ形状は、無設定を省くと5つの種類が存在します。

　標準矢印は要素間の関係の方向性を示します。要素Aから要素Bへ線がつながっているなら、AからBへの順序があることを意味します。双方に矢印が伸びているものは並行で相互に関係し合うという意味です。

　開いた矢印は緩やかな働きかけ、鋭い矢印は強い働きかけ、ひし型矢印は強いつながり、丸形矢印はやや強いつながりを示すのに適しています。

　「図形の書式設定」を選び、「線のスタイル」から指定できます。

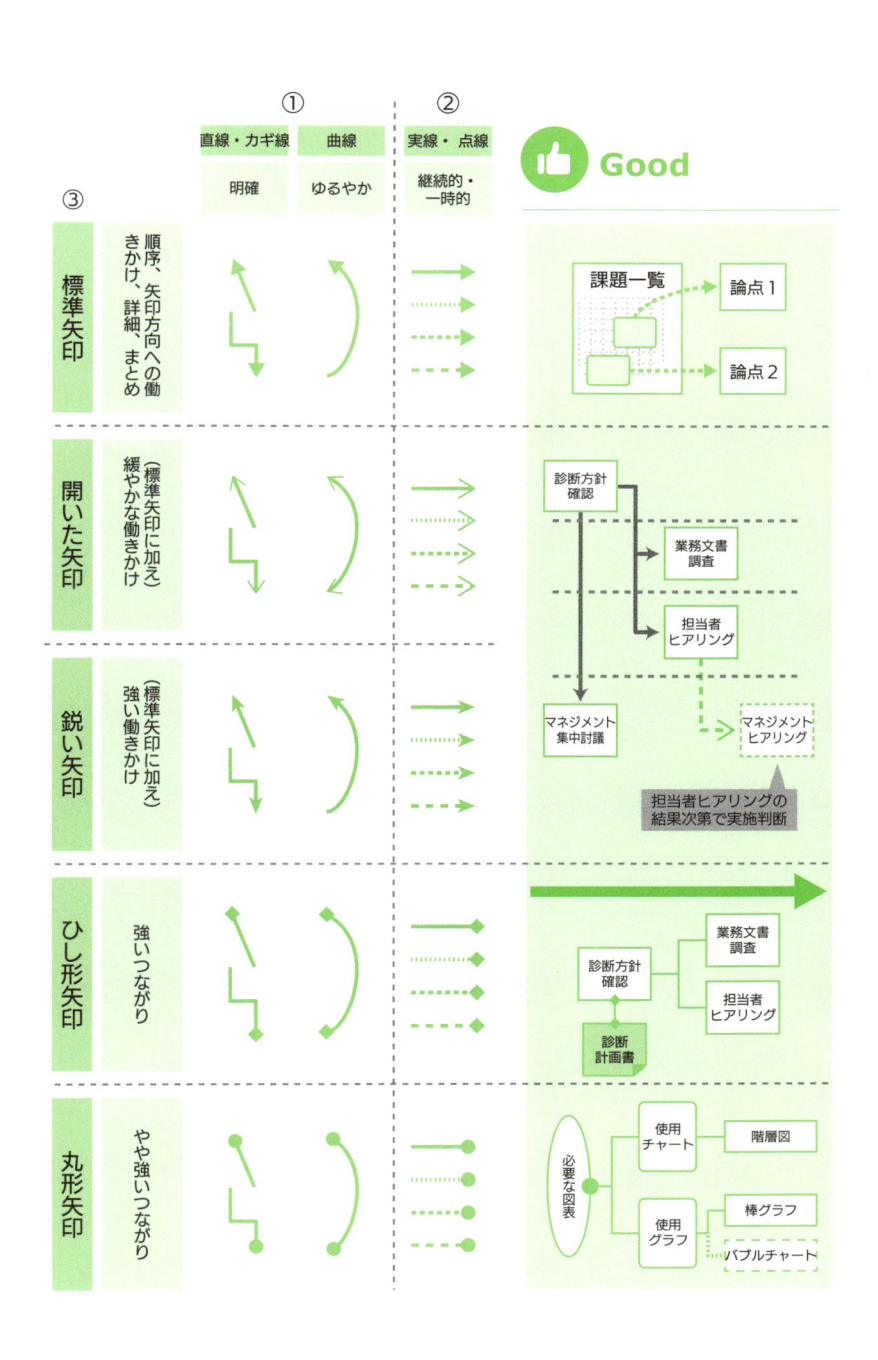

1 図形の見せ方

2 図形の使い方

3 図解のパターン化

4 図解の魅せ化

標準・開いた・鋭い・ひし形/丸形矢印　円弧・アーチ

円弧・アーチ：線・矢印と同じ（円周に沿って配置）

👍 Good

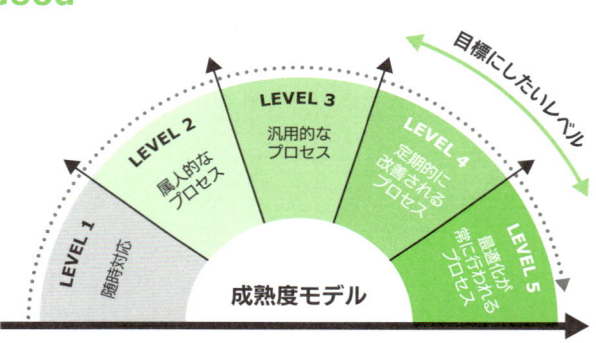

・人によってやり方が変わる属人性の高いものは、再現性が低いと考えます。属人性を排除するように業務の標準化を進めることが望ましいです。

・例外として、毎回異なる対応が求められる業務には、属人性を残します。たとえば、クライアントやユーザーからの様々な要望に応えるコンシェルジュ系の業務は、属人性にもとづく高いサービス水準が価値の源泉になります。

・標準化された業務は定期的に見直しを行うことで陳腐化を防ぎます。この頻度が高くなるほどプロセスの成熟度は高いものと考えます。

・常にレベル5を目指すのではなく、実施する手間と効果のバランスが最適となりうるレベル4程度を目標とすることを推奨します。

▼ 円弧・アーチは線・矢印を円周に沿って配置するための手段

　円弧とアーチは、円・楕円や弧に合わせて矢印を並べたい場合に適しています。円弧は両端の長さを調整することができるため、対象に合わせて長さを変えることができます。アーチは太さを変更できるため、ドーナツグラフの要素を表すこともできます。

　上図のように、円弧・アーチと曲がり文字を組み合わせることで、円形図をわかりやすくすることができます。曲がり文字は、ワードアート機能を使って円弧・アーチに沿うように並べます。

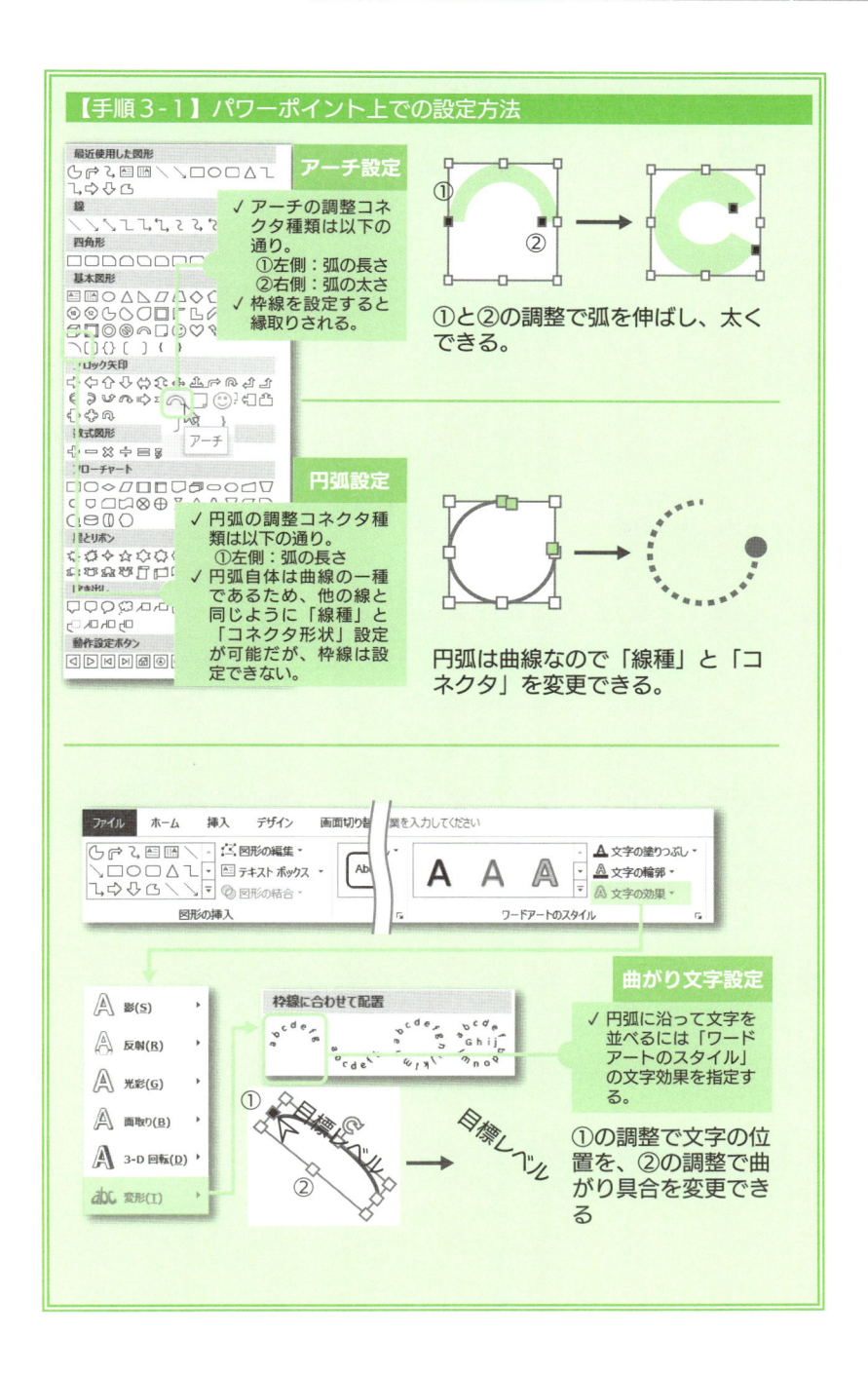

【手順3-1】パワーポイント上での設定方法

アーチ設定

✓ アーチの調整コネクタ種類は以下の通り。
①左側：弧の長さ
②右側：弧の太さ
✓ 枠線を設定すると縁取りされる。

①と②の調整で弧を伸ばし、太くできる。

円弧設定

✓ 円弧の調整コネクタ種類は以下の通り。
①左側：弧の長さ
✓ 円弧自体は曲線の一種であるため、他の線と同じように「線種」と「コネクタ形状」設定が可能だが、枠線は設定できない。

円弧は曲線なので「線種」と「コネクタ」を変更できる。

曲がり文字設定

✓ 円弧に沿って文字を並べるには「ワードアートのスタイル」の文字効果を指定する。

①の調整で文字の位置を、②の調整で曲がり具合を変更できる

SECTION 3-3 [c]まとまり：集合関係を表す

👎 Not Good

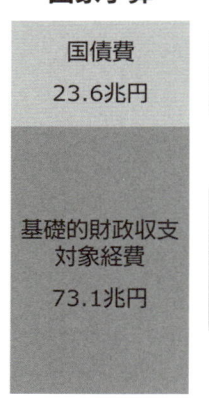

**2017年
国家予算**

| 国債費 23.6兆円 |
| 基礎的財政収支対象経費 73.1兆円 |

・債務償還費
・利払費等

・社会保障関係費
・地方交付税交付金等
・公共事業費
・文教及び科学振興費
・防衛費
・その他費用

（社会保障関係予算の内訳）
①年金　　　：11.31兆円
②医療　　　：11.27兆円
③介護　　　：2.93兆円
④少子化対策：2.02兆円
⑤社会福祉等：4.43兆円

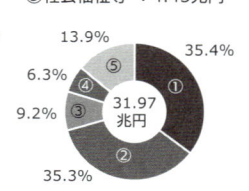

31.97兆円

⑤ 13.9%
① 35.4%
④ 6.3%
③ 9.2%
② 35.3%

▼ この Section の要点

　かっこは、要素同士の集合関係（包含関係）を示すのに役立ちます。大かっこ、中かっこがあります。これらは特性ごとに使い分け、「同じ意味を表すが見た目が異なるもの」を混在させないようにします。

　上図はかっこを使うべき箇所で別の図形を用いており、各図形の関係性がわかりにくくなっています。

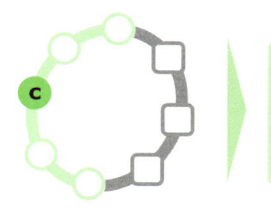

線・矢印　[ ]　大かっこ、中かっこ

👍 **Good**

**2017年
国家予算**

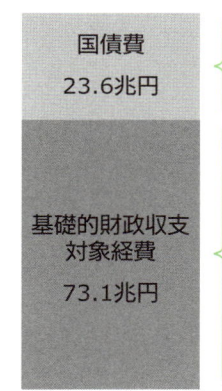

| 国債費
23.6兆円 | ・債務償還費
・利払費等 |
| 基礎的財政収支
対象経費
73.1兆円 | ・社会保障関係費
・地方交付税交付金等
・公共事業費
・文教及び科学振興費
・防衛費
・その他費用 |

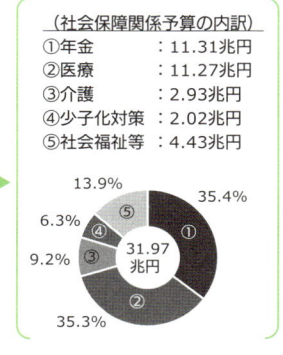

（社会保障関係予算の内訳）
①年金　　　：11.31兆円
②医療　　　：11.27兆円
③介護　　　：2.93兆円
④少子化対策：2.02兆円
⑤社会福祉等：4.43兆円

前図に含まれている要素は、①「国家予算の棒グラフ」、②「グラフ要素の内訳」、③「さらにその一部の内訳」の3つです。②は①を細分化したもの、③は②の一部を拡大したものになっています。それぞれ同じ三角形でつなげたのが前図ですが、①②③の関係性は中身をよく読まないと的確に把握できません。

上図は、①②③の関係性を大かっこと中かっこを用いて整理しました。拡大関係、包含関係を的確に表しており、わかりやすくなりました。

大かっこ　　中かっこ

かっこ全般：カサ内側の要素のまとめ、外側の包含関係

▼ かっこ全般は「タイプ」×「パーツ形状」

　かっこ全般は、カサの内側と外側の関係を示すのに役立ちます。かっこのタイプ①、かっこのパーツ形状②の組み合わせでかっこの形が決まります。パーツ形状は線の太さを変更できます。

　大かっこは、図形ツールの「大かっこ」「左大かっこ」「右大かっこ」のいずれかを選んで作成します。**開かれたカサの内側に含まれる要素をまとめる**のに適します。

　「左大かっこ」「右大かっこ」を使用すると、情報のまとまりが表す意味を相手に認識させることができ、注目を集めやすい図形です。

　「大かっこ」による表現もわかりやすさに優れますが、四角形を使って代替することもできます。図中に示されるテキストを使い分けたい場合に用いるものとし、そうでなければ使う必要はありません。

　中かっこは、図形ツールの「中かっこ」「左大かっこ」「右大かっこ」のいずれかを選んで作成します。**開かれたカサの内側とカサの先側の包含関係をまとめる**のに適します。

　「左中かっこ」「右中かっこ」を使用すると、要素の内訳・個々の要素のまとめを相手に認識させることができ、注目を集めやすい図形です。

　「全体中かっこ」を使う場面は、数式や集合を表すようなケースを除き、ありません。

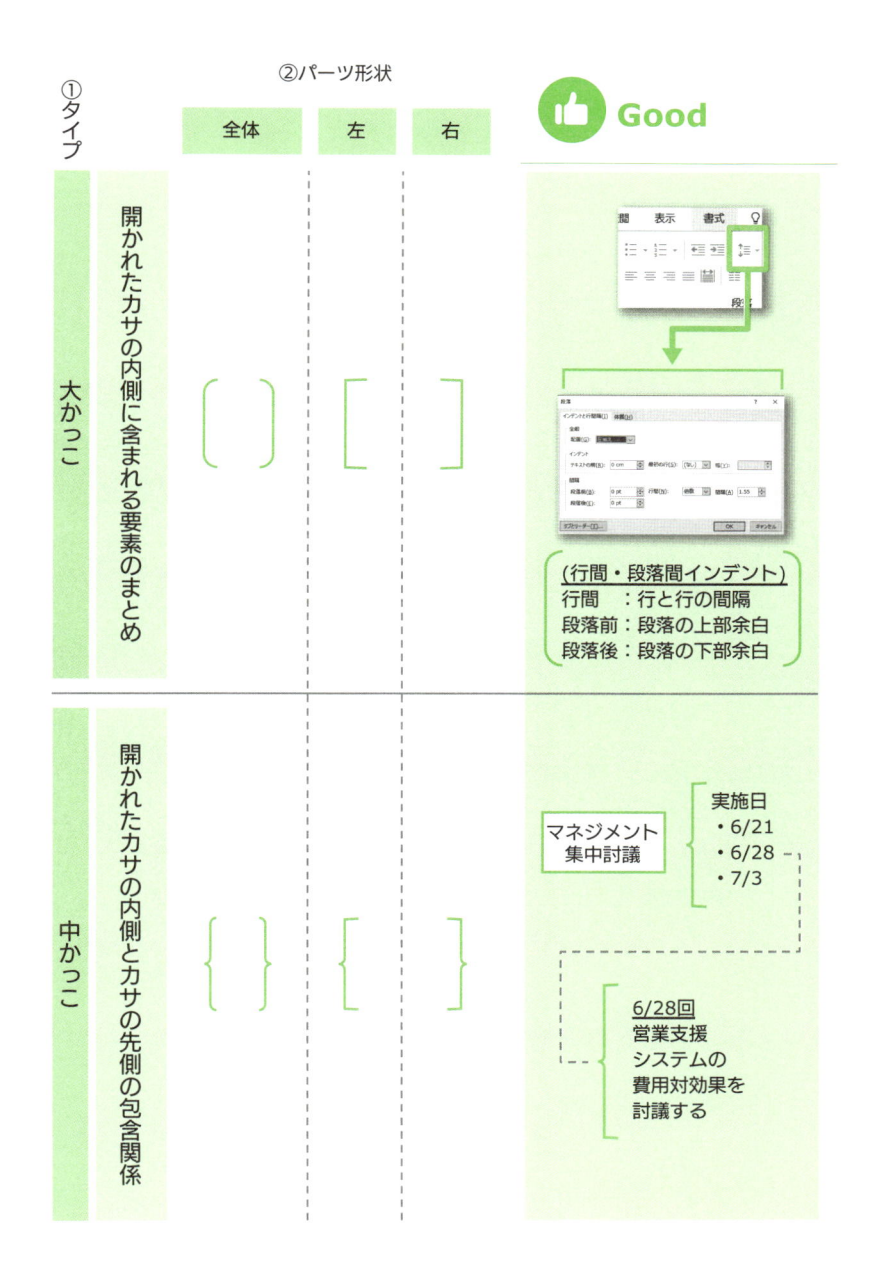

① タイプ

② パーツ形状

	全体	左	右

👍 Good

大かっこ

開かれたカサの内側に含まれる要素のまとめ

(行間・段落間インデント)
行間　：行と行の間隔
段落前：段落の上部余白
段落後：段落の下部余白

中かっこ

開かれたカサの内側とカサの先側の包含関係

マネジメント
集中討議

実施日
・6/21
・6/28
・7/3

6/28回
営業支援
システムの
費用対効果を
討議する

115

SECTION 3-4 [d]変化：時間の流れや変化を表す

👎 Not Good 　リアルロボット年表

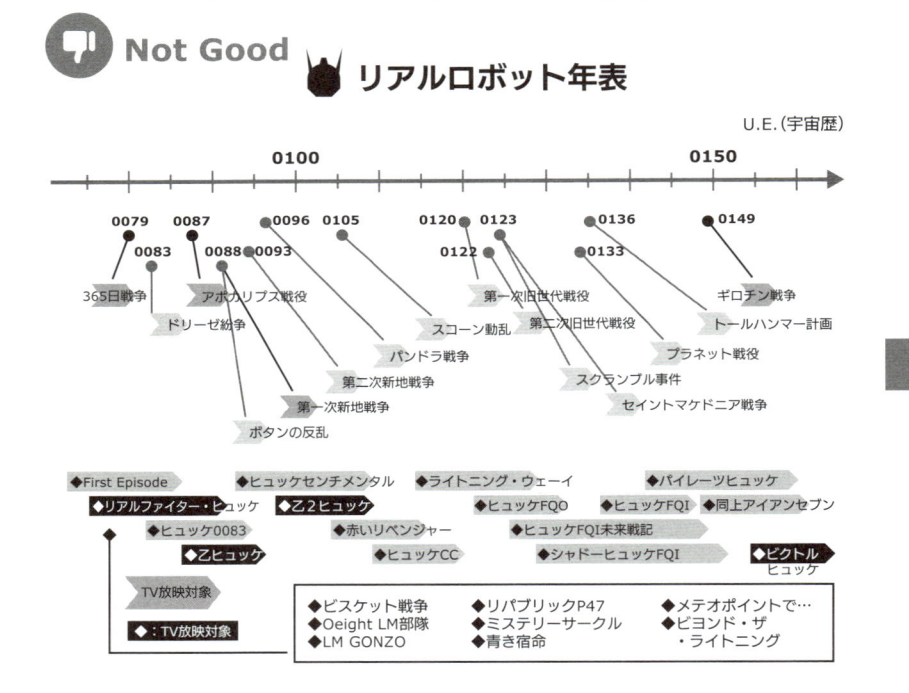

▼ この Section の要点

ブロックは、時間の流れや状態の変化を示すのに役立ちます。矢羽、三角形・ブロック矢印、ブロック吹き出しがあります。特性ごとに使い分け、「同じ意味を表すが見た目が異なるもの」を混在させないようにします。

　上図は山形とホームベースの矢羽が混在しており、各矢羽の長さも正しくないため、各図形の関係性がわかりにくくなっています。

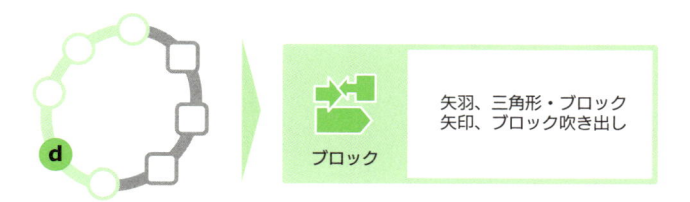

矢羽、三角形・ブロック
矢印、ブロック吹き出し

ブロック

d

👍 Good

🤖 リアルロボット年表

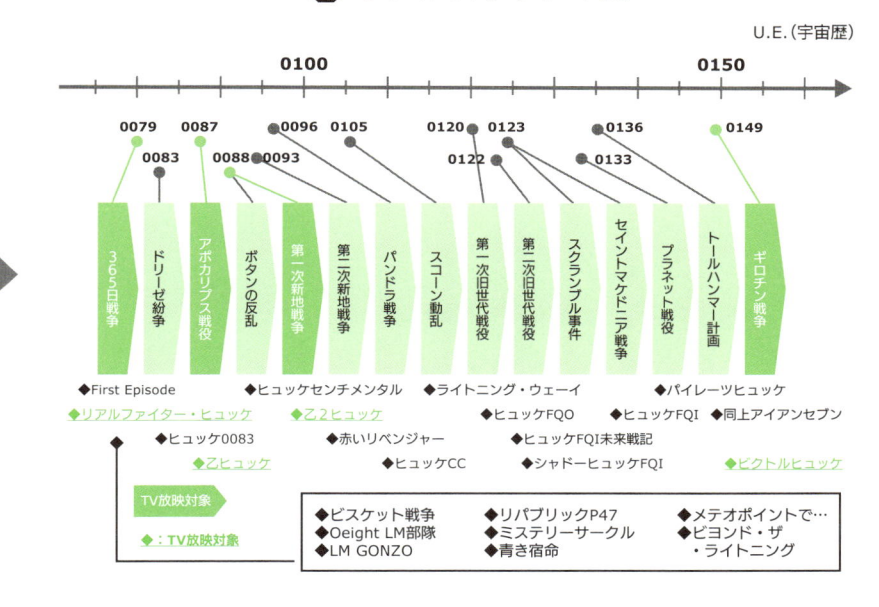

U.E.（宇宙歴）

0100　　　　0150

0079　0087　0096　0105　0120　0123　0136　0149
　　0083　0088　0093　　　0122　　　0133

365日戦争／ドリーゼ紛争／アポカリプス戦役／ボタンの反乱／第一次新地戦争／第二次新地戦争／パンドラ戦争／スコーン動乱／第一次旧世代戦役／第二次旧世代戦役／スクランブル事件／セイントマグドニア戦争／プラネット戦役／トールハンマー計画／ギロチン戦争

◆First Episode　　　　　◆ヒュッケセンチメンタル　　◆ライトニング・ウェーイ　　　　◆パイレーツヒュッケ
◆リアルファイター・ヒュッケ　◆乙2ヒュッケ　　　　　　◆ヒュッケFQO　　　　◆ヒュッケFQI　◆同上アイアンセブン
　　◆ヒュッケ0083　　◆赤いリベンジャー　　　　◆ヒュッケFQI未来戦記
　　◆乙ヒュッケ　　　　　　　　◆ヒュッケCC　　　　◆シャドーヒュッケFQI　　　　　　◆ビクトルヒュッケ

TV放映対象

◆：TV放映対象

◆ビスケット戦争　　◆リパブリックP47　　◆メテオポイントで…
◆Oeight LM部隊　　◆ミステリーサークル　◆ビヨンド・ザ
◆LM GONZO　　　◆青き宿命　　　　　・ライトニング

前図に含まれている要素は、架空のロボットアニメ「ヒュッケ」シリーズの作中で描かれる歴史における、①「時代名称」、②「登場作品」の2つです。①には順序性がありますし、登場作品もそれに紐づくため、前後関係をわかりやすく表現しないと的確に把握できません。

上図は、使用する矢羽の種類を限定し、かつ出来事が順番に並ぶよう順列構成としました。

矢羽　　ブロック矢印・三角形　　ブロック吹き出し

矢羽・ブロック吹き出し全般：時間の単位・流れ、結果

▼ 矢羽・ブロック吹き出しは変化の流れを明示する

　矢羽は、図形ツールの「ホームベース」「山形」を選んで作成します。片方からもう片方へ矢印のように伸びる見た目から、**時間の単位・流れを示す**のに適します。

　あえて使い分ける必要性はないですが、もし併用するならば、ホームベースは大きな時間の単位や緩やかな流れ、山形はそれを細分化したものとして使い分けましょう。

　三角形・ブロック矢印は、図形ツールの「二等辺三角形」「ブロック矢印（上・下・左・右）」を選んで作成します。矢羽が時間の変化を表すのに対し、こちらは**状態の変化や一方から他方への働きかけを示す**のに適します。

　状態の移り変わりをシンプルに示すなら二等辺三角形、変化すること自体を強調したいならブロック矢印を用います。

　ブロック吹き出しは、図形ツールの「矢印吹き出し（上・下・左・右）」を選んで作成します。**吹き出し部分の内容に対する結果を示す**のに適します。資料を読む相手は左上から右下に流れるように目線を送るため、矢印吹き出し（左）はできるだけ使わないようにします。

 **Good**

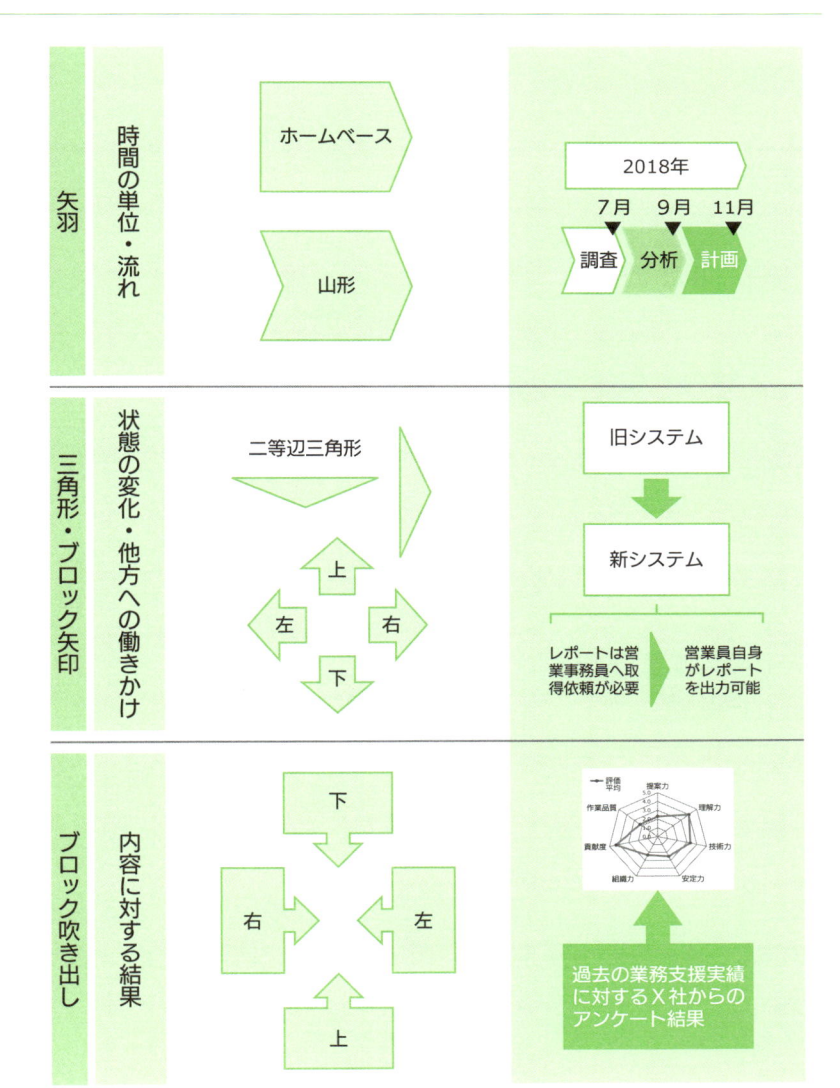

矢羽	時間の単位・流れ	
三角形・ブロック矢印	状態の変化・他方への働きかけ	
ブロック吹き出し	内容に対する結果	

SECTION 3-5 [e]補足：理由や説明を表す

 **Not Good**

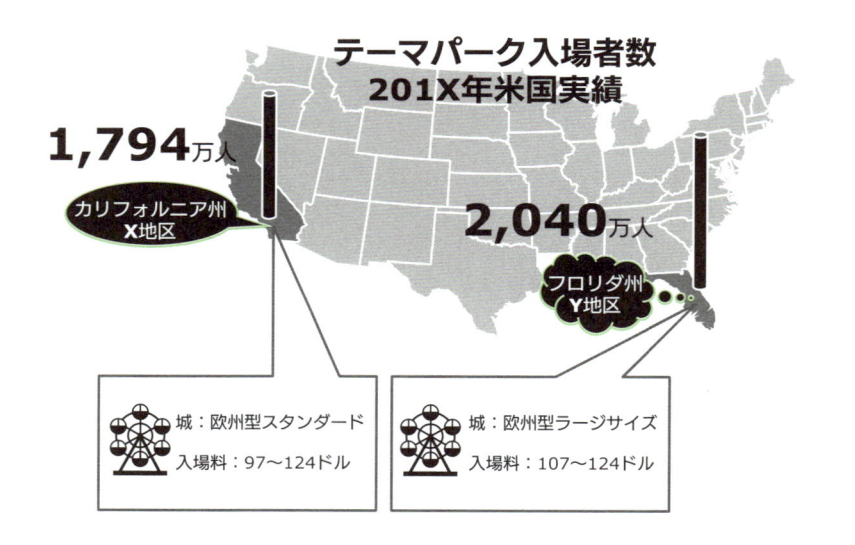

テーマパーク入場者数
201X年米国実績

1,794万人

カリフォルニア州
X地区

2,040万人

フロリダ州
Y地区

城：欧州型スタンダード
入場料：97〜124ドル

城：欧州型ラージサイズ
入場料：107〜124ドル

▼ この Section の要点

　吹き出しは、理由や説明を示すのに役立ちます。四角形吹き出し、丸形吹き出し、雲形吹き出しがあります。吹き出しは特性ごとに使い分け、「同じ意味を表すが見た目が異なるもの」を混在させないようにします。

　上図は異なる吹き出しが混在してわかりづらくなっています。

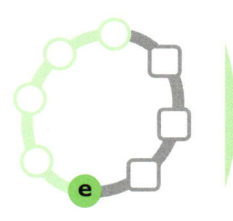

四角形吹き出し、丸形吹き出し、雲形吹き出し

吹き出し

1 | 図形の見せ方

2 | 図形の使い方

3 | 図解のパターン化

4 | 図解の魅せる化

 **Good**

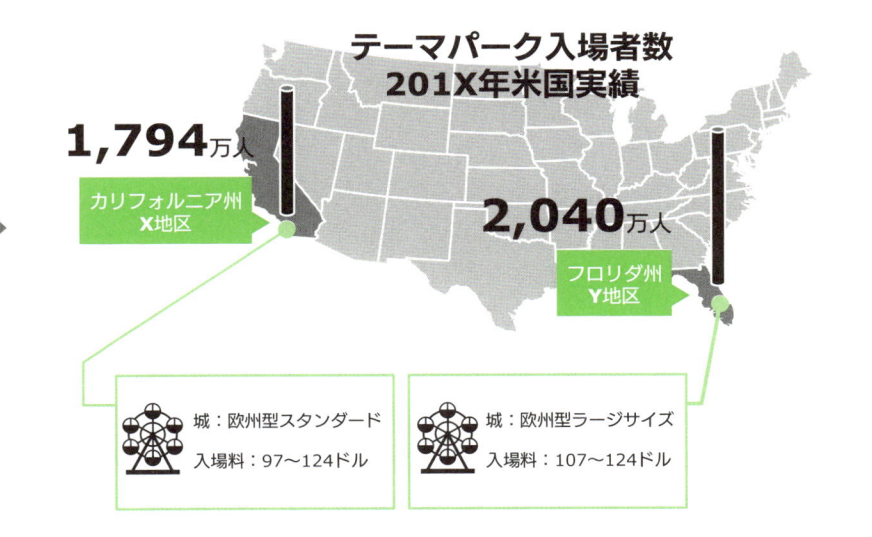

テーマパーク入場者数
201X年米国実績

1,794万人

カリフォルニア州
X地区

2,040万人

フロリダ州
Y地区

城：欧州型スタンダード
入場料：97～124ドル

城：欧州型ラージサイズ
入場料：107～124ドル

　前図に含まれている要素は、①「X地区のテーマパーク」、②「Y地区の
テーマパーク」です。①と②は並列比較する対象ですが、吹き出しの形が違
っていることで、「何か意味があるのか」と深読みする相手もいます。また、
円形吹き出し・雲形吹き出しはあいまいな印象を与え、大きな吹き出しは吹
き出し線が幅広で見栄えがよくありません。

　上図は、①と②を同じ吹き出しに揃え、吹き出し線が目立たないよう線形
にすることで、見た目がすっきりしました。

四角形吹き出し　丸形吹き出し　雲形吹き出し

吹き出し全般：理由や追加情報、憶測、心理的情報

▼ 吹き出しは情報を付け加えるための手段

　四角形吹き出しは、図形ツールの「吹き出し：四角形」「線形吹き出し（線・折れ線・２つ折れ線）」を選んで作成します。角がはっきりとした見た目を持つため、**具体性のある理由や追加情報を示す**のに適します。吹き出し線が幅広になってしまう場合には「吹き出し：線形」を使います。

　丸形吹き出しは、図形ツールの「吹き出し：角を丸めた四角形」「吹き出し：円形」を選んで作成します。**四角形吹き出しよりも抽象的であいまいな情報・意見・推測を示す**のに適します。吹き出し：円形は、番号や記号などを指し示すために使うこともあります。

　雲形吹き出しは、図形ツールの「思考の吹き出し：雲形」を選んで作成します。**丸形吹き出しよりもさらに抽象的な情報・想像・憶測・心理的な情報を示す**のに適します。
　インターネットなどのネットワークを表す図形として長らくこの雲形吹き出しが用いられてきましたが、Office2010以降は基本図形に「雲」の図形が追加されたため、そちらを使用します。

　吹き出しには他に線形吹き出しのバリエーションとして、「強調線無し」「枠無し」「強調線あり＆枠無し」のパターンが存在します。これらを使用する必要はありません。

　次々ページで、本章の各項で取り上げた内容を反映した図解を示します。

 **Good**

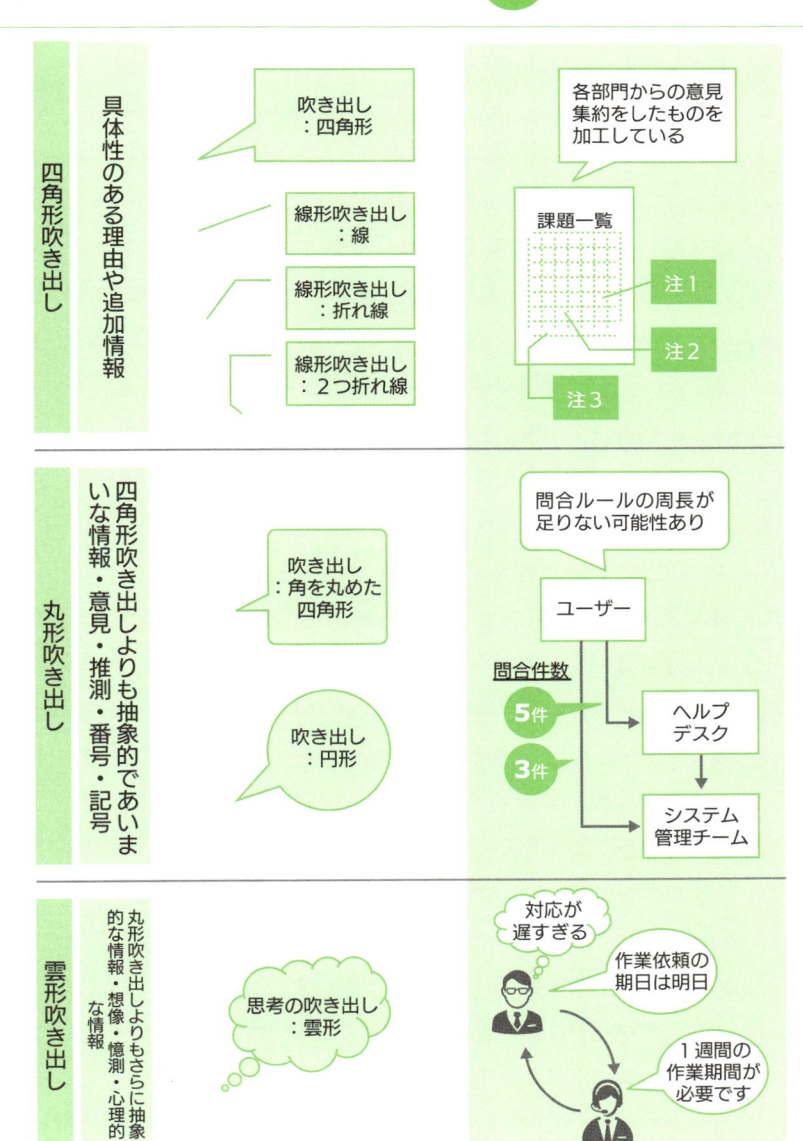

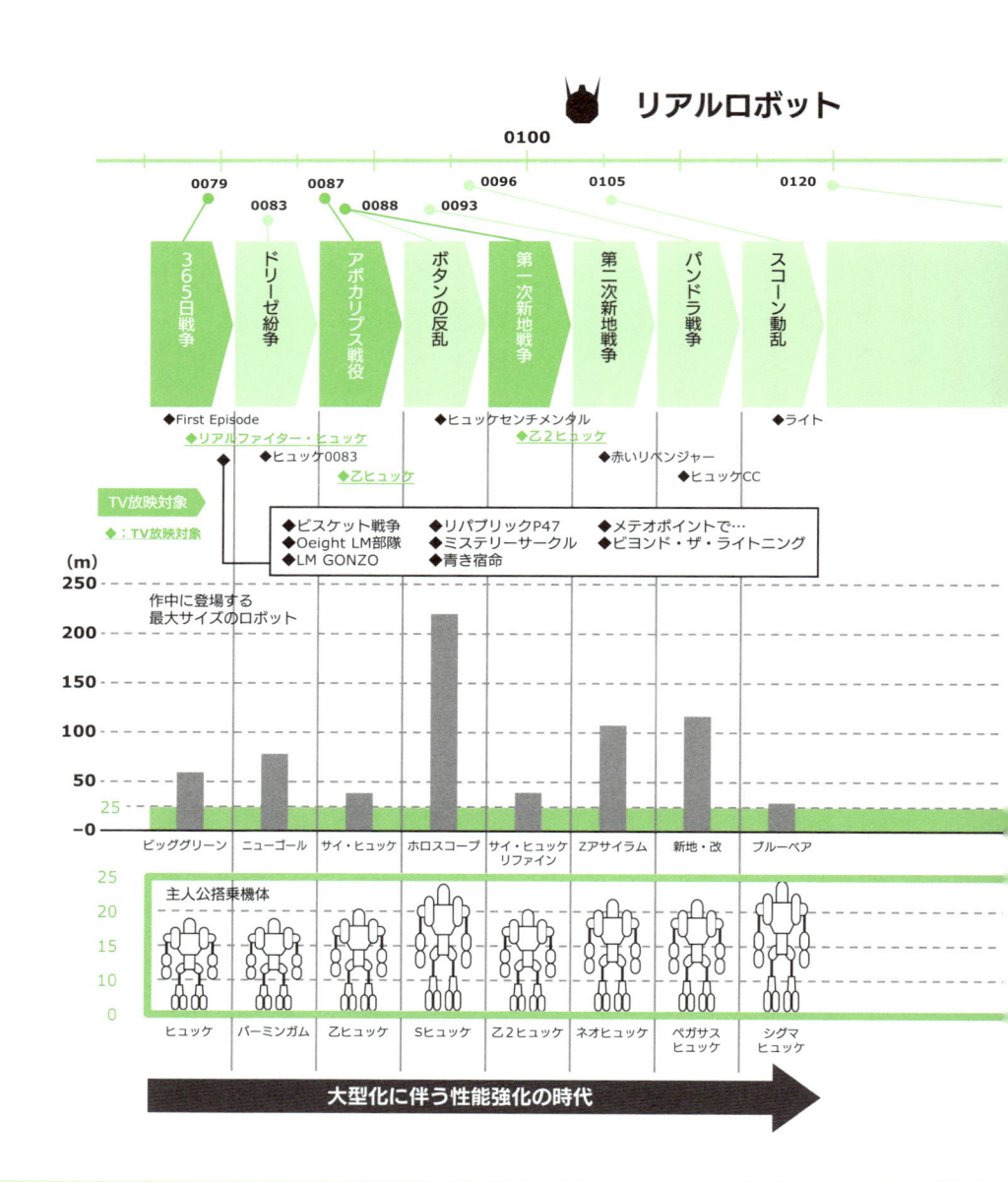

リアルロボット

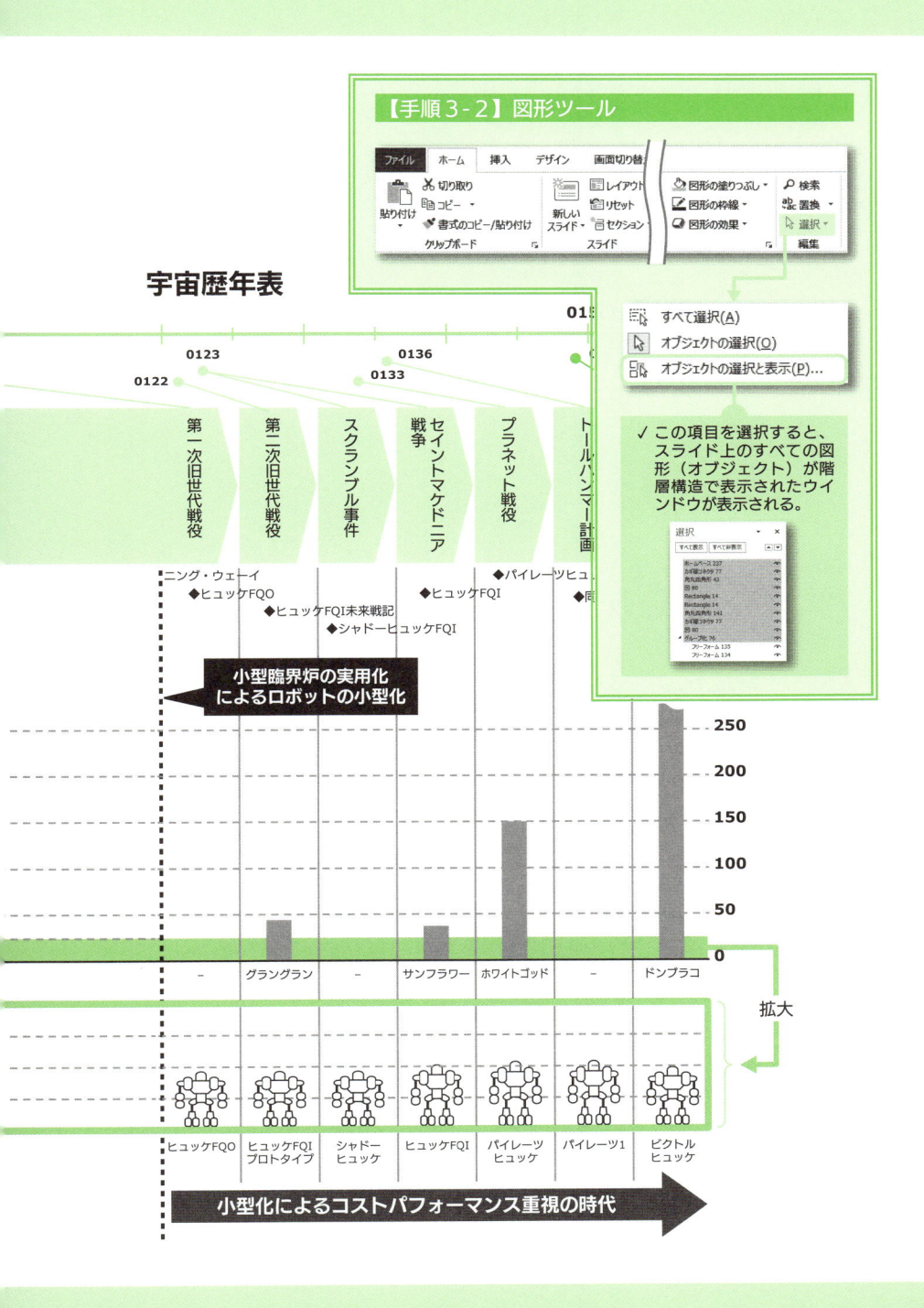

2部 図形の使い方

4章 「アレンジ」を交えた使い方

	3部	4部

図解のパターン化	図解の魅せる化
レベル3	レベル4

CHAPTER 4 「アレンジ」を交えた使い方

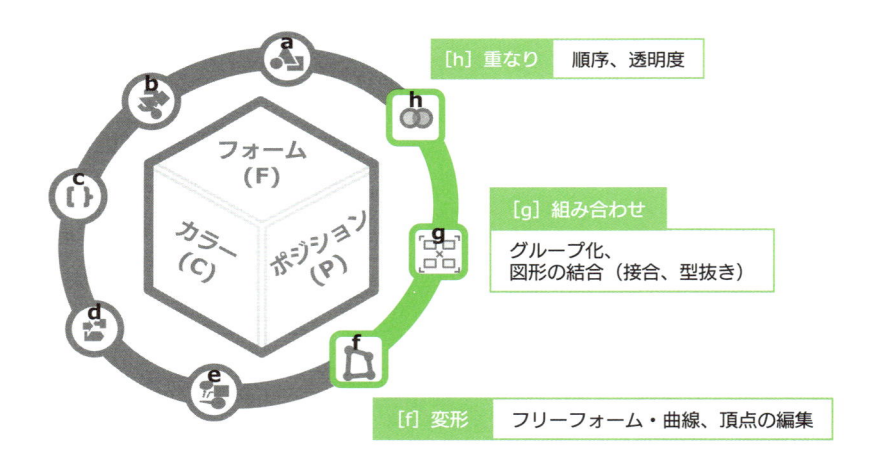

[h] 重なり　順序、透明度

[g] 組み合わせ

グループ化、
図形の結合（接合、型抜き）

[f] 変形　フリーフォーム・曲線、頂点の編集

▼ この章の要点

　標準で用意されている図形（前章で説明したもの）だけではうまく表現できない場合、**「変形」「組み合わせ」「重なり」** によってアレンジし、目的に合った図形を作ります。

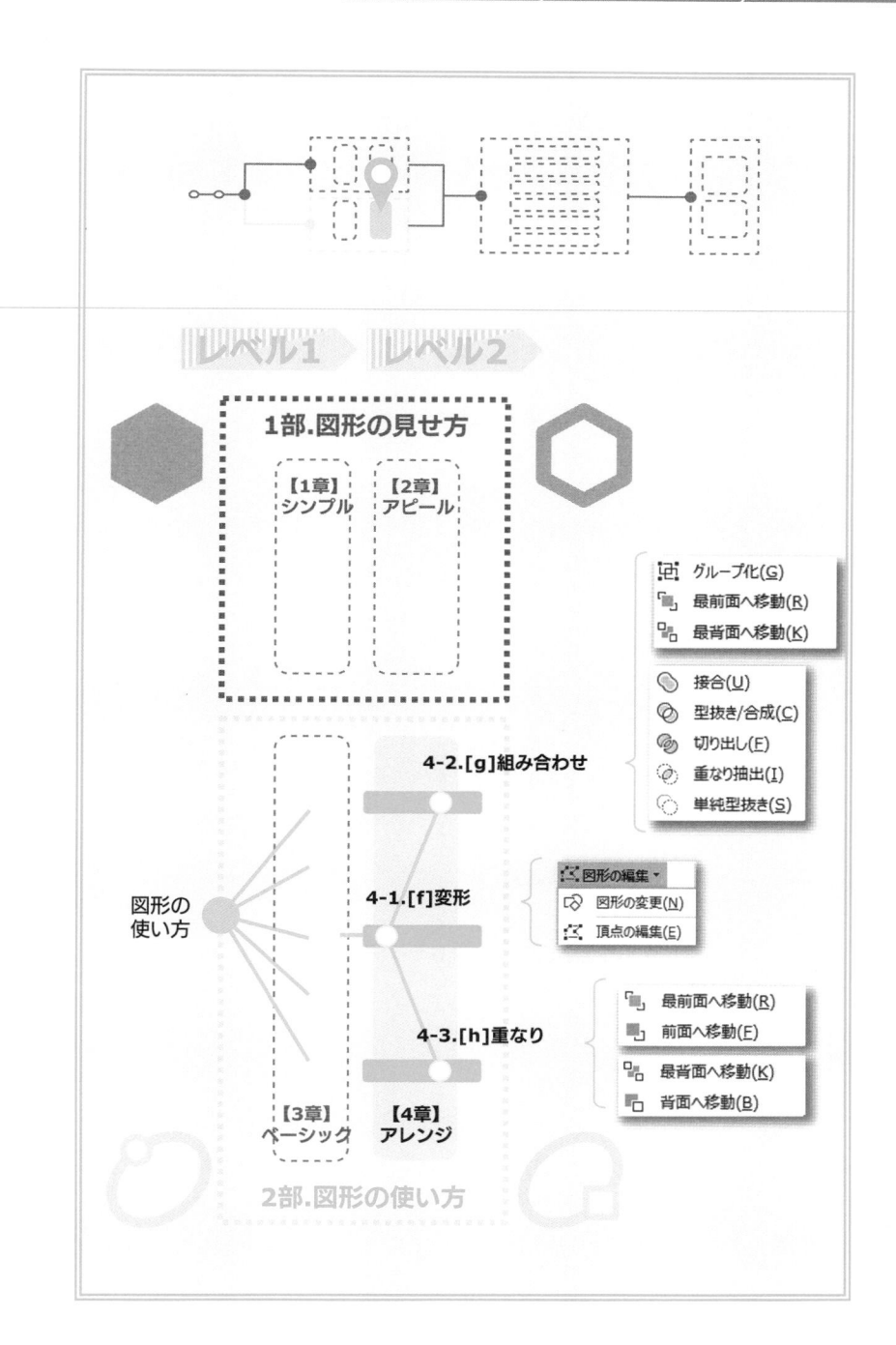

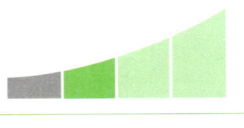

[f]変形：
標準にはない図形を表す

👎 **Not Good**

第二次方位網対抗プロジェクト
【1571/6/1 進捗報告】　報告者：池田恒興
北伊勢征圧では、長島一向一揆の鎮圧が遅れているため、根本原因である比叡山を焼き討ちすることを計画中である。

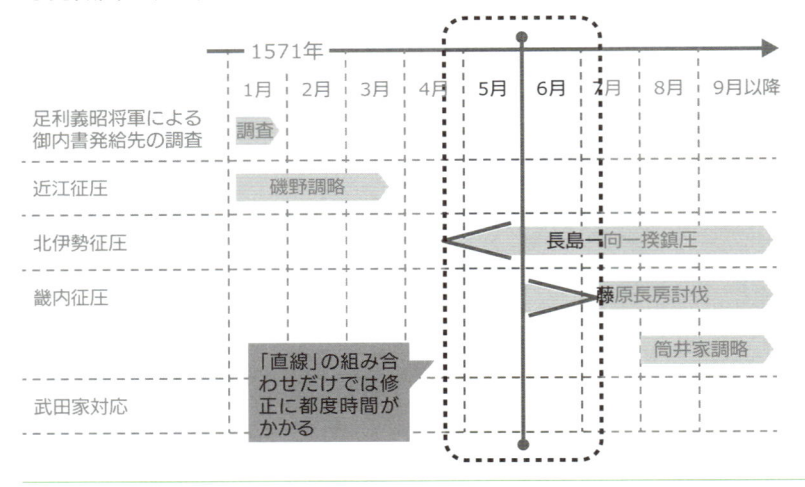

▼ この Section の要点

　進捗報告の資料でよく使う「イナズマ線」のように**通常メニューには存在しない図形が必要であれば、新しく作ります。**無理に標準図形を組み合わせて作ると、サイズや色の変更によって見た目が崩れてしまいます。

　上図はイナズマ線を描いていますが、「線」を複数組み合わせて強引に作ったため、見栄えが悪く、凸凹の微修正も手間がかかります。

フリーフォーム：図形、
曲線、頂点の編集

変形

 **Good**

第二次方位網対抗プロジェクト
【1571/6/1 進捗報告】　報告者：池田恒興

北伊勢征圧では、長島一向一揆の鎮圧が遅れているため、根本原因である比叡山を焼き討ちすることを計画中である。

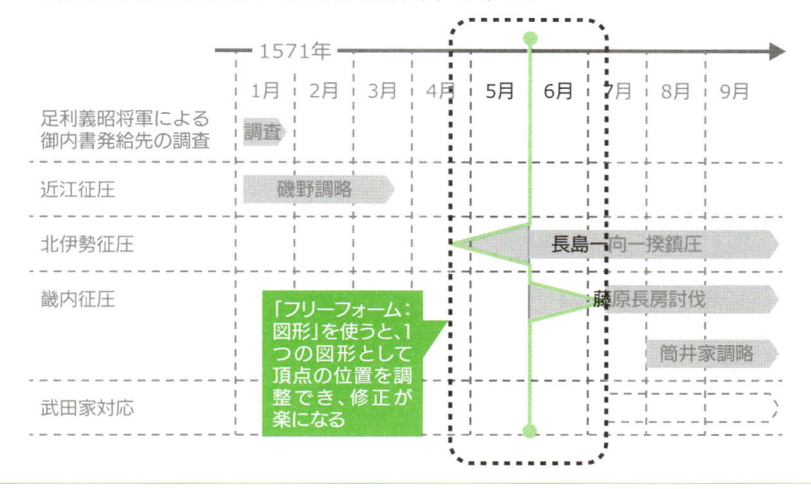

前図では、第二次信長包囲網における各方面の攻略状況で進捗の予定乖離が出ている部分に凹凸が表れています。この部分は状況に応じて大きさが頻繁に変わります。

上図は、頻繁な変化にも耐えるよう、「フリーフォーム：図形」を使って直線の途中で頂点を順次追加し、折れ線を1つの図形として作りました。図形を選択し、右クリックから「頂点の編集」を選んで、凹凸のサイズ・位置を自由に決められます。

フリーフォーム：図形、曲線、頂点の編集
変形全般：標準図形では表せない形

▼ 変形全般は、線が「開いた or 閉じた」で作り分ける

　変形全般は、フリーフォーム：図形①、曲線②を利用します。フリーフォーム：フリーハンドという機能もありますが、見栄えの良い図形を作るのが難しいので使用しません。また、①と②で作成した図形は、頂点の編集③という機能により形を自由に変えることができます。

　①のフリーフォーム：**線が閉じていない図形を作る**のに適します。過去バージョンのパワーポイントでは、凸のような多角形をフリーフォームで作成しましたが、現在のバージョンでは「図形の型抜き／合成」（[g] 組み合わせ参照）で簡単にオリジナル図形を作れます。そのため、線が閉じた図形は①で作りません。図形ツールから「フリーフォーム：図形」を選んで作成します。

　②の曲線は、**線が閉じていない曲線図形といびつな円形を作る**のに適します。円や楕円、それらの円弧の組み合わせで作成できる図形は「図形の型抜き／合成」（[g] 組み合わせ参照）で作成するため、②で作りません。図形ツールから「曲線」を選んで作成します。

　③の頂点の編集は、①②で作成した**オリジナル図形の頂点を加工して形を変更する**のに用います。頂点の追加・削除、曲がる角度・向きの変更ができます。オリジナル図形を右クリックして「頂点の編集」を選んで変更します。

　なお、作成済みの図形を標準図形のいずれかに変更したい場合は、変更したい図形を選択し、メニュー「書式」→図形の挿入領域「図形の編集」→「図形の変更」を辿って、変更後の図形を選択します。

👍 **Good**

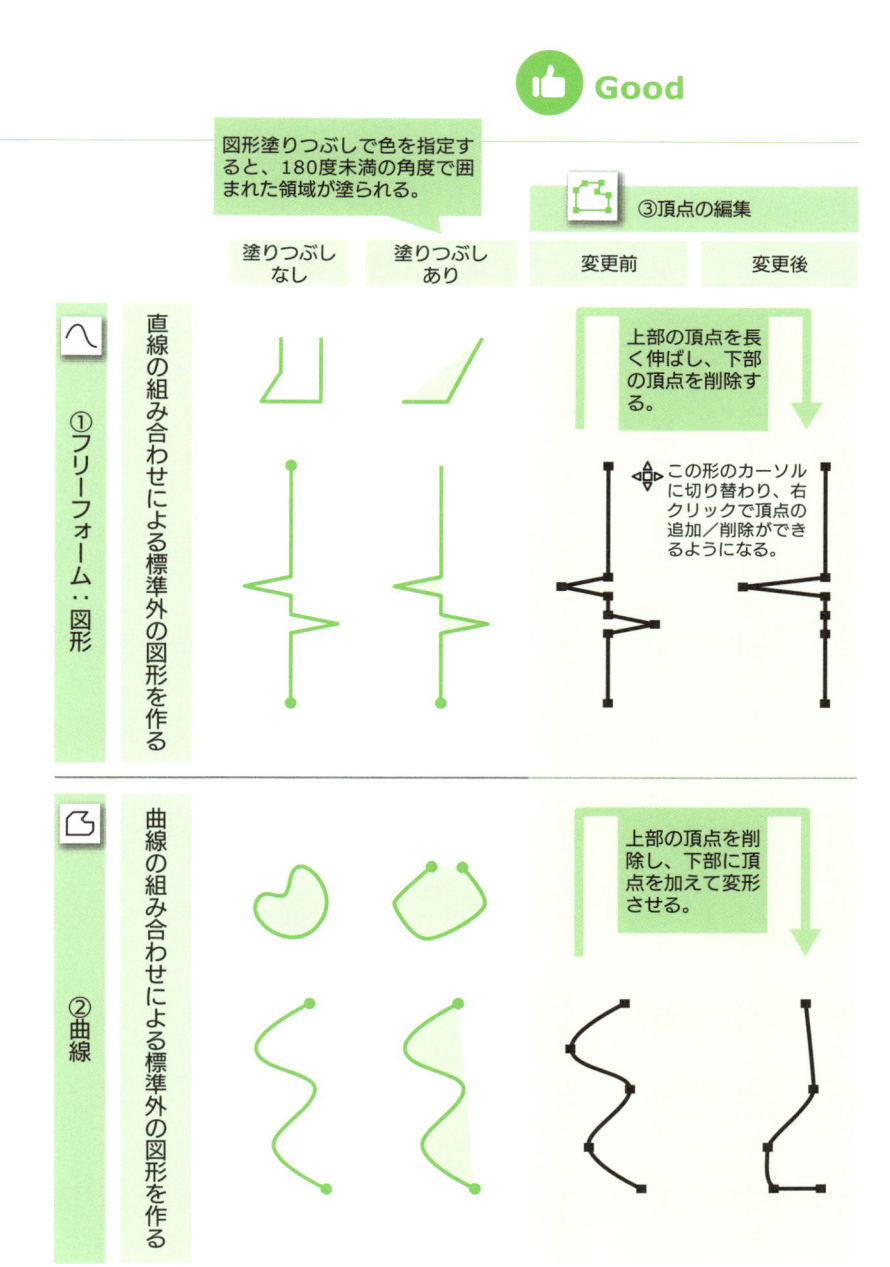

図形塗りつぶしで色を指定すると、180度未満の角度で囲まれた領域が塗られる。

③頂点の編集

塗りつぶし なし	塗りつぶし あり	変更前	変更後

①フリーフォーム：図形

直線の組み合わせによる標準外の図形を作る

上部の頂点を長く伸ばし、下部の頂点を削除する。

この形のカーソルに切り替わり、右クリックで頂点の追加／削除ができるようになる。

②曲線

曲線の組み合わせによる標準外の図形を作る

上部の頂点を削除し、下部に頂点を加えて変形させる。

1 図形の見せ方

2 図形の使い方

3 図解のパターン化

4 図解の魅せる化

SECTION 4-2 [g]組み合わせ：手間が生じない図形を用いる

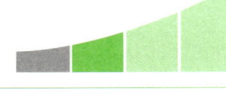 **Not Good**

第二次包囲網対抗プロジェクト
【1571/7/1 進捗報告】　報告者：池田恒興

比叡山焼き討ちを9月に予定しているが、対外関係に大きな影響が生じるとの懸念が多数メンバーからコメントあり。焼き討ち実施後のインパクト分析を実施する。

明智リーダーにて調略中の筒井氏は、年内に恭順の意を示す見込み。

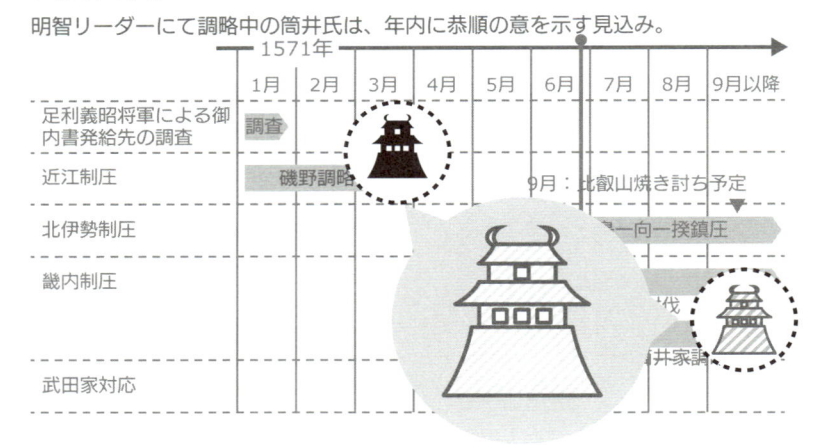

▼ この Section の要点

　標準図形を組み合わせると作れる図は、「グループ化」と「図形の結合」**機能によって作成**します。特に、多数の図形を組み合わせて作っている図は、図形の結合で単一化しないと見栄えが崩れやすくなります。

　上図は城の図を複数図形を組み合わせて作りました。しかし、シルエットの枠を際立たせたい場合、線を全部消す方法しかありません。

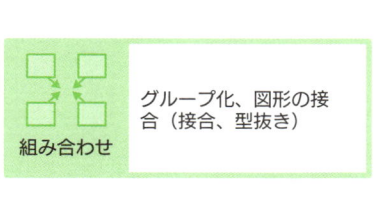

グループ化、図形の接合（接合、型抜き）

組み合わせ

👍 Good

第二次包囲網対抗プロジェクト
【1571/7/1 進捗報告】　報告者：池田恒興
比叡山焼き討ちを9月に予定しているが、対外関係に大きな影響が生じるとの懸念が多数メンバーからコメントあり。焼き討ち実施後のインパクト分析を実施する。

明智リーダーにて調略中の筒井氏は、年内に恭順の意を示す見込み。

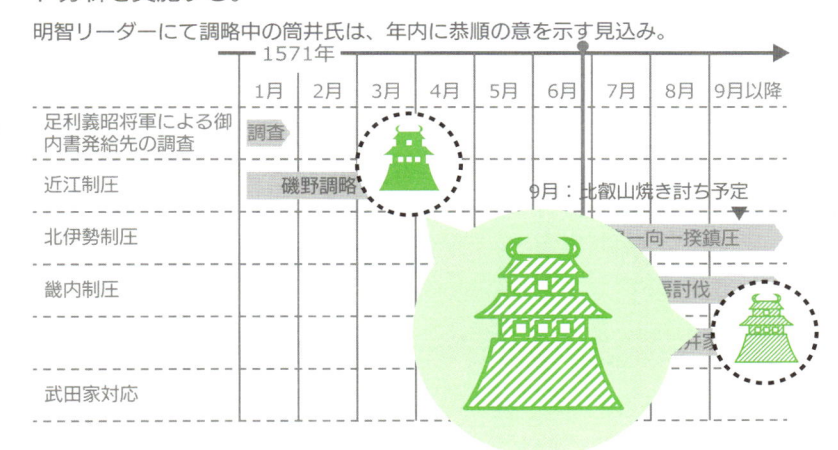

前図は、城を構成する各パーツが1つずつ図形として存在しています。このため、枠線を設定するとパーツの寄せ集めであることが一目でわかりますし、窓の部分を透かしにできず、白く塗ってごまかしています。

　上図では、すべての図形を選択して「接合」を用い、すべての図形を結合して1つの図形にしました。また、その図に四角形を重ねて「単純切り抜き」を用いると、窓として背景を透かすことができます。この状態で塗りつぶし色と枠線色を設定すると、きれいなシルエットが表れます。

グループ化・図形の結合：複数図形のまとめ、分割

▼ グループ化・図形の結合は土台になる図形を決める

　グループ化・図形の結合は、標準図形にはないものを手早くきれいに作るのに役立ちます。図形の結合には「接合」「型抜き／合成」「切り出し」「重なり抽出」「単純型抜き」があります。

　グループ化は、**複数の図形の設定を保ったまま、それらの集合を1つのまとまりとして選択できる**ようになります。右図のように、多数の図形で組み合わされた城の図もクリック1つで容易に移動でき、色・線の太さや種類・大きさの変更も一度に行えます。

　図形の結合に含まれる各機能は、**複数の図形を1つの図形として合成する**ことができます。使用頻度が高いのは「接合」と「型抜き」です。変更した図は「頂点の編集」（p.133）でさらに形を変えることもできます。

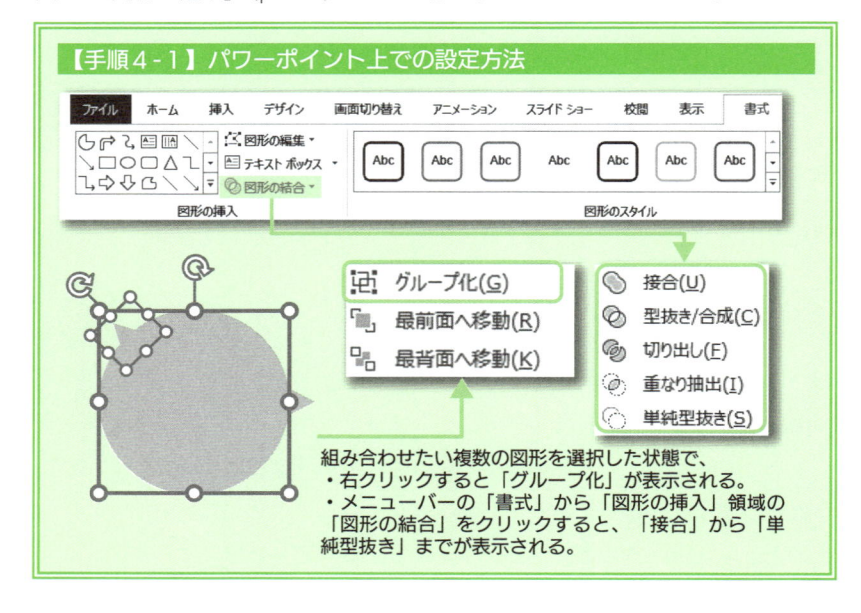

【手順4-1】パワーポイント上での設定方法

組み合わせたい複数の図形を選択した状態で、
・右クリックすると「グループ化」が表示される。
・メニューバーの「書式」から「図形の挿入」領域の「図形の結合」をクリックすると、「接合」から「単純型抜き」までが表示される。

 **Good**

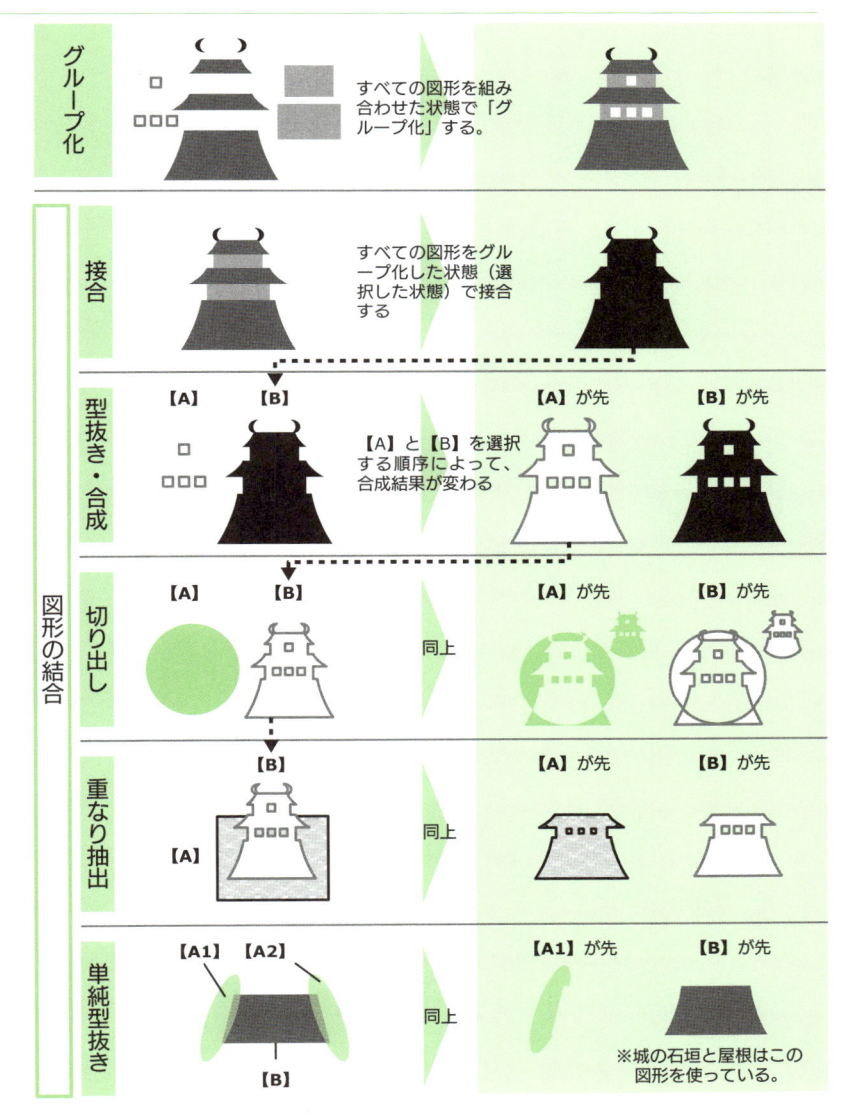

グループ化		すべての図形を組み合わせた状態で「グループ化」する。
接合		すべての図形をグループ化した状態（選択した状態）で接合する
型抜き・合成	【A】　【B】	【A】と【B】を選択する順序によって、合成結果が変わる
切り出し	【A】　【B】	同上
重なり抽出	【B】【A】	同上
単純型抜き	【A1】【A2】【B】	同上

図形の結合

【A】が先　【B】が先

※城の石垣と屋根はこの図形を使っている。

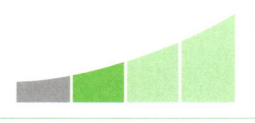

[h]重なり：
順序と透かしを設定する

SECTION **4-3**

👎 Not Good

第二次包囲網対抗プロジェクト
【1571/7/1 進捗報告】　報告者：池田恒興
インパクト分析の結果、比叡山焼き討ちによる政治的効果は高いと判断
し、予定通り実施する。9/12を総攻撃の期日とし、陣営を整える。

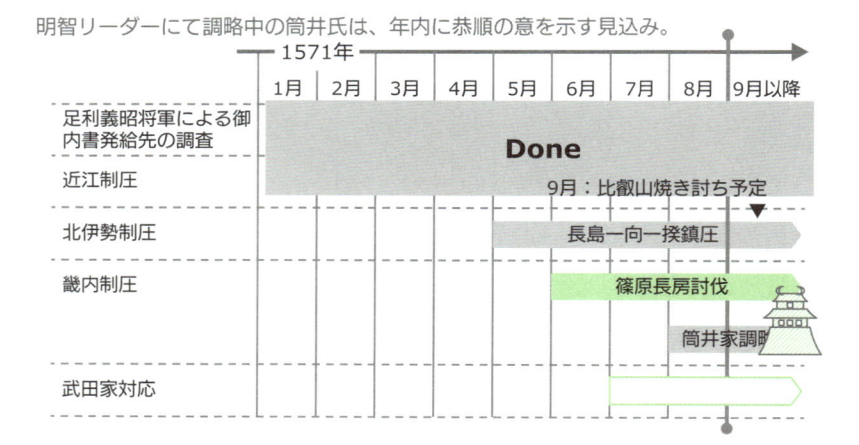

明智リーダーにて調略中の筒井氏は、年内に恭順の意を示す見込み。

▼ この Section の要点

　重なりと透かしは、図に階層を持たせてわかりやすく示すのに用います。
パワーポイントで描く図形はすべて表示階層（レイヤー）が設定されており、
適切に設定すると限られた面積で多くの情報を示せます。

　上図は進捗線と各タスクの矢羽のレイヤーがばらばらです。作業完了を表
す「Done」の帯のせいで完了タスクのスケジュールも見えません。

| 重なり | 順序、透明度 |

👍 Good

第二次包囲網対抗プロジェクト
【1571/7/1 進捗報告】　報告者：池田恒興
インパクト分析の結果、比叡山焼き討ちによる政治的効果は高いと判断し、予定通り実施する。9/12を総攻撃の期日とし、陣営を整える。

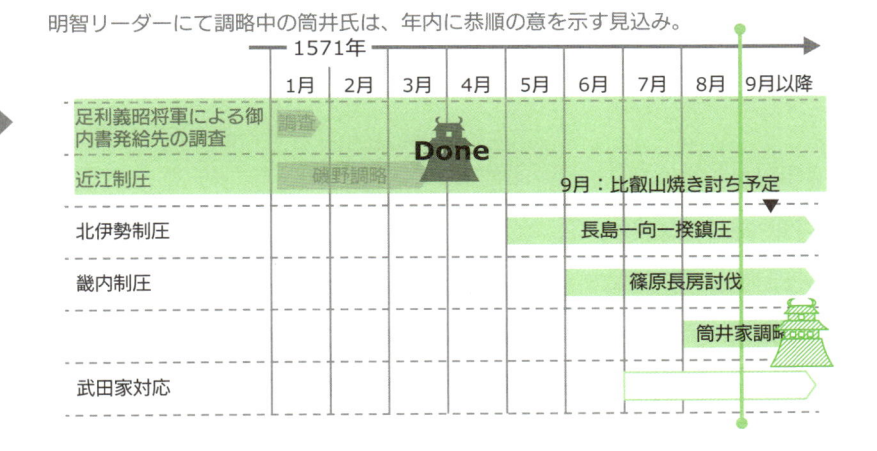

　前図は、線表を表す図の上に、①各タスク、②城アイコン、③完了帯、④予定イベント名、⑤進捗線が重なっています。このレイヤーにルールがないため、見づらい図になっています。

　上図では、レイヤーの一番下を①とし、②→③→④→⑤の順に整えました。また、③は透かしを設定し、背面にあるタスクがわかるようにしました。各図形の位置にルールが加わることで、相手の理解を引き出しやすくなります。

順序・透明度：情報の階層化

▼ 順序・透明度は、図形のレイヤーを意識して設定する

　テキストボックスを含め、すべての図形には位置の表示階層（レイヤー）が設定されます。レイヤー情報は必ず一意に特定されるので、図形同士を重ねることが可能です。

　順序について、レイヤーを前後させる機能は4つありますが、**前／後ろに移動させたい図形を選択して「最前面へ移動／最背面へ移動」を選んでレイヤー間を動かす**と手間が掛かりません。「前面／背面へ移動」では1レイヤーずつ移動するため、図形の多いページ・スライドでは、何回実行しても希望通りの順序にならないことがよくあります。

　透明度について、図形には色の透過性（透かし度合）が設定できるため、図形の前後関係と組み合わせると、図形を見やすくする様々な工夫ができます。右図のように、集合図の上に吹き出しを重ねて情報を付け足したり、すでにある図形や文章の下に色付けした四角形を敷いて目立たせたり、大抵のことが再現できます。

　透過性は「面」と「線」で別々に設定できるため、100％に設定しても図形が見えなくなることはありません。また、図形内に書かれたテキストは透過性を設定できないため、面や線の透過性を変更しても文字の色は変わりません。

　重ね合せた図形に透過性が設定されていると、その部分だけが濃く、または薄く表示されます。このため、図形同士を近接させて並べている場合には、透過性を設定すると色にばらつきが生じるため、見栄えがよくありません。

　基本的に透過性は0％にしておき、透かしを入れないと見栄えが悪くなる場合に限って設定することを推奨します。

【手順4-2】パワーポイント上での設定方法

レイヤー：3番目(最下面)
色：紫
透過性：100%

レイヤー：2番目
色：紫
透過性：80%

レイヤー：1番目(最上面)
色：紫
透過性：50%

品質

費用　　期限

✂ 切り取り(T)
📋 コピー(C)
📋 貼り付けのオプション：
　　📄A
A テキストの編集(X)
✍ 頂点の編集(E)
📑 グループ化(G)　　▸
📑 最前面へ移動(R)　▸
📑 最背面へ移動(K)　▸
🔗 リンク(I)　　▸
🔍 スマート検索(L)
　　図として保存(S)...
📖 翻訳(S)
🖼 代替テキストの編集(A)...
　　既定の図形に設定(D)
⇕ 配置とサイズ(Z)...
📐 図形の書式設定(O)...

📑 最前面へ移動(R)
📑 前面へ移動(F)

📑 最背面へ移動(K)
📑 背面へ移動(B)

「最前面へ移動」は同ページ・スライド中で一番前のレイヤーに置かれる。「前面へ移動」は現状よりも1つ前のレイヤーへ移動する。背面についても同じルールとなる。

🖌 ⬠ 🎨

▲ 塗りつぶし

○ 塗りつぶしなし(N)
◉ 塗りつぶし (単色)(S)
○ 塗りつぶし (グラデーション)(G)
○ 塗りつぶし (図またはテクスチャ)(P)
○ 塗りつぶし (パターン)(A)
○ 塗りつぶし (スライドの背景)(B)

色(C)　　　　　🎨 ▾
透明度(T) ├───── 0%　↕

3部 図解のパターン化

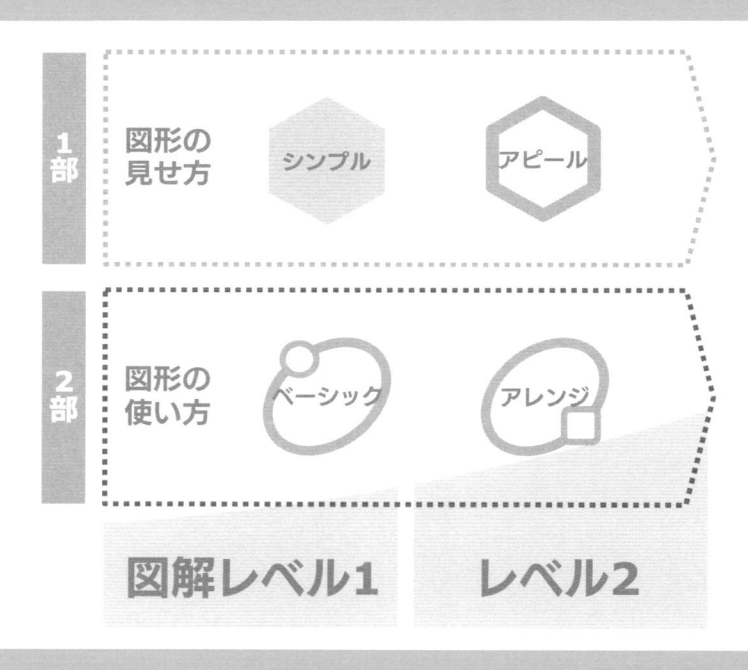

| 1部 | 図形の
見せ方 | シンプル | アピール |
| 2部 | 図形の
使い方 | ベーシック | アレンジ |

図解レベル1　　　レベル2

5章 図解パターン：「タテヨコ」を図解する

3部

チャート　　グラフ

図解のパターン化

レベル3

4部

高度な色使い

洗練されたデザイン

図解の魅せる化

レベル4

図解作成の基本
第3部：チャート・グラフのパターン

図解のパターンは、要素の関係性で判断するための**概念的な「チ**
これら6種類 16 タイプを目的に応じて使い分けることで、相手の

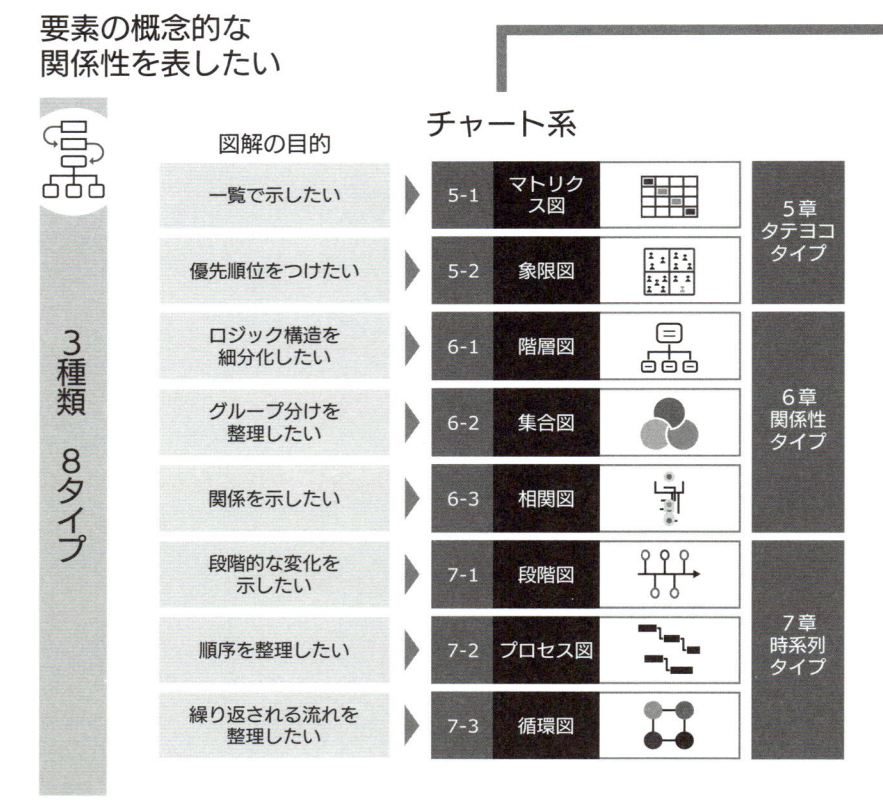

ャート」と、数値で判断するための**統計的な「グラフ」**に大別できる。
理解を促す資料を作成する。

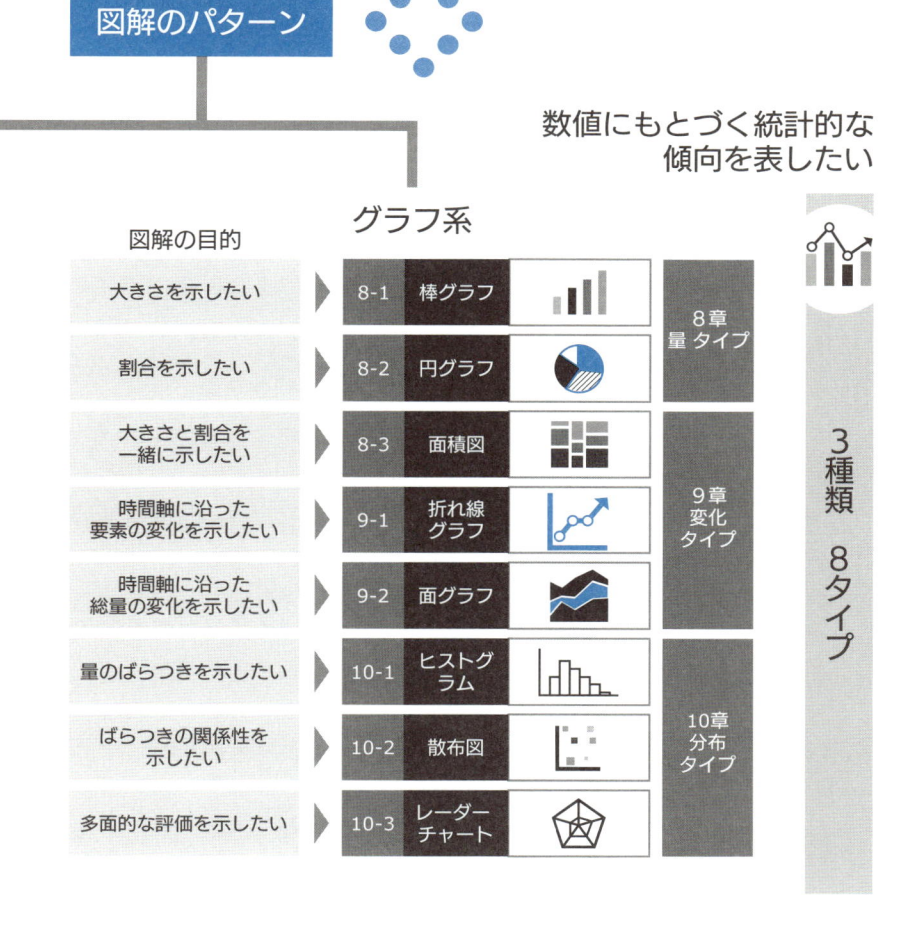

CHAPTER 5 図解パターン：
「タテヨコ」を図解する

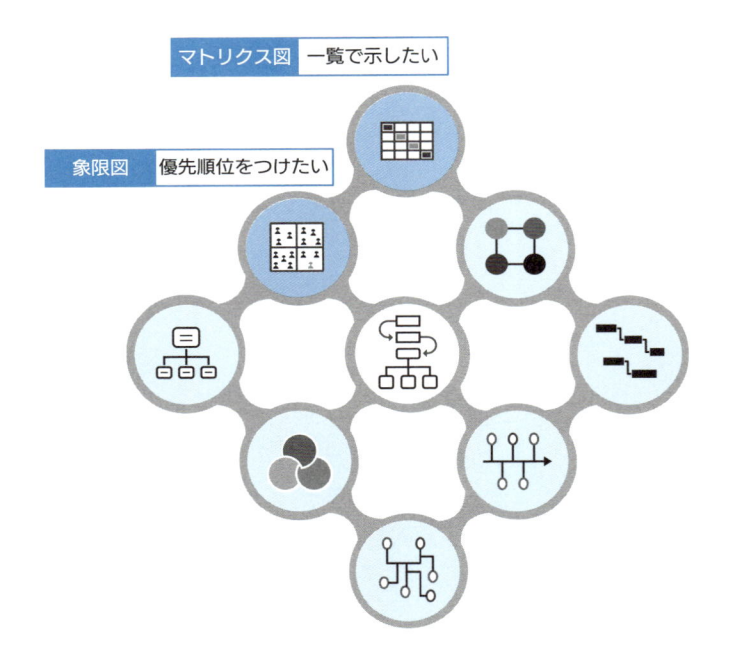

マトリクス図　一覧で示したい

象限図　優先順位をつけたい

▼ この章の要点

　要素の関係性で判断するための概念的な「チャート」の図解パターンには、縦と横の2軸で整理した**「タテヨコ」**があります。

　タテヨコのうち、情報全体を整理するのには**「マトリクス」**、2種類の観点で優先順位をつけたり分類をするには**「象限図」**を用います。

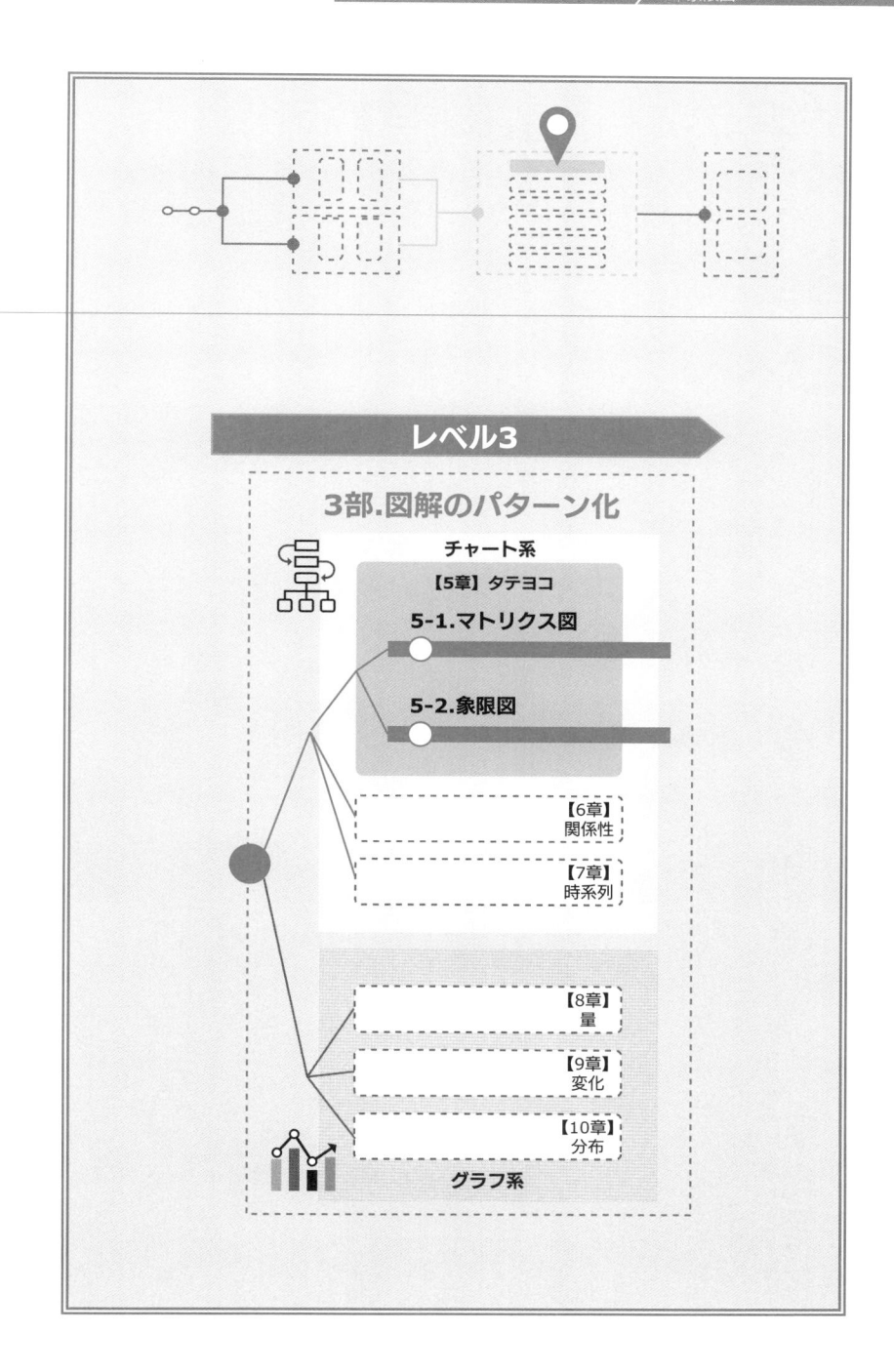

SECTION 5-1 一覧で図解する（タテヨコ：マトリクス図）

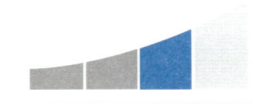

👍 Good：①マトリクス図

出典：各航空会社公開データより引用加工
（2017年9月時点）

主要航空会社（日米）	設立年	本拠地	保有機数	所属アライアンス		
				Star Alliance 28社	Sky Team 20社	One world 15社
ユナイテッド航空	1926年	イリノイ州シカゴ	750	Y	-	-
デルタ航空	1928年	ジョージア州アトランタ	847	-	Y	-
アメリカン航空	1930年	テキサス州フォートワース	948	-	-	Y
日本航空（JAL）	1953年	東京品川区	227	-	-	Y
全日本空輸（ANA）	1952年	東京港区	268	Y	-	-

▼ 列ではなく行が増えるように2観点で整理する

　「マトリクス図」とは、縦方向（行：レコード）と横方向（列：カラム）にマスを並べたものです。「行」には増える要素、「列」はあまり増えない要素を並べましょう。そうすることで、印刷時に複数ページにまたがっても読みやすさを維持できます。（列があまりにも多い場合は例外です）

　上図は、行として「航空会社」、列として「会社名／本拠地／保有機数／

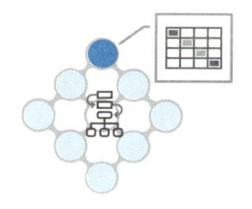

① マトリクス図	： 列ではなく行が増えるよう2観点で整理
② ボーダーレス・マトリクス図	： 空白マスが多いマトリクス図に適用
③ メニュー・マトリクス図	： 行と列を1つずつ決めて見出しを強調
④ キューブ・マトリクス図	： 3つの観点を3次元で整理

1 図形の見せ方　2 図形の使い方　3 図解のパターン化　4 図解の魅せる化

👍 Good：②ボーダーレス・マトリクス図

アプリケーション・サービスメニュー

コンポーネント名	Works Entry Plan 年額2,640円 (月額220円)	Works Medium Plan 年額5,280円 (月額440円)	Works Advanced 年額10,440円 (月額870円)	Works for School 年額6,480円 (月額540円)	Works for SMB 年額10,800円 (月額900円)	Works for Enterprise 年額16,320円 (月額1,360円)
Worksスイート					Works Online Business	Works Online Business
Worksオンラインアプリ			Works Online	Works Online	Works Online	Works Online
Works作業ホーム			Portal Online 1	Portal Online 1	OneDrive for Business	Portal Online 1
Works SNSツール			SNS Enterprise	SNS Enterprise		SNS Enterprise
Works コラボレーション			コラボOnline 2	コラボOnline 2		コラボOnline 2
データアーカイブ機能		メール Online 1	メール Online 1	メール Online 1		メール Online 1
メール・マルウェア対策	メールOnline Kiosk	メール Online 1	メール Online 1	メール Online 1		メール Online 1

1ユーザーあたりの費用

所属アライアンス」をまとめています。「あり／なし」を示す列を作りたい場合、「〇／×」は避けましょう。欧米圏では「なし／あり」の意味になり、アジア圏とは意味が逆になります。

　応用として、枠線を使わない**「ボーダーレス・マトリクス図」**があります。線ではなく面で表現するため、**空白マスが多めのマトリクス図を見やすくするのに用いる**パターンです。

👍 Good：③メニュー・マトリクス図

金融機関サービスメニュー

 口座開設
いずれかのサービスを利用するために必要です。

 投資信託
国内外の株式や債券、不動産投資信託証券等に投資します。

 生命保険
病気やケガで入院した場合などに給付金を受け取ることができます。

 定期預金
満期までお預け入れいただくことにより、有利な金利が設定されます。

 外貨預金
24時間、リアルタイム為替レートで外貨普通預金の取引が可能です。

 普通預金
決済のため、自由に預入、払戻ができる預金口座です。

 財形貯蓄
金融機関との勤労者財産形成貯蓄契約に基づいて勤務先を通じて行う"給与天引貯蓄"です。

 住宅ローン
ご本人またはご家族が居住し、かつご本人が所有するための住宅に関する資金としてご利用いただけます。

 カードローン
ライフイベントにかかる費用や医療費・冠婚葬祭費などの急な出費に幅広くご利用いただけます。

▼ 行と列を1つずつ決めて見出しを強調する

　もっともユニーク(重複がない)項目を選ぶことで、行をわかりやすく分類できます。例で挙げた図について、①マトリクスでは「航空会社」、このマトリクスでは「サービスメニュー」がユニークになっています。

　各列の見出しは、通常は行の一番上を使います。太字やフォントサイズを大きく設定すると、マトリクス図の全体を視覚的に把握しやすくなります。

　他に、列の要素を排除した**「メニュー・マトリクス図」**があります。**1つの観点だけで縦横に整理**した選択肢を並べて相手に選ばせるサービスメニューとして用いるパターンです。

　上図は銀行でよく見られるサービスメニューの例です。

Good：④キューブ・マトリクス図

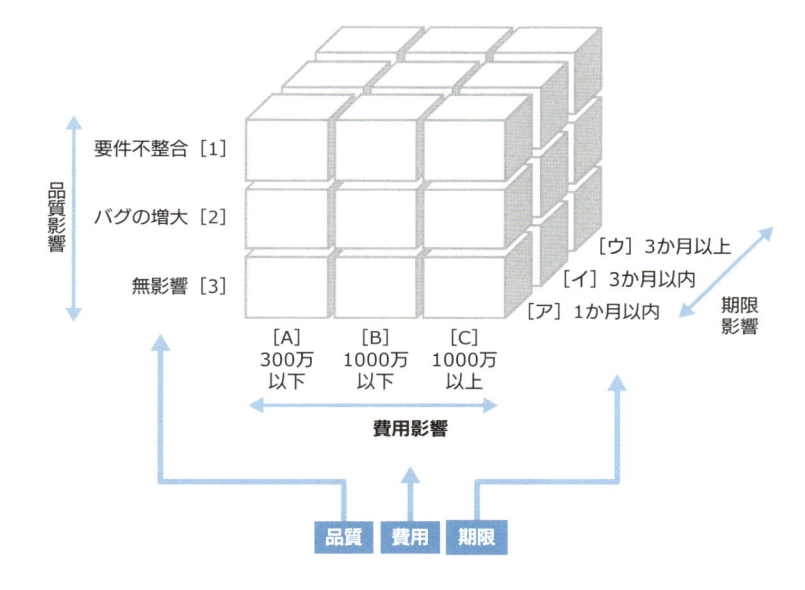

▼ 3つの観点を3次元で整理する

　観点を減らすのではなく、もう1つ増やして立体でまとめたのが**「キューブ・マトリクス図」**です。**2つの観点で整理した各項目について、共通する選択肢がある場合に有効**です。この図を起点にして、エクセルなどによる表形式で整理するのが一般的です。

　上図は、ITシステム開発におけるリスク分類を「品質」「費用」「期限」の観点で整理し、どのようなリスクケースが考えられるか一覧化しています。たとえば、［1］システム要件の不整合が原因で［A］300万円以下の改修コストが発生し、解決に［ア］1か月かかるようなケースがありえることをこの図から読み取ることができます。

SECTION 5-2 優先順位を図解する（タテヨコ：象限図）

👍 Good：①象限図（1:1型）

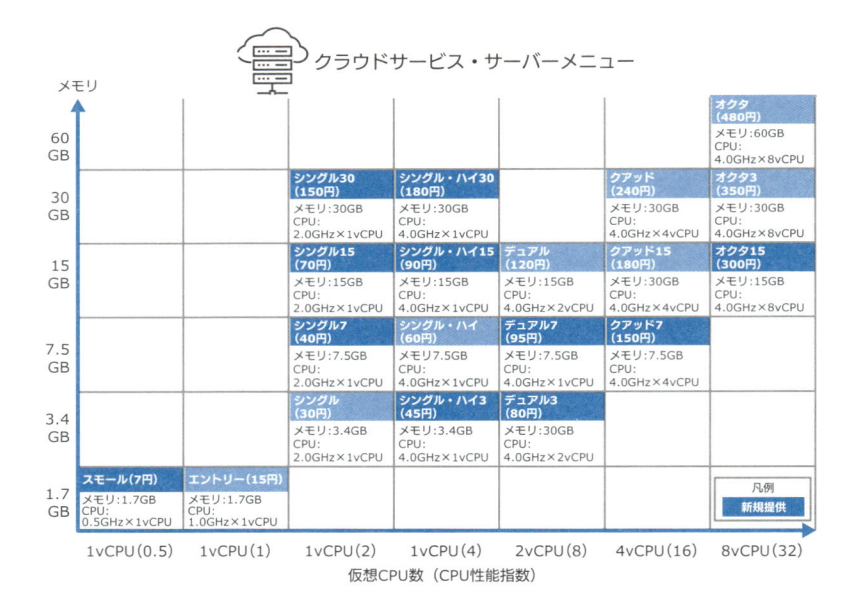

クラウドサービス・サーバーメニュー

メモリ

	1vCPU(0.5)	1vCPU(1)	1vCPU(2)	1vCPU(4)	2vCPU(8)	4vCPU(16)	8vCPU(32)
60 GB							**オクタ (480円)** メモリ:60GB CPU: 4.0GHz×8CPU
30 GB			**シングル30 (150円)** メモリ:30GB CPU: 2.0GHz×1vCPU	**シングル・ハイ30 (180円)** メモリ:30GB CPU: 4.0GHz×1vCPU		**クアッド (240円)** メモリ:30GB CPU: 4.0GHz×4vCPU	**オクタ3 (350円)** メモリ:30GB CPU: 4.0GHz×8CPU
15 GB			**シングル15 (70円)** メモリ:15GB CPU: 2.0GHz×1vCPU	**シングル・ハイ15 (90円)** メモリ:15GB CPU: 4.0GHz×1vCPU	**デュアル (120円)** メモリ:15GB CPU: 4.0GHz×2vCPU	**クアッド15 (180円)** メモリ:30GB CPU: 4.0GHz×4vCPU	**オクタ15 (300円)** メモリ:15GB CPU: 4.0GHz×8CPU
7.5 GB			**シングル7 (40円)** メモリ:7.5GB CPU: 2.0GHz×1vCPU	**シングル・ハイ (60円)** メモリ7.5GB CPU: 4.0GHz×1vCPU	**デュアル7 (95円)** メモリ:7.5GB CPU: 4.0GHz×1vCPU	**クアッド7 (150円)** メモリ:7.5GB CPU: 4.0GHz×4vCPU	
3.4 GB			**シングル (30円)** メモリ:3.4GB CPU: 2.0GHz×1vCPU	**シングル・ハイ3 (45円)** メモリ:3.4GB CPU: 4.0GHz×1vCPU	**デュアル3 (80円)** メモリ:30GB CPU: 4.0GHz×2vCPU		
1.7 GB	**スモール(7円)** メモリ:1.7GB CPU: 0.5GHz×1vCPU	**エントリー(15円)** メモリ:1.7GB CPU: 1.0GHz×1vCPU					凡例 **新規提供**

仮想CPU数（CPU性能指数）

▼ 象限図は X 軸と Y 軸を定めてから作る

　「象限図」とは、マトリクス図の内容を 2 つの項目に特化させ、X 軸と Y 軸で整理したものです。最も基本的なのは、X 軸（左右方向）と Y 軸（上下方向）の組み合わせでサービスメニューを示した図です。

　上図は、クラウドサービスでサーバーを調達する際のメニューです。X 軸でサーバー性能、Y 軸でメモリ容量を表しています。

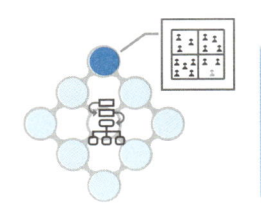

① 象限図（1:1型）：定性／定量的な2つの観点で整理
② 象限図（1:N型）：1つの領域に複数の項目を含む際に適用
③ 4象限マトリクス（領域型）：ポジティブとネガティブの面をもつ観点を2つ組み合わせて4象限で整理
④ 4象限マトリクス（度合型）：4象限マトリクスの各領域を大小の度合によってさらに整理

👍 Good：②象限図（1:N型）

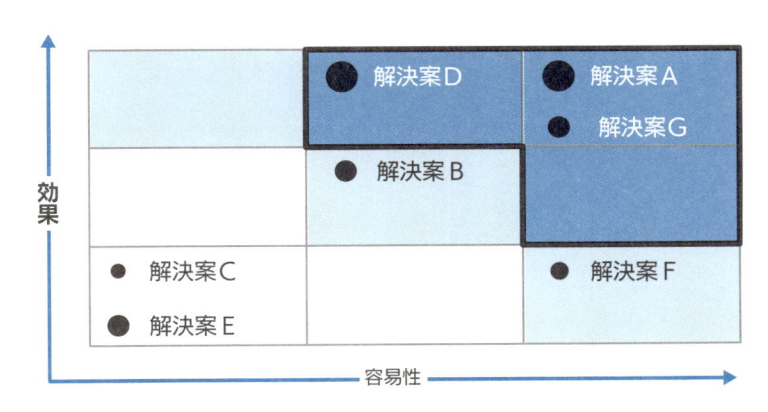

前述のサーバーメニューでは、1つのマスに1つのデータだけを示していますが、**「象限図（1:N型）」を用いて、2つ以上のデータをアイコン化して各セルの中に置く**ことができます。

　上図は、X軸の「着手する容易性」とY軸の「実施時の効果」で解決案の優先度を分類しています。複数の解決策が含まれるセルには、解決策を表す●を示し、それぞれの詳細内容は別途一覧表などを作って説明できるようにします。図中の情報量が多くなるため、必ず「凡例」を示します。

Good：③４象限図（領域型）

リキュール分類表

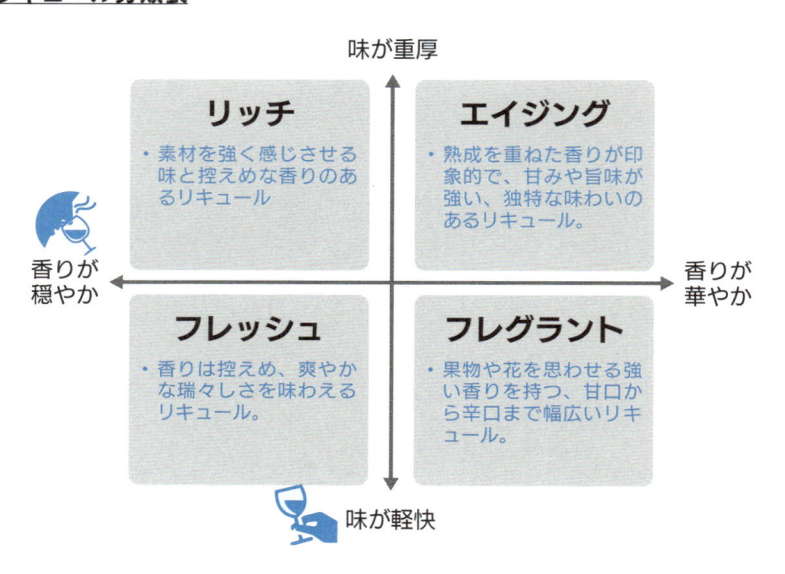

味が重厚

リッチ
・素材を強く感じさせる味と控えめな香りのあるリキュール

エイジング
・熟成を重ねた香りが印象的で、甘みや旨味が強い、独特な味わいのあるリキュール。

香りが穏やか　　　　　　　　　　　　　　香りが華やか

フレッシュ
・香りは控えめ、爽やかな瑞々しさを味わえるリキュール。

フレグラント
・果物や花を思わせる強い香りを持つ、甘口から辛口まで幅広いリキュール。

味が軽快

▼ 定性的・定量的に示せるX軸とY軸は4象限で整理する

　X軸とY軸が定性的・定量的に示せる項目である場合、**「４象限図」で領域を４つに分割し、対象を「もれなくダブりなく」整理する**ことができます。この図解パターンは汎用性が高く、MBAで学ぶ戦略的フレームワーク（SWOT分析、プロダクト・ポートフォリオ・マネジメント等）やコーチング・コミュニケーション分類にも用いられています。

　上図は、リキュールを「味」と「香り」の２軸で強弱で定性的に４象限に分類したものです。各領域の特徴は重複せず、リキュールのタイプをユニークに整理することができます。

Good：④4象限図（度合型）

タイプ別のリキュール評価チャート

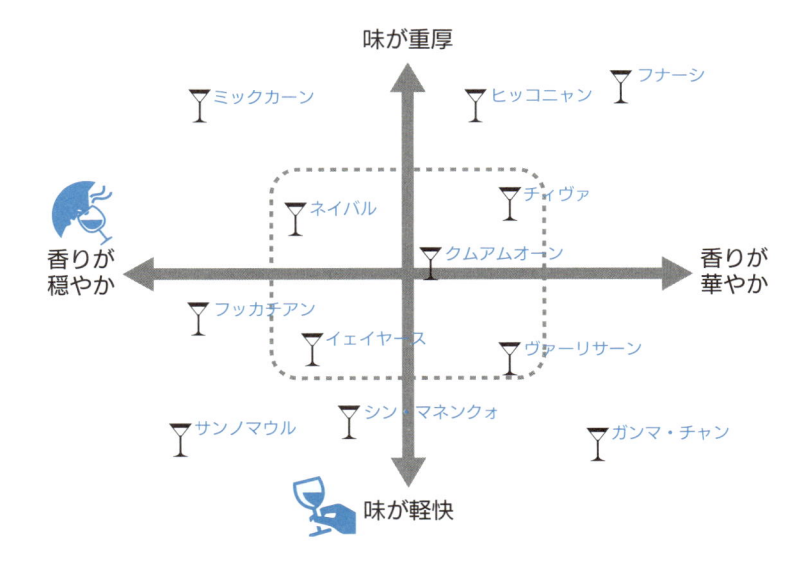

味が重厚

ミックカーン　　ヒッコニャン　フナーシ

ネイバル　　チィヴァ

香りが穏やか　　　　クムアムオーン　　香りが華やか

フッカチアン

イェイヤース　　ヴァーリサーン

サンノマウル　　シンマネンクォ　　ガンマ・チャン

味が軽快

▼ 原点からの距離で大小比較をする

　「4象限図（度合）」は各領域に当てはまる要素同士を相対的に比較することができます。X軸とY軸から離れた距離がそのまま各要素の特徴になるため、多数の要素をまとめて把握するのに適します。製品やサービスの比較表を可視化するために用いられます。

　上図は、リキュールの架空の銘柄について特徴を「味」と「香り」の強弱で視覚的に表現したものです。X軸Y軸は線を太く、色を淡くすると、各要素が見やすくなります。軸の名称に異なるフォントを用いたり、目盛り線を加えるとさらに見やすくなります。

1 図形の見せ方
2 図形の使い方
3 図解のパターン化
4 図解の魅せる化

3部 図解のパターン化

	図形の見せ方	シンプル	アピール
1部			
2部	図形の使い方	ベーシック	アレンジ

図解レベル1　　レベル2

6章 図解パターン：「関係性」を図解する

	3部	4部

3部

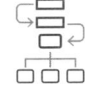 

チャート　グラフ

図解のパターン化

レベル3

4部

高度な色使い

洗練されたデザイン

図解の魅せる化

レベル4

CHAPTER 6 図解パターン：「関係性」を図解する

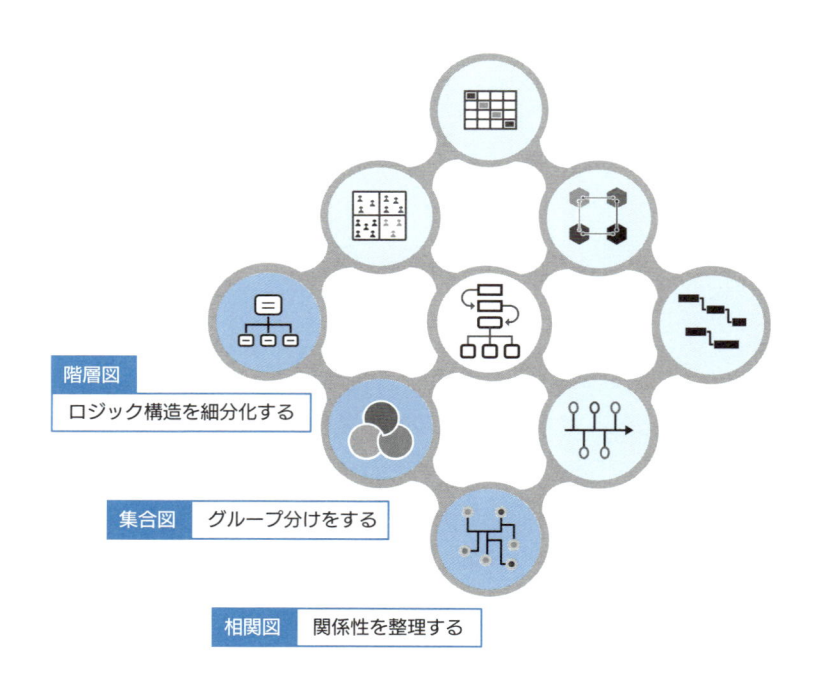

階層図 | ロジック構造を細分化する

集合図 | グループ分けをする

相関図 | 関係性を整理する

▼ この章の要点

要素の関係性で判断するための概念的な「チャート」の図解パターンには、要素間の結びつきを整理した**「関係性」**があります。

関係性のうち、ロジック構造を細分化するには**「階層図」**、グループ分けをするには**「集合図」**、関係性を整理するには**「相関図」**を用います。

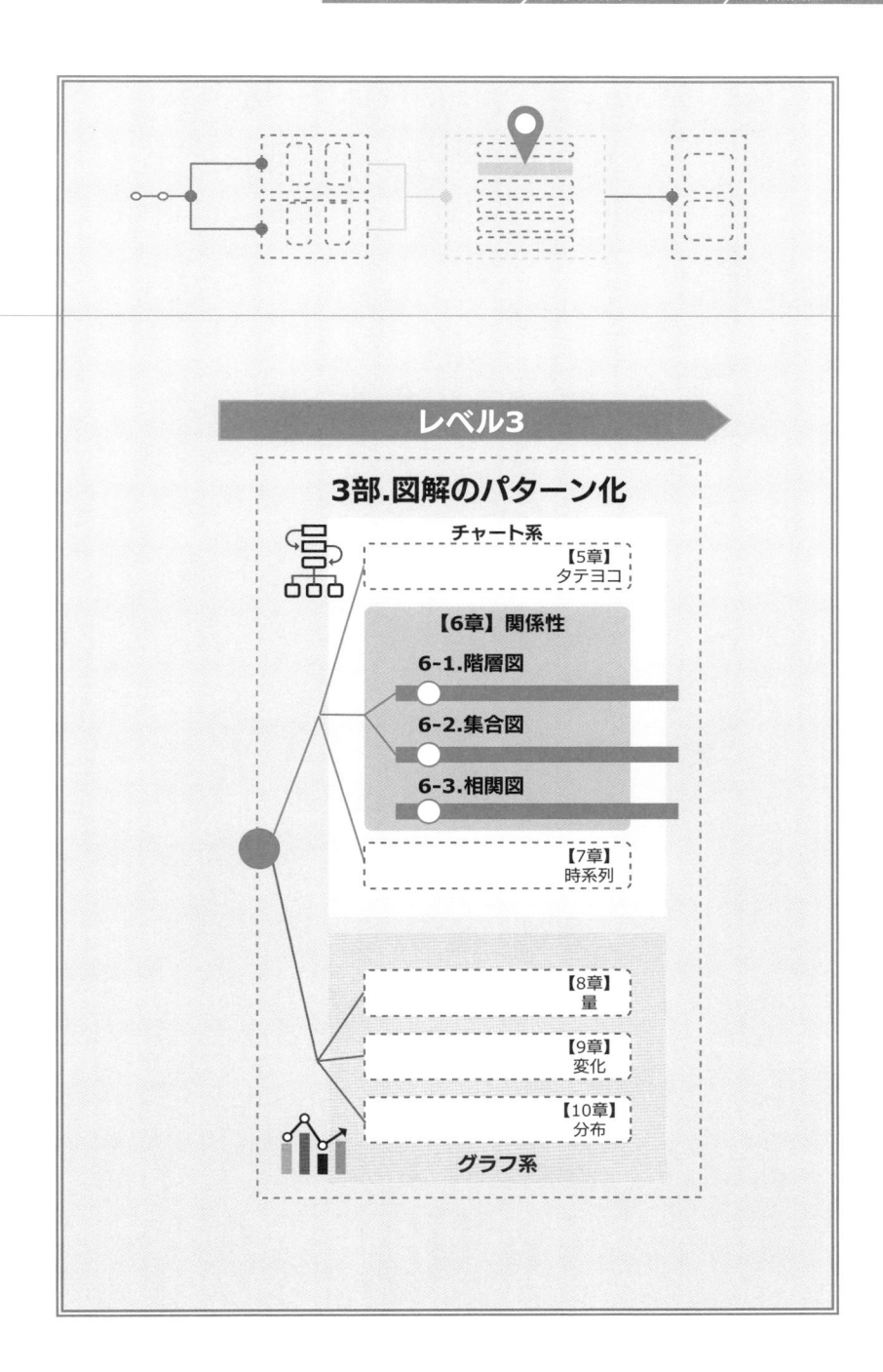

SECTION **6-1** # ロジック構造を図解する（関係性：階層図）

👍 Good：①ロジックツリー／ピラミッドストラクチャー

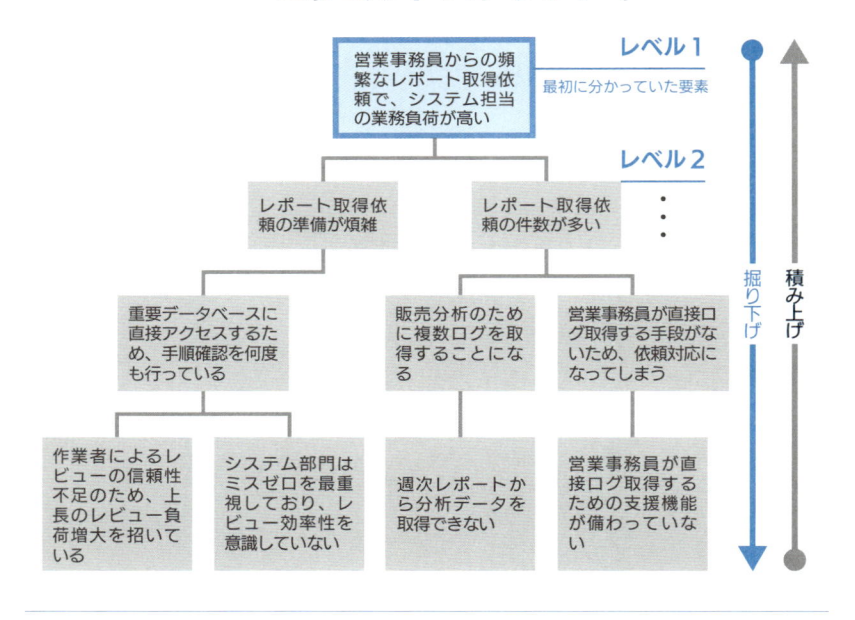

▼ ロジックツリーは「Why」で掘り下げる

「ロジックツリー」とは、ある要素に対して「なぜ(Why)」を繰り返し、内容を細分化して掘り下げるものです。ロジカルシンキングでは「演繹法」と呼ばれるアプローチです。上の要素は必ず下の要素を含みます。

上図では、「掘り下げ」と書かれている上から下への流れがロジックツリーとなります。

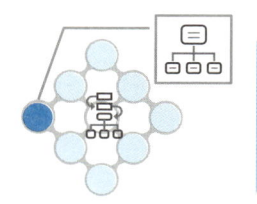

① ロジックツリー／ 　 ピラミッドストラ 　 クチャー	：「Why」と「So What」で要素整理
② フィッシュボーン 　 ・ダイアグラム	：問題点を整理しながら原因を特定
③ ファネル図	：複数フィルターを通過して数を絞り込み
④ サンバースト図	：円グラフベースで一部を階層整理

1 図形の見せ方

2 図形の使い方

3 図解のパターン化

4 図解の魅せる化

▼ ピラミッドストラクチャーは「So What」で積み上げる

　「ピラミッドストラクチャー」とは、個々の要素に対して「だからなんだ（So What）」を繰り返し、要約した内容を積み上げるものです。ロジカルシンキングでは「帰納法」と呼ばれるアプローチです。

　先の図では、「積み上げ」と書かれている下から上への流れがピラミッドストラクチャーとなります。

　2つの図解パターンは表裏一体であり、上下のどちらの方向からでも筋が通るよう、かつ各レベルの内容が同じ程度の深さになるよう整理します。

　先の図は課題分析を図解したもので、要素を上から掘り下げても、下から積み上げても、整合性が取れています。レベル1を「困っている事象」、レベル2を「事象を引き起こしている要素」、レベル3を「その原因」として各レベルの粒度を揃えることにより、内容が読み取りやすくなるよう意識しています。

▼ 仮説検証するイシューツリー、連想するマインドマップ

　先の図のような課題分析をテーマにしたロジックツリーを特に「イシューツリー」と呼びます。イシューツリーは、下層と上層の両方からデータや仮説の整合性を確かめ合って精緻な整理をするものです。

　また、思いつくままにあるテーマから連想することを列挙し、それを要素分解していくロジックツリーは「マインドマップ」という図解（本書では取り上げません）に分類されます。

Good：② フィッシュボーン・ダイアグラム

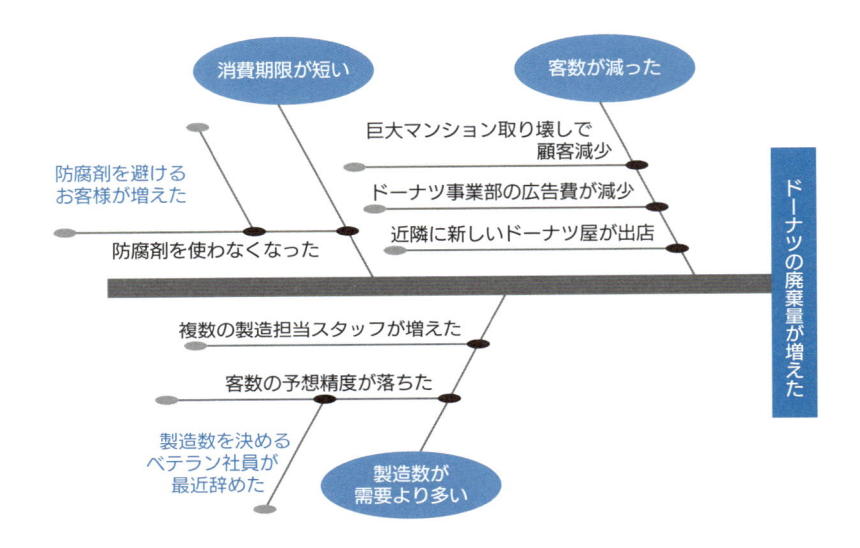

▼ 問題点を整理しながら原因を特定する

　「フィッシュボーン・ダイアグラム」は、頭(問題点)/ 大骨(主要因)/ 中骨(サブ要因)から小骨(原因・解決策)を見つけ出すものです。

　頭の部分に問題点(テーマ)を書き、そこから尻尾に向けて1本の大きな背骨の線を伸ばします。大骨は背骨から斜めに伸ばし、大きな要因と思われるものから順に書き込んでいきます。類似の要因はまとめて中骨とします。中骨に対する根本原因を小骨として書き加えると図ができあがります。

　上図は、頭として「ドーナツの廃棄量」、大骨として「客数が減った」等、中骨として「近隣に新しいドーナツ屋が出店」、小骨として「防腐剤を避けるお客様が増えた」等が当てはまります。

Good：③ファネル図

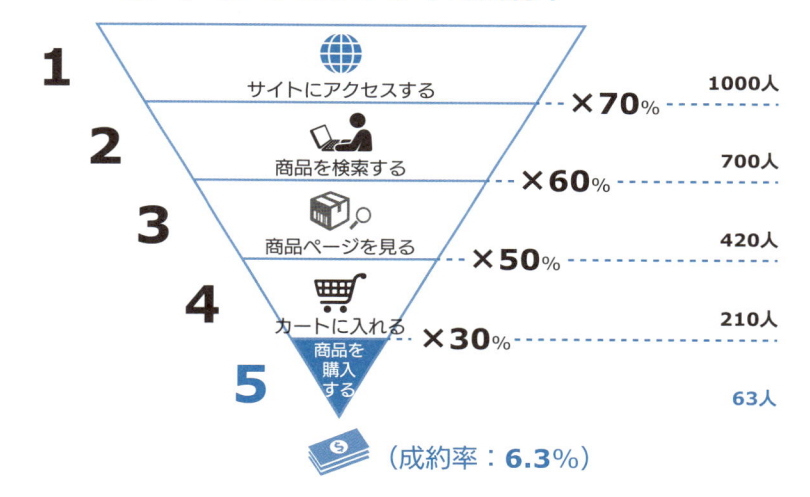

オンラインショップの平均成約率

1 サイトにアクセスする　　　×70%　1000人
2 商品を検索する　　　×60%　700人
3 商品ページを見る　　　×50%　420人
4 カートに入れる　×30%　210人
5 商品を購入する　　　63人

（成約率：**6.3%**）

▼ 複数のフィルターを通過して数を絞り込む

　「ファネル図」は、最上部から徐々に要素が減っていく構造を示すのに用いられます。ファネルという言葉は「じょうご」の意味であり、大きな口に入れたものが細く絞り込まれるところから名づけられました。

　エクセルの「グラフの挿入」機能を用いる場合、長方形の積み重ねられた見栄えの悪いファネルが作られるため、図形ツールで図形(三角形、矢印)を組み合わせて作ることを推奨します。

　上図は、「オンラインショップの平均成約率」を示しています。ファネルの入口に対し、6.3％しか購入にまでたどり着かない構造であることが一目でわかります。

Good：④ サンバースト図

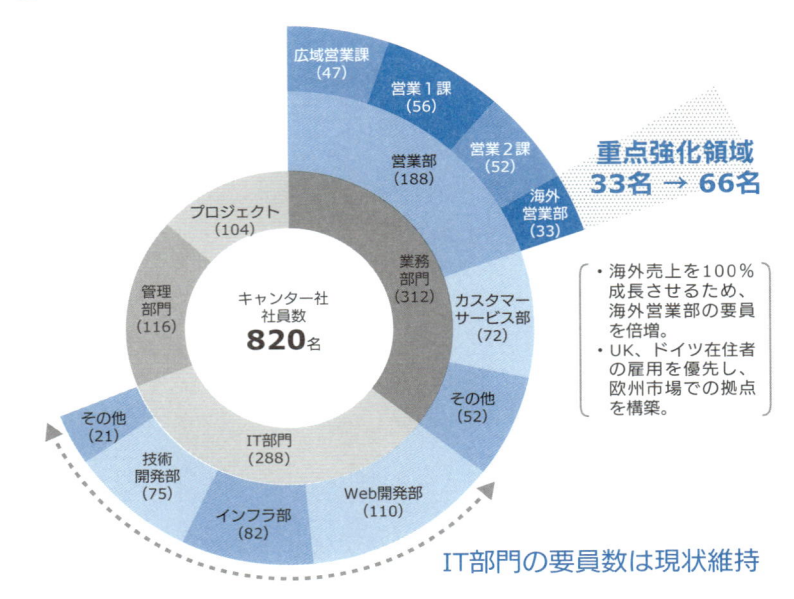

▼ 円グラフをベースで一部を階層整理する

　「サンバースト図」は、全体の量を示した上で部分的に構造を細分化するために用います。エクセルの「グラフの挿入」機能を用いると、表形式のデータをサンバースト図に素早く変換できます。図形ツールで作る場合、円、部分円、円弧を組み合わせます。

　上図では、キャンター社の部門別人数を細分化し、特に営業部の内訳と強化方針を明記しました。多くの要素が登場しますが、図を見やすくするため、内側のドーナツ円は無彩色、真ん中はベースカラー：中、外側はベースカラー：強の周辺色で塗り分けています。

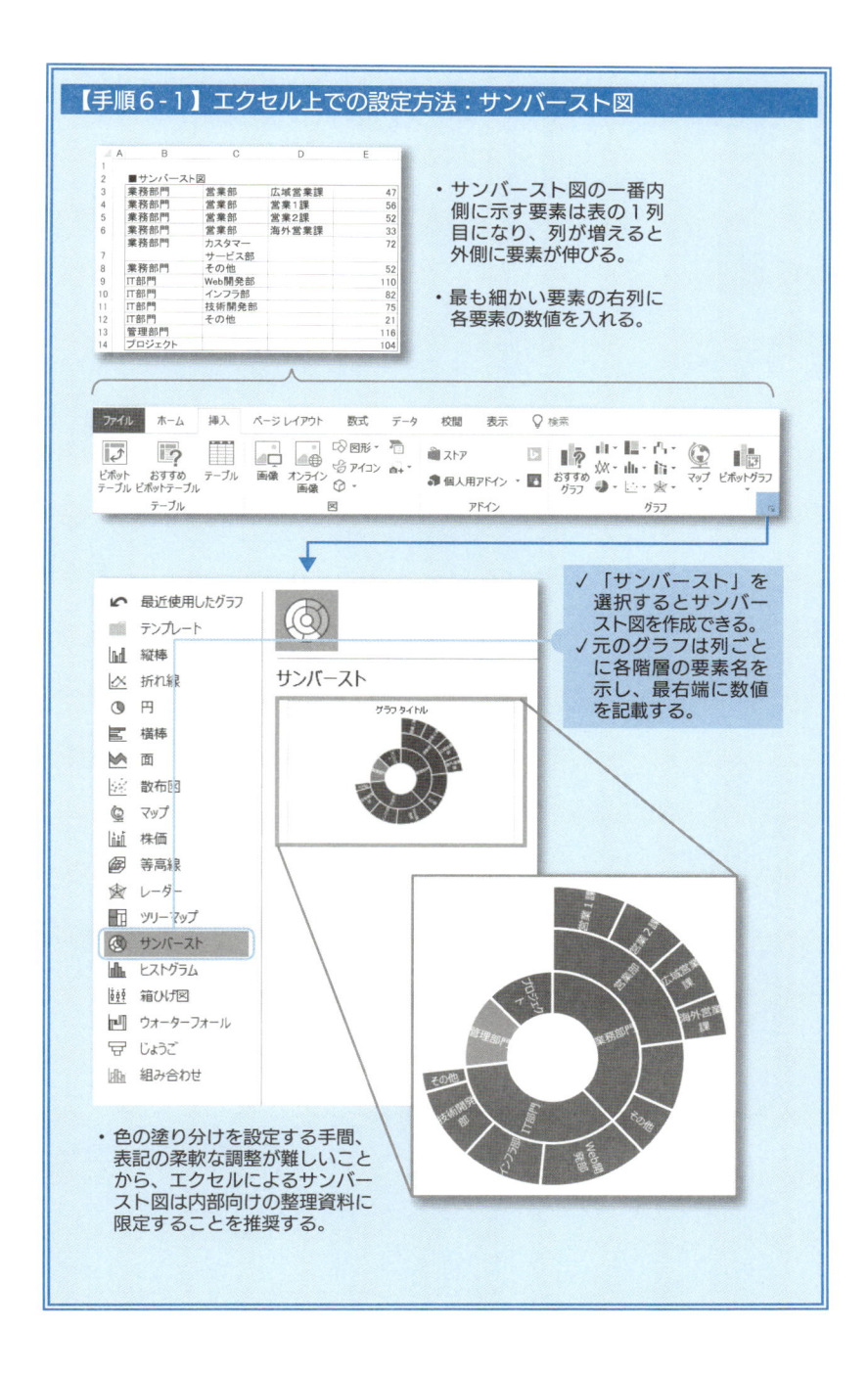

【手順6-1】エクセル上での設定方法：サンバースト図

・サンバースト図の一番内側に示す要素は表の1列目になり、列が増えると外側に要素が伸びる。

・最も細かい要素の右列に各要素の数値を入れる。

✓「サンバースト」を選択するとサンバースト図を作成できる。
✓元のグラフは列ごとに各階層の要素名を示し、最右端に数値を記載する。

・色の塗り分けを設定する手間、表記の柔軟な調整が難しいことから、エクセルによるサンバースト図は内部向けの整理資料に限定することを推奨する。

1 図形の見せ方

2 図形の使い方

3 図解のパターン化

4 図解の魅せる化

165

SECTION 6-2 グループ分けを図解する（関係性：集合図）

👍 Good：①ベン図

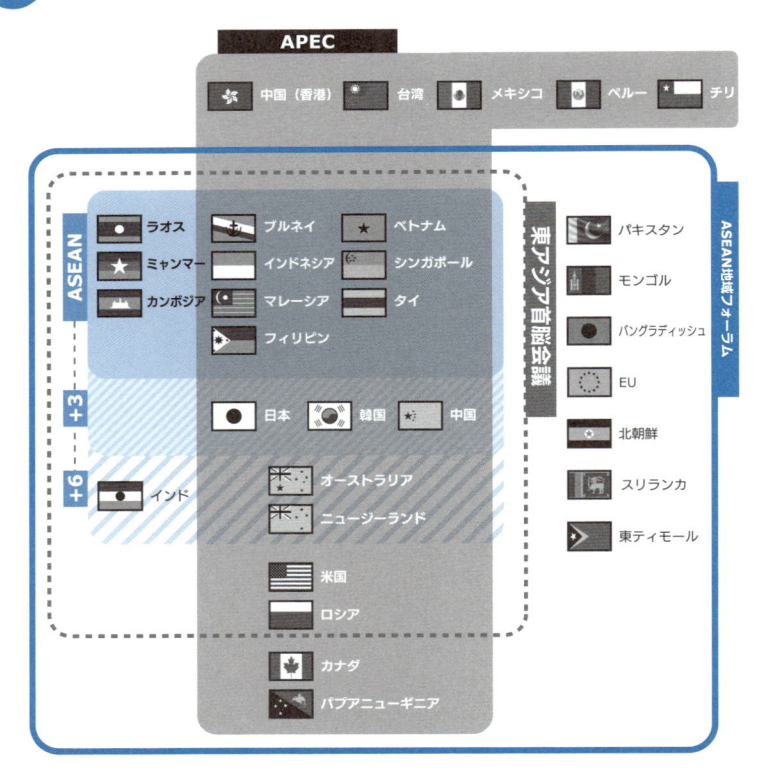

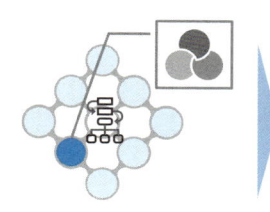

① ベン図　　：要素をグループに分けてビジュアル
　　　　　　　　的に整理
② 要素列挙図：並列な要素を列挙することで全体像
　　　　　　　　を提示

▼ 要素をグループに分けてビジュアル的に整理する

「ベン図」は、視覚的にわかりやすく要素を分類するために用います。「A であり B」「A または B」「A でなく B でもない」等の複雑な集合条件をシンプルに整理できます。

円の組み合わせだけで表現できるベン図は 3 個までです。4 個以上のグループを表そうとすると、楕円の組み合わせで複雑怪奇な図になってしまいます。今回のように 4 つ以上のグループを整理したい場合、四角形や凹凸のある多角形を組み合わせて、見た目のわかりやすさを確保します。

左図では、アジアにおける共同体とその構成ユニットを表しています。「ASEAN」には「ASEAN+3」と「ASEAN+6」という拡大組織があり、これにロシアと米国が加わった「東アジア首脳会議」が存在します。また、周辺国を加えた「ASEAN 地域フォーラム」「APEC」もあります。

また、同じ色の濃淡だけでは見分けがつきにくいため、無彩色とベースカラーを組み合わせた上、同じ色が続く「ASEAN」と「+3」「+6」の部分はパターン色を利用しています。ベタ塗りですべてのグループを塗り分けることは困難であるため、比較的大きな面積を占めるグループは塗らずに枠線で区分しています。

集合図の図形パターンは、「SmartArt」機能に最初から定義されているものも参考になります。後述する手順を参照してください。

Good：②要素列挙図

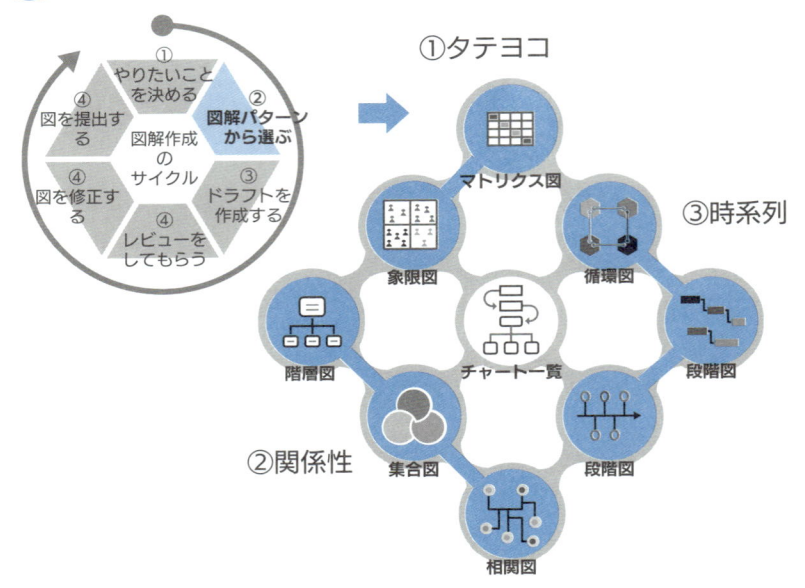

▼ 並列な要素を列挙することで全体像を示す

「要素列挙図」とは、要素を横並びで列挙することを目的とする図です。スマートフォンの画面で並ぶアプリのように、対象同士の関係性を気にしなくてもよいものを並べます。前後関係のある要素を並べたい場合には図解パターンの「時系列」を当てはめます。

　上図は、3部フレームワークの「チャート」について、個々の図解パターンを要素として列挙したものです。わかりやすさを増すために、関連性の強いものは太線で結びつけています。

　なお、左上にある六角形の図は時系列で表した「段階図」（次7章参照）であり、前後関係のある要素列挙で用います。

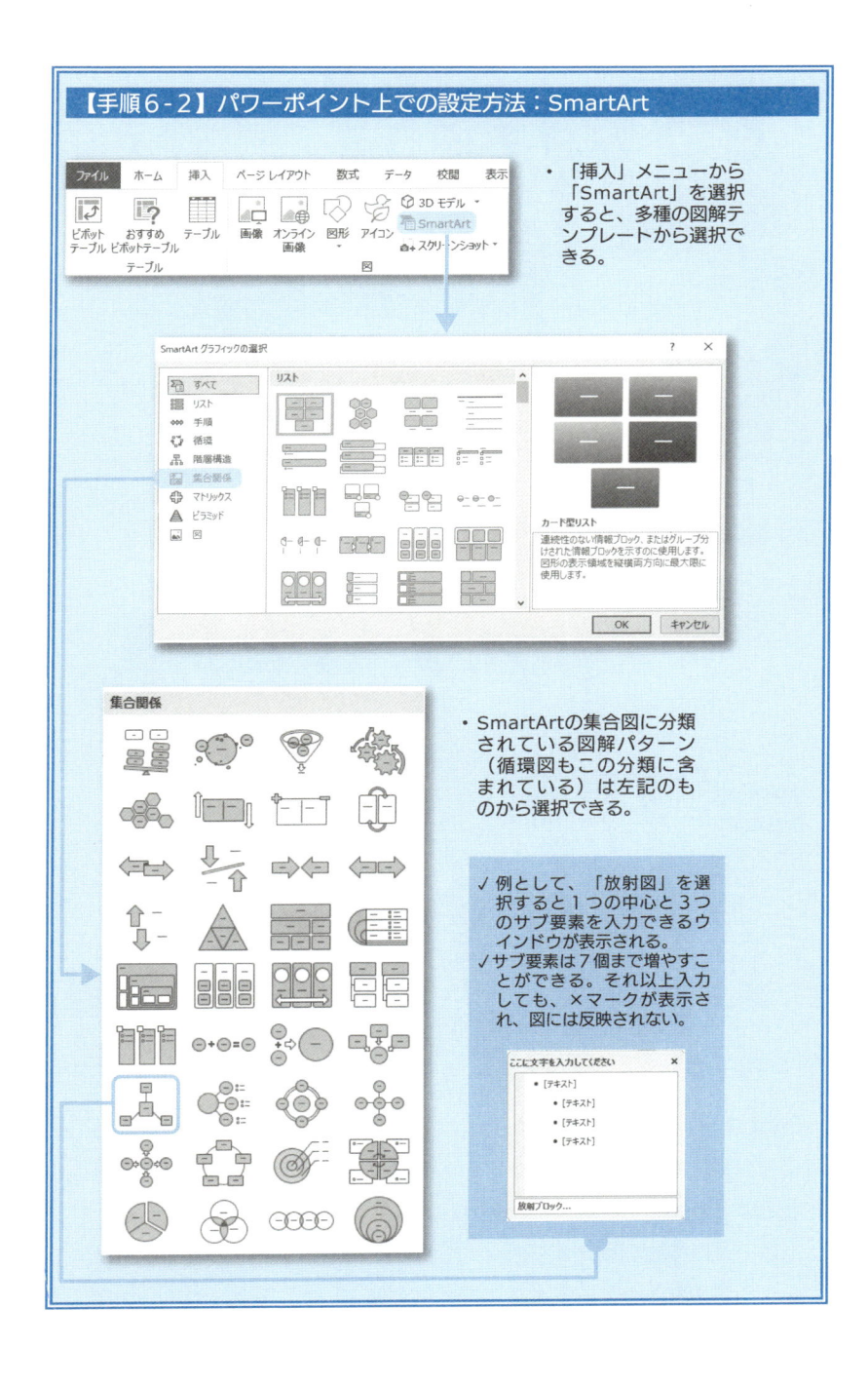

【手順6-2】パワーポイント上での設定方法：SmartArt

- 「挿入」メニューから「SmartArt」を選択すると、多種の図解テンプレートから選択できる。

- SmartArtの集合図に分類されている図解パターン（循環図もこの分類に含まれている）は左記のものから選択できる。

✓ 例として、「放射図」を選択すると1つの中心と3つのサブ要素を入力できるウインドウが表示される。
✓ サブ要素は7個まで増やすことができる。それ以上入力しても、×マークが表示され、図には反映されない。

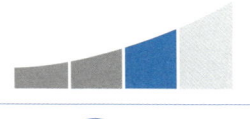

SECTION 6-3 関係性を図解する（関係性：相関図）

👍 Good：①構成図

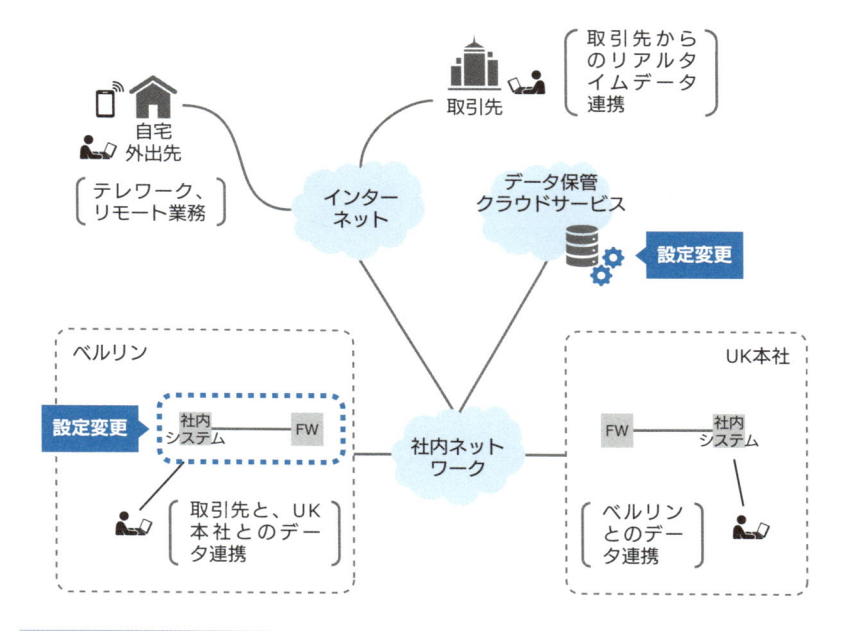

▼ 要素同士のつながりを見せる

　「構成図」とは、要素の位置づけに主眼を置いて関係性を表したものです。要素間の関係性を文章で説明せずとも、線の種類に変化をつけて見分けさせることができます。

　上図は、拠点間のネットワークと各拠点を表しています。社内拠点は点線の丸四角、取引先や外出先などの社外拠点はアイコンで表現しています。

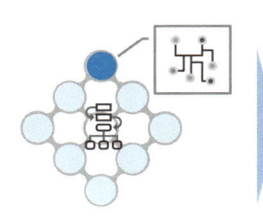

①構成図	：要素同士の位置づけを表現
②相関図	：要素同士のつながりを整理
③階層型構成図	：上下関係の強い要素同士のつながりを提示
④勢力図	：陣営ごとの塗り分けから勢力差を提示
⑤ER図	：要素同士の数の関係を提示

👍 Good：②相関図

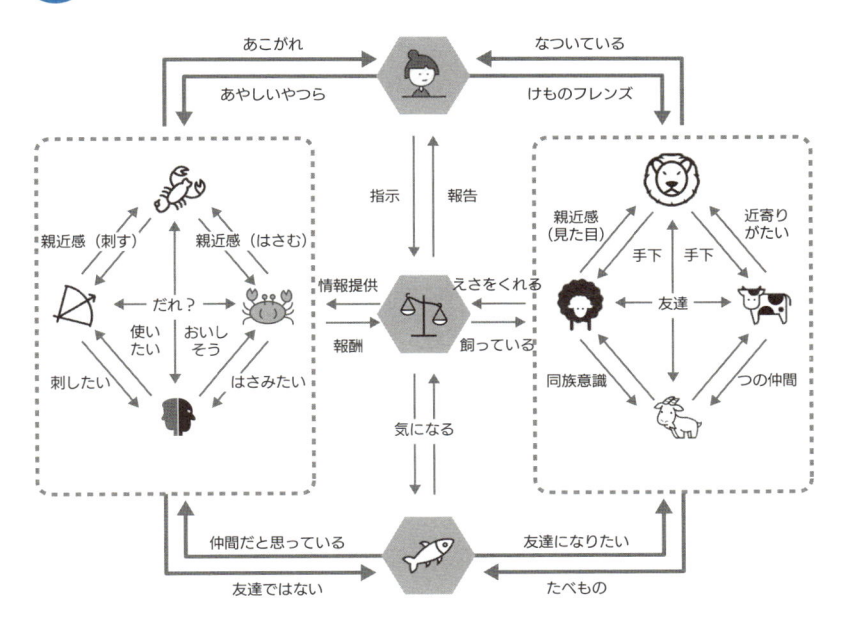

　一方、**「相関図」とは、要素同士がどのように作用するかに主眼を置いて関係性を表したもの**です。個々のつながりに加え、グループの単位で関係性を示すこともできます。物理的な距離も疎遠・緊密さを視覚的に表す方法もあります。

　上図は、12星座のキャラクター同士の関係性を表しています。おとめ座とうお座を中心とした2集団の関係性、てんびん座の特異性が表現されています。

👍 Good：③階層型構成図

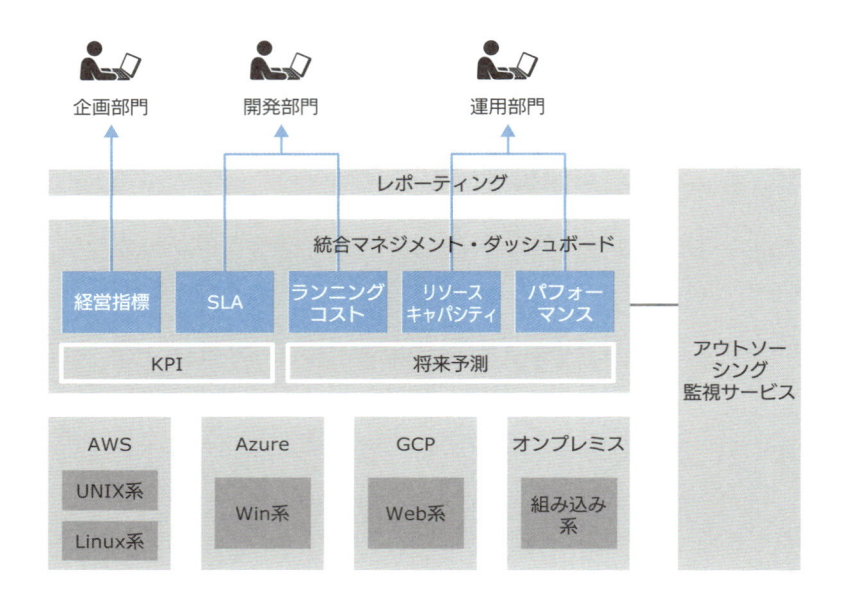

▼ 上下関係の強い要素同士のつながりを示す

　「**階層型構成図**」**とは、階層状に積み上げることができる要素同士の関係性を示す**ものです。ピラミッドストラクチャーのように階層構造になっているものの、要素自体の積み上げではなく、要素の組み合わせに着目して相手に伝える際に用います。

　上図は、ITシステムの組み合わせからレポーティングできる情報を表しています。一番下の階層はシステムの要素、その上に乗って動くシステム機能を2層目以上で示されています。各部門のユーザーがデータにアクセスするには「レポーティング」という層を必ず通ることが読み取れ、外側のアウトソーシングサービスとも連携していることが示されています。

👍 Good：④勢力図

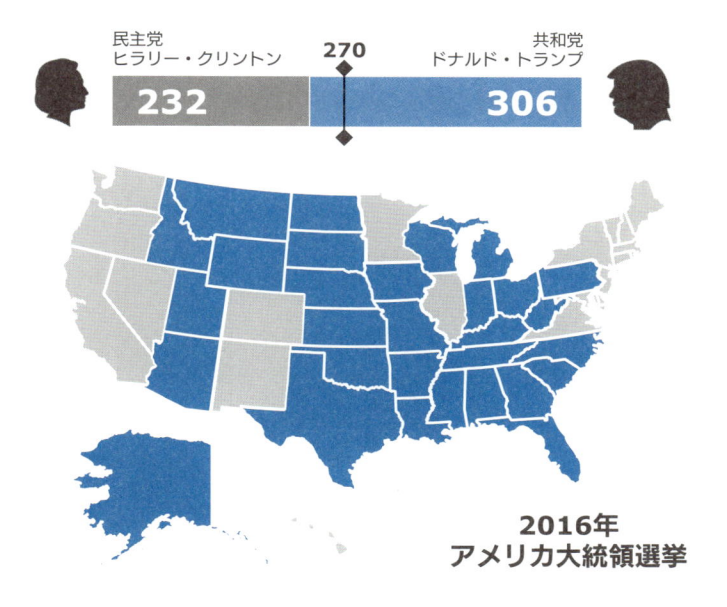

2016年
アメリカ大統領選挙

▼ 陣営ごとの塗り分けから勢力差を示す

「勢力図」とは、陣営ごとの勢力状況を地図に落とし込んだものです。各陣営の色を決め、その領地となる範囲を塗り分けることで、視覚的に勢力差を把握できます。

上図は、2016年に行われたアメリカ大統領選挙における民主党と共和党の得票数と獲得州を表したものです。選挙の結果、ドナルド・トランプ氏が過半数の票を得て、第58代大統領に就任しました。

大統領選挙では、週ごとに獲得できる票数が異なるため、州ごとの色分けだけでは票数差（勢力差）を正確に把握できません。そのため、棒グラフ（8章参照）を併記しています。

👍 Good：⑤ER図

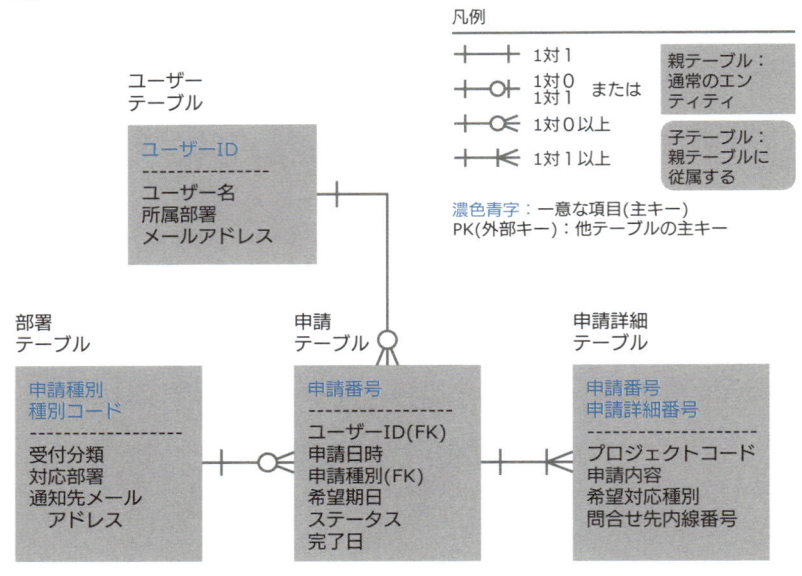

▼ 要素同士の数の関係を示す

　エンティティ・リレーションの略である**「ER図」とは、要素のかたまり（エンティティ）同士で数の関係を示す**ために用います。エンティティは中に項目を含んでおり、エンティティ同士の数の関係性（カーディナリティ）を定義できるため、ITシステムのデータ設計では必ず使われます。

　上図は、ユーザーから受けた申請がどのような項目に分かれてデータ保存されるかを表しています。主キーにあたる項目は、そのエンティティの中で絶対に重複しないように設計されており、これを使って検索します。「申請テーブル」が作られると「申請詳細テーブル」も必ず作られるため、従属関係を意味する丸四角でエンティティを示しています。

【手順6-3】フリー素材（地図）の作成方法

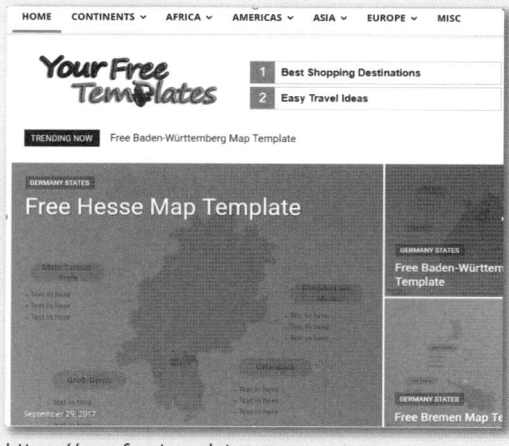

https://yourfreetemplates.com

・左記の素材サイトでは、世界の国・地域における都道府県・州レベルまでの分割地図素材が無料配布されている。
（2017年9月時点）

・勢力図のように、その地域の地図を用いて図解したい場合には、素材サイト（※）からテンプレートをダウンロードして利用する。

　※検索サイトで「powerpoint」「map」「template」の組み合わせで検索可能

・クリエイティブ・コモンズのライセンス規約に基づく利用が許可されているため、業務上の資料作成でこのサイトが提供する地図素材を使用できる。使用時にはクレジット表記として「yourfreetemplates.com」を示すこと。

（利用規約：yourfreetemplates.com の場合）

You are free to:

- Use — make any necessary modification(s) to our PowerPoint templates to fit your purposes, personally, educationally, or even commercially.
- Share — any page links from our website with your friends through Facebook, Twitter and Pinterest.

Under the following terms:

- Attribution — you can give appropriate credit like Templates from yourfreetemplates.com to our site, and indicates if changes were made. You may do so in any reasonable manner, but not in any way that suggests the licensor endorses you or your use.
- No Derivatives — if you remix, transform, or build upon the material; you may not distribute the modified material. No additional restrictions — you may not apply legal terms or techno-logical measures that legally restrict others from doing anything the license permits.

You are not allowed to:

- Upload any of our PowerPoint templates, modified or unmodified, on a diskette, CD, your website or content share ones like Slideshare, Scribd, YouTube, LinkedIn, and Google+ etc.
- Offer them for redistribution or resale in any form without prior written consent from com.

1 図形の見せ方
2 図形の使い方
3 図解のパターン化
4 図解の魅せる化

3部 図解のパターン化

1部	図形の見せ方	シンプル	アピール
2部	図形の使い方	ベーシック	アレンジ
		図解レベル1	レベル2

7章 図解パターン：「時系列」を図解する

	3部	4部

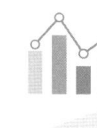

チャート グラフ

図解のパターン化

高度な色使い

洗練されたデザイン

図解の魅せる化

レベル3 レベル4

CHAPTER 7 図解パターン：「時系列」を図解する

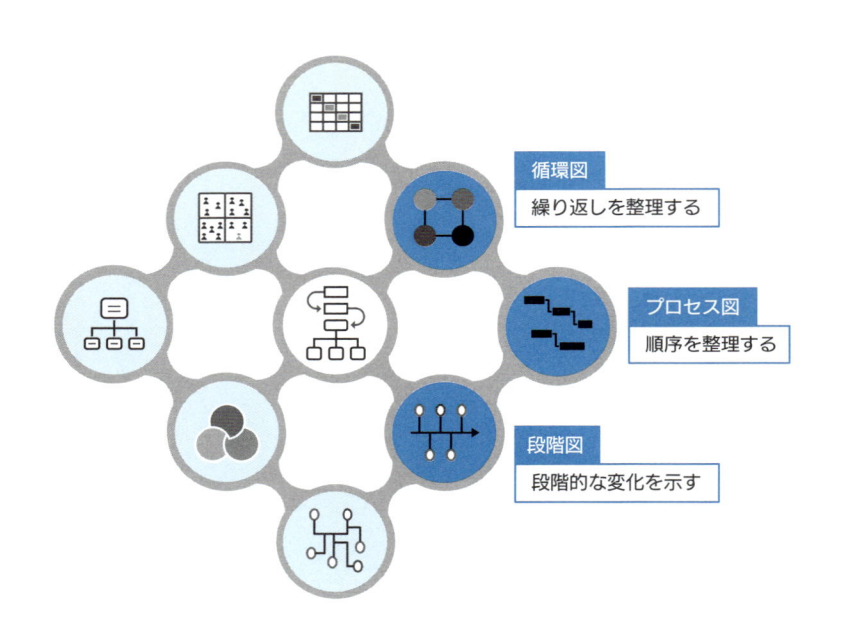

循環図
繰り返しを整理する

プロセス図
順序を整理する

段階図
段階的な変化を示す

▼ この章の要点

　要素の関係性で判断するための概念的な「チャート」の図解パターンには、要素間の結びつきを整理した **「時系列」** があります。

　時系列のうち、段階的な変化を示すには **「段階図」**、順序を整理するには **「プロセス図」**、繰り返しを整理するには **「循環図」** を用います。

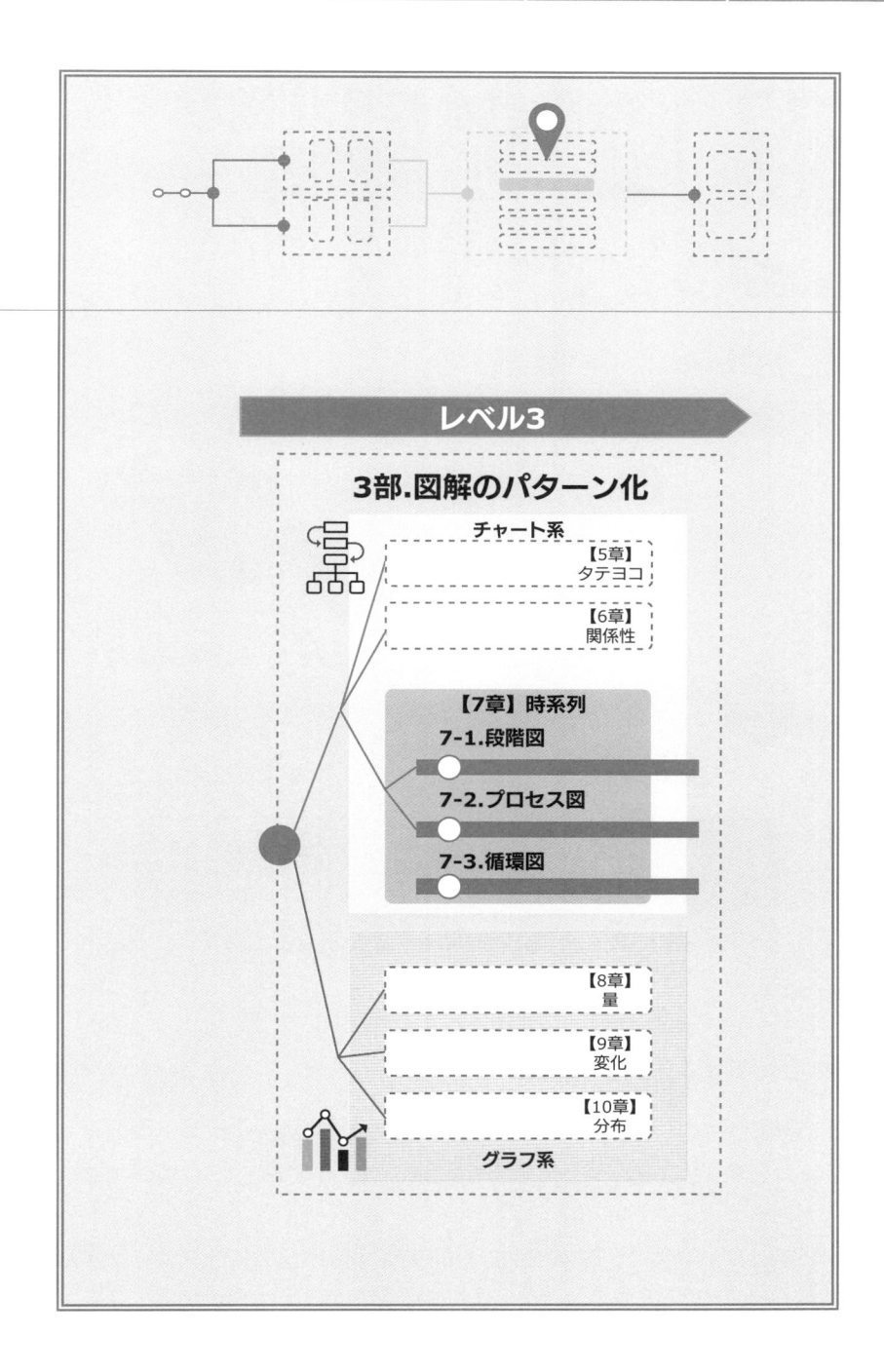

レベル3

3部.図解のパターン化

チャート系

【5章】
タテヨコ

【6章】
関係性

【7章】時系列

7-1.段階図

7-2.プロセス図

7-3.循環図

【8章】
量

【9章】
変化

【10章】
分布

グラフ系

SECTION 7-1 段階的な変化を図解する（時系列：段階図）

👍 Good：①段階遷移図

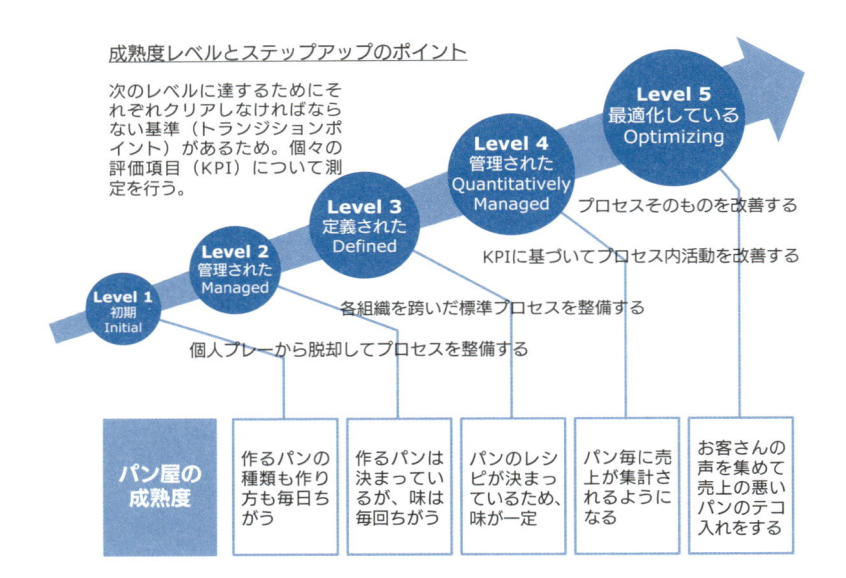

成熟度レベルとステップアップのポイント

次のレベルに達するためにそれぞれクリアしなければならない基準（トランジションポイント）があるため。個々の評価項目（KPI）について測定を行う。

Level 5 最適化している Optimizing

Level 4 管理された Quantitatively Managed

Level 3 定義された Defined

Level 2 管理された Managed

Level 1 初期 Initial

プロセスそのものを改善する

KPIに基づいてプロセス内活動を改善する

各組織を跨いだ標準プロセスを整備する

個人プレーから脱却してプロセスを整備する

| パン屋の成熟度 | 作るパンの種類も作り方も毎日ちがう | 作るパンは決まっているが、味は毎回ちがう | パンのレシピが決まっているため、味が一定 | パン毎に売上が集計されるようになる | お客さんの声を集めて売上の悪いパンのテコ入れをする |

▼ 変化する様子を段階的に提示する

「段階遷移図」とは、変化する様子を段階的に表したものです。プロセス図とは異なり、作業のつながりを表すのではなく、対象が進化・成長する様子を表現するものです。

　上図は、パン屋の仕事の熟練度を5段階に分けて示したものです。次の段階へ進むたびに装飾度を強め、見た目に差をつけると可視性が増します。

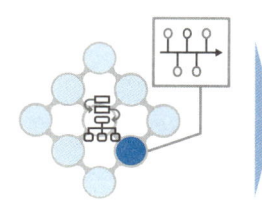

① 段階遷移図	：変化する様子を段階的に提示
② ライフサイクル図	：対象の成熟度を提示
③ WBS	：時間軸に沿ってイベント構造を提示
④ タイムライン	：時間軸に沿ってイベントの流れを提示

👍 Good：②ライフサイクル図

(例) 決済方法の成熟度

アーリーアダプターの中期

「イノベーター理論」エベレット・M・ロジャース（1962）

イノベーターフェーズの宣伝で多数の成功事例が報じられるが、多くの失敗事例もある。この段階で一部の企業は行動を起こすが、ほとんどの企業は静観している。

キャズム

「キャズム理論」ジェフリー・A・ムーア（1991）

実際の導入が行われないなど、結果が出せないと興味が失われる。この段階で、ベンダーの淘汰や消滅が進む。

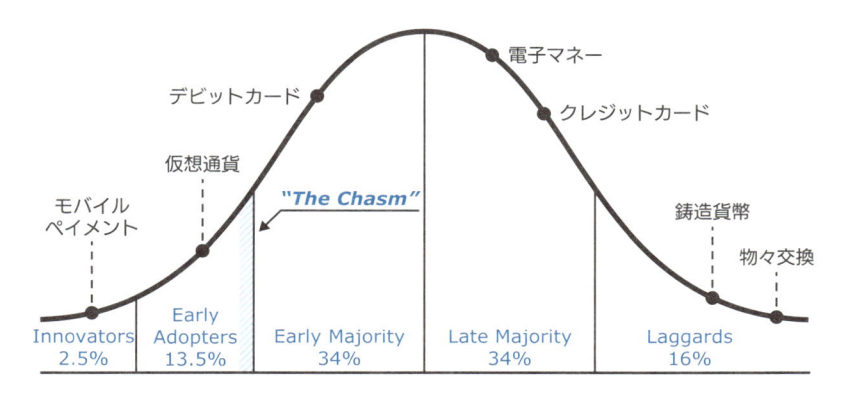

　段階ではなく連続した変遷で表す**「ライフサイクル図」は、対象がどの成熟度に位置するかを示したもの**です。新製品がどれだけ世に浸透しているか、成長余地があるかをわかりやすく図示します。

　上図は「市場の16％が納得しないとそれ以上普及しない」という「イノベーター理論」の製品ライフサイクルです。

　これ以外にも、テクノロジーなどの成熟度と採用度を表すガートナー社の「ハイプ・サイクル」が有名です。

Good：③WBS

情報系システム導入計画		2018年												
		05				06				07				
		07	04	21	28	04	11	08	25	02	09	06	23	30
プロジェクト管理		■	■	■	■	■	■	■	■	■	■	■	■	■
基本設計	基本設計	■	■	■	■									
	運用方針設計	■	■	■	■									
詳細設計	システム構成設計													
	ネットワーク設計						■	■	■	■				
	サービス設計						■	■	■	■				
	可用性・DR設計						■	■	■	■				
	保守運用設計													
	運用設計										■	■		
	監視設計										■	■		
構築・検証	基盤構築・検証											■	■	■
	アプリケーションサーバ検証											■	■	■
	DBサーバ検証											■	■	■
	業務系スクリプト作成・検証											■	■	■
	監視スクリプト作成・検証											■	■	■
文書作成	文書作成					■	■	■	■	■	■	■	■	■

▼ 要素の構造を時系列で示す

　「WBS」とは、時間軸に沿ってイベントの構造を示すものです。ワーク・ブレイクダウン・ストラクチャーの略で、カレンダーなどに沿って作業計画を構造的に分解して整理するのに適しています。

　上図は、ある情報系システムを導入するために立てた計画を WBS で表したものです。期間中はプロジェクト管理が継続的に行われ、基本設計から順次着手していく流れが示されています。

　WBS はマトリクス表に時系列の概念を組み合わせたもので、パワーポイントよりもエクセルで作成すると素早く作ることができます。

👍 Good：④タイムライン

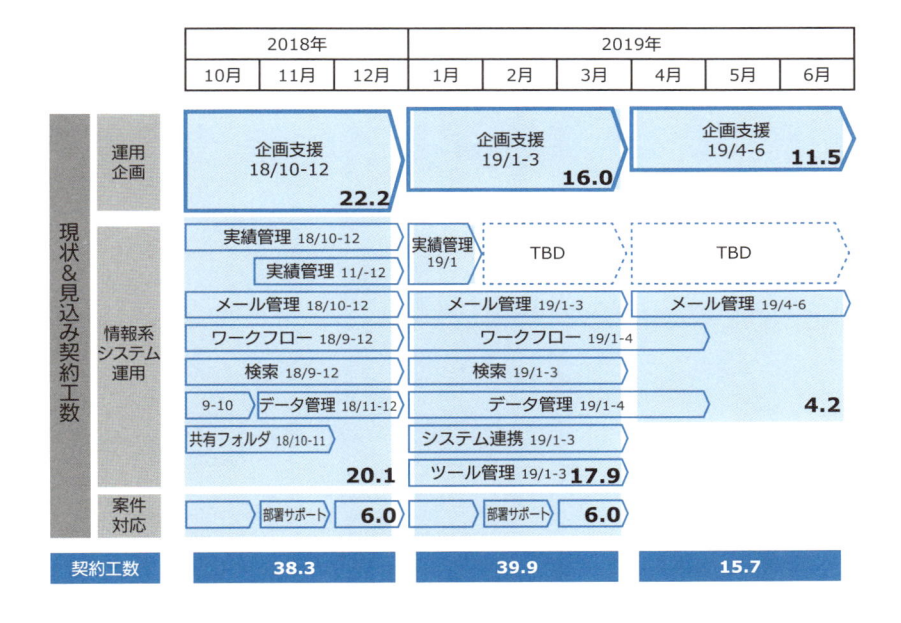

▼ 条件分岐が複雑なフローを示す

「タイムライン」とは、時間軸に沿ってイベントの流れを示したものです。WBS の各要素について、情報を付加して見せたい場合に適しています。

上図は、ある企業における業務領域ごとに時間軸に沿って何をどれくらいの工数（人的作業量）で行うのか示しています。2018 年 10 月から 12 月までの間に、運用企画で 22.2 人、情報系システム運用で 20.1 人、案件対応で 6.0 人の作業量が必要であることがわかります。

タイムラインの範囲を年単位に広げると年表として用いることができますし、前後の要素関係を明示するとガントチャート（p.188）にもなります。

SECTION **7-2**
順序を図解する（時系列：プロセス図）

👍 Good：①業務プロセス図

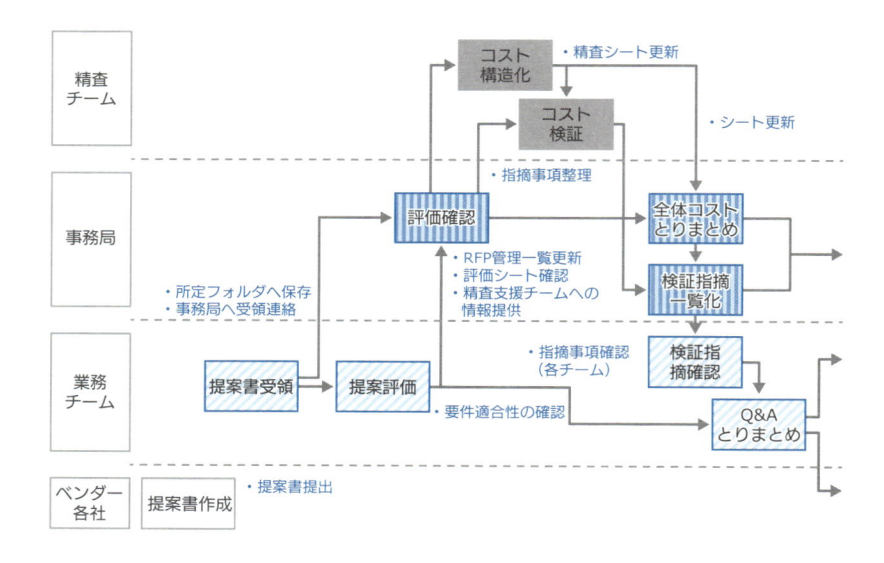

▼ ロール毎に時間軸に沿ってイベントやタスクを整理する

　「業務プロセス図」とは、時間軸に合わせて業務タスクを役割毎に示したものです。水平報告のプロセス図は左から右へ、垂直方向のプロセスは上から下へ流れるように矢印を伸ばし、手戻りややり直しがあればその反対方向へ進みます。

　上図は、ベンダーから提案書を受け取る際の流れを整理したものです。

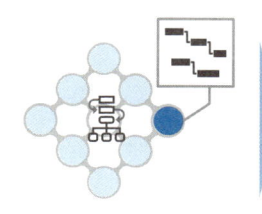

① 業務プロセス図	：時間軸に沿ってイベントやタスクを整理
② 簡易シーケンス図	：要素同士の作用関係を整理
③ フローチャート（通常）	：処理や判断を組み合わせたルールを提示
④ フローチャート（シンプル）	：複雑なルールを簡素化して提示
⑤ ガントチャート	：タスクの進捗をウォーターフォールで提示
⑥ アロー図	：同時並行タスクのクリティカルパスを提示

出典：『女子中学生チケット詐欺事件』を参考に著者作成

👍 Good：②簡易シーケンス図

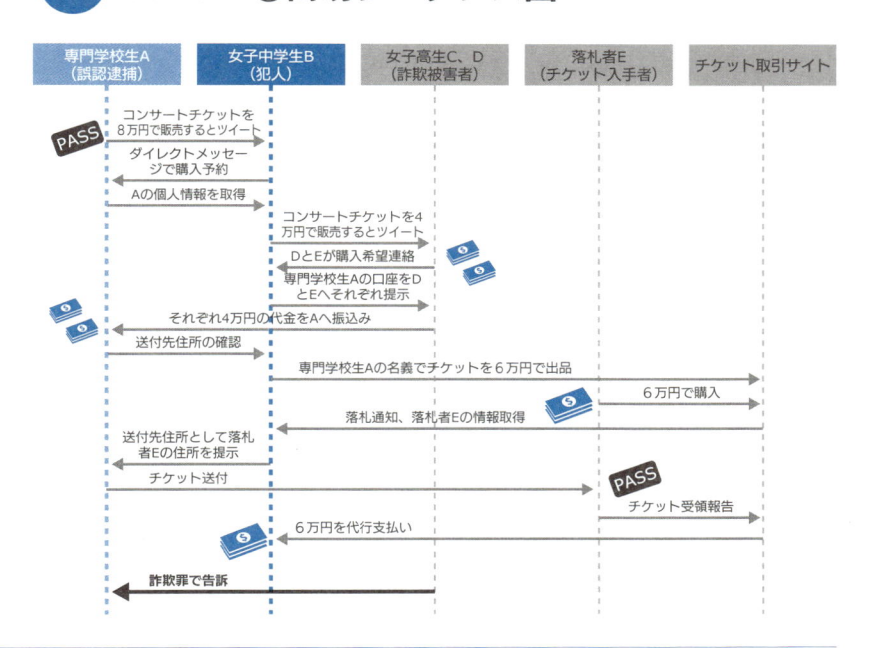

　一方で、**「簡易シーケンス図」は、要素同士がどのように作用するかに主眼を置いて関係性を表したもの**です。行動主体を垂直線とともに水平に並べ、行動元とその相手となる対象の間を矢印で結びます。

　上図は、2017年夏にネット上で話題になった「女子中学生チケット詐欺事件」を図解したものです。誤認逮捕された専門学校生、犯人の中学生、お金をだまし取られた女子高生、チケット取引サイトが行動主体として存在し、お金とチケットがどこからどこへ流れたのか一目で把握できます。

Good：③フローチャート（通常）

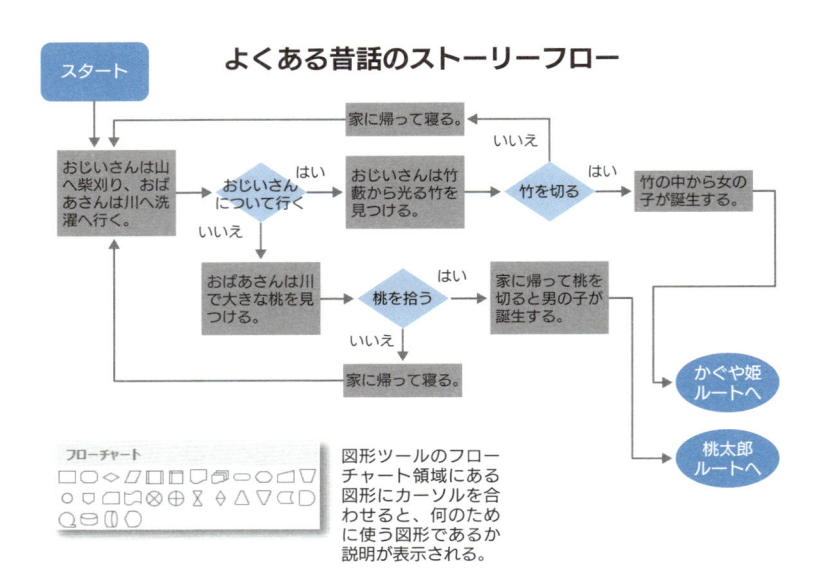

図形ツールのフローチャート領域にある図形にカーソルを合わせると、何のために使う図形であるか説明が表示される。

▼ 基準に従って判断するルールを示す

　「フローチャート図」とは、処理や判断の組み合わせによるルールを示すものです。決められた手順で行う業務はフローチャートで表せますし、ゲームの攻略などもフローチャートでの図解に適しています。

　上図はよくある昔話をフローチャートにしたものです。おじいさんについていくと「かぐやルート」、おばあさんへついていくと「桃太郎ルート」に入ることを示しています。

　よくつかうルールとして、「処理」は四角形、「判断（はい／いいえ）」はひし形、「フロー開始／終了」は丸四角、「次のフローへの接続」は円／楕円を用います。

👍 Good：④フローチャート（シンプル）

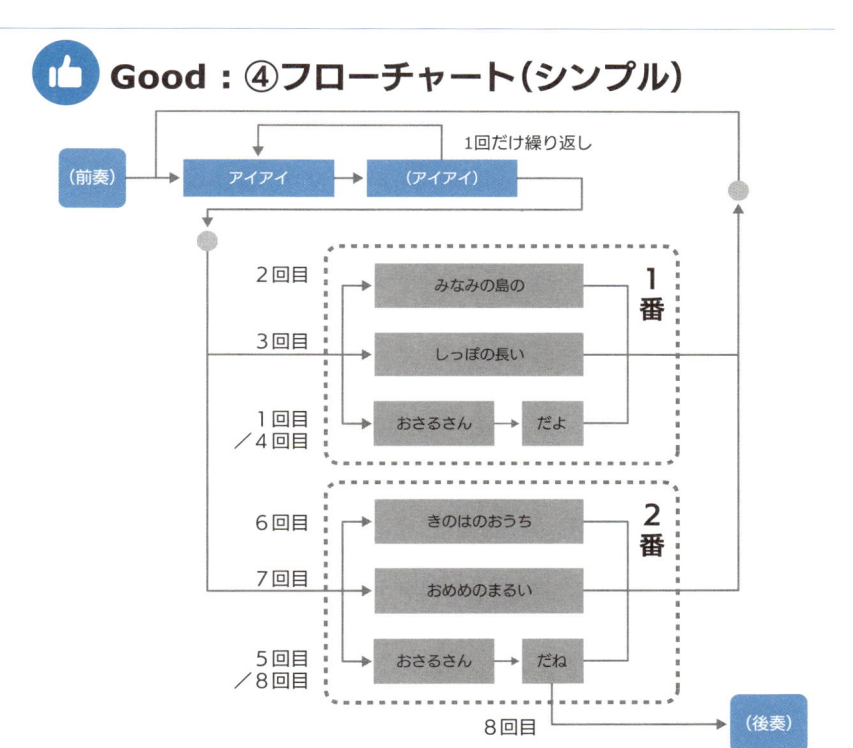

JASRAC 出 1803707-801

▼ 条件分岐が複雑なフローを示す

　「フローチャート（シンプル）」とは、条件分岐の記述が複雑になってしまうフローチャートを簡素化して読みやすさを重視したものです。条件分岐をはい／いいえに絞ると複雑な入れ子構造になってわかりづらくなります。これを避けるため、選択式で複数を並列表記します。

　上図は、童謡『アイアイ』の歌詞を構造化し、歌う順番をフローチャートで表したものです。前奏の後、「アイアイ（アイアイ）」と2回繰り返し、1回目から4回目までを1番の歌詞、5回目から8回目までを2番の歌詞としています。8回目を終えると後奏につながって歌が終わります。分岐の起点や終点に丸・丸四角を活用し、接続線を束ねて見やすくしています。

Good：⑤ガントチャート

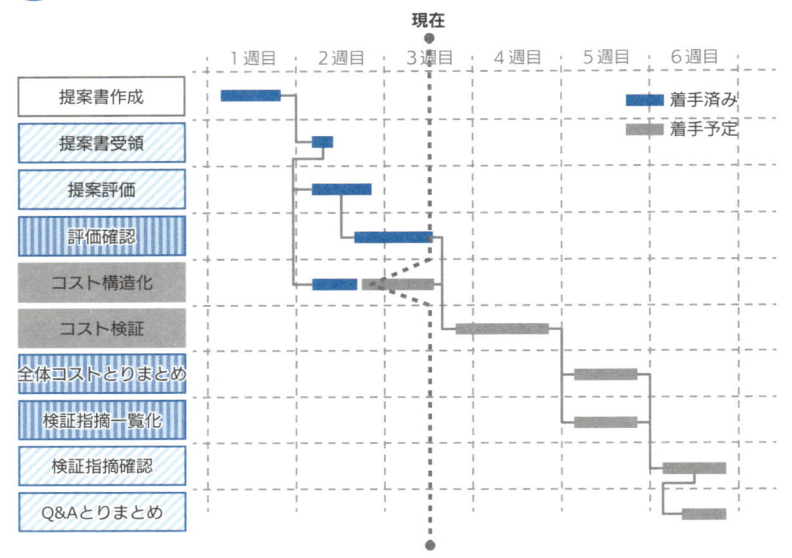

▼ タスクの進捗をウォーターフォールで示す

　「ガントチャート」とは、前後関係のあるタスクを水の流れ（ウォーターフォール）のように示すものです。先に着手するタスクが上になるよう垂直に並べ、右に向けてカレンダーが進むように表を作ってから、各タスクを行う期間を記入します。

　上図は、提案書を受け取ってからコスト内容を検証するまでの流れを表したものです。完了した部分を濃色で塗り分け、当初予定の進捗に対して遅れている部分を凹ませることで、遅延タスクを俯瞰できます。完全な前後関係になるタスクはブロックの後ろと前を接続しますが、途中から開始できるものはブロックの側面から接続線を伸ばします。

👍 Good：⑥アロー図

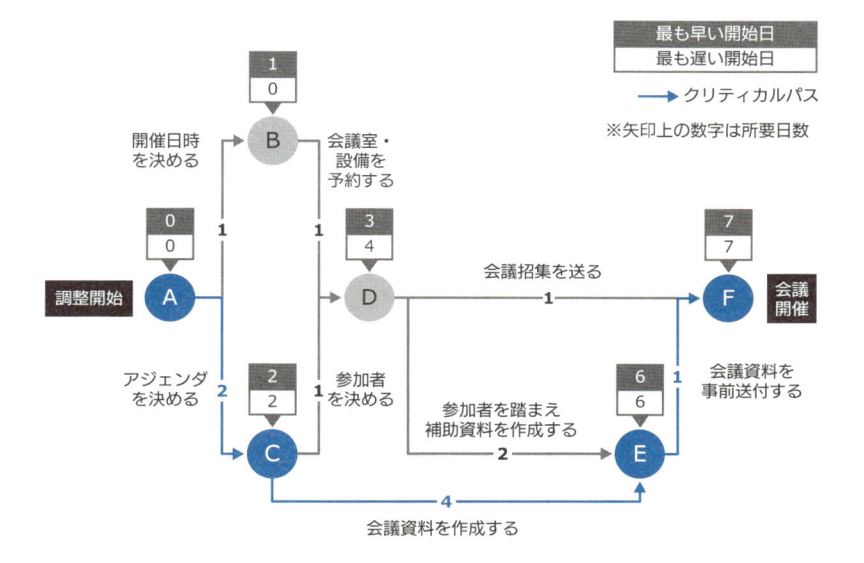

最も早い開始日
最も遅い開始日

→ クリティカルパス

※矢印上の数字は所要日数

開催日時
を決める

会議室・
設備を
予約する

調整開始

アジェンダ
を決める

参加者
を決める

会議招集を送る

参加者を踏まえ
補助資料を作成する

会議資料を作成する

会議資料を
事前送付する

会議
開催

▼ 同時並行で進むタスクのクリティカルパスを見つける

　「アロー図」とは、複数経路に分かれるタスクの最短経路（クリティカルパス）を見つけるものです。タスクを矢印で表し、その開始と終了時間を記入します。最も遅い開始日を足し合わせるルートをクリティカルパスと呼びます。その他の経路上にあるタスクは、完了時間から逆算し、最遅の開始時間を求めることで、いつまでに開始すれば間に合うか知ることができます。

　上図は、会議の段取りを表したものです。クリティカルパスは「A」→「C」→「E」→「F」になり、最短で7日掛かることがわかります。会議資料を作成するタスクが4日掛かるため、並行着手するタスクの開始は少し遅れても間に合うことがわかります。

SECTION 7-3 繰り返しを図解する（時系列：循環図）

👍 Good：①循環図

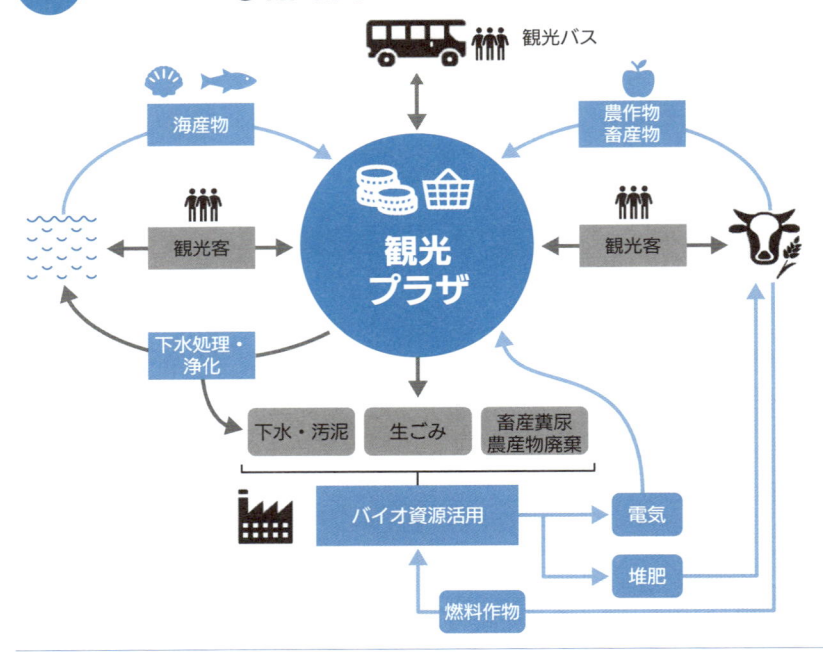

▼ 要素同士のつながりを見せる

　「循環図」とは、繰り返される一連のタスク・イベントを示すものです。スタート地点とゴール地点が循環に含まれる場合と、途中から循環する場合があります。

　上図は、観光客が訪れる観光プラザを中心とした生産物と廃棄物が循環する様子を表しています。

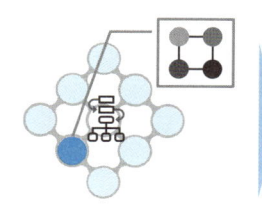

① 循環図	：繰り返される一覧のタスク・イベントを提示
② スパイラル図	：循環する良化・悪化傾向を提示

👍 Good：②スパイラル図

景気が悪化する

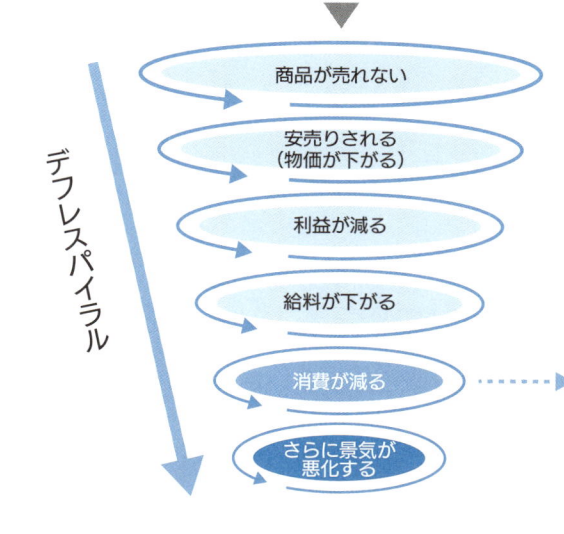

商品が売れない

安売りされる
（物価が下がる）

利益が減る

給料が下がる

消費が減る

さらに景気が
悪化する

デフレスパイラル

消費が減る原因には、給料が下がることだけではなく、将来の不安に伴う貯蓄の増加もある。
その結果、市場に出回るお金の量が減る。

　一方、「**スパイラル図**」**とは、循環する中で状況がどんどんポジティブ、またはネガティブに変化する様子を表したもの**です。循環図よりも変化の大きさを強調しやすく、良化・悪化を表現するのに適しています。

　上図は景気悪化のデフレスパイラルを示しています。景気悪化が顕在化し、商品が売れずに物価も給料も下がることで消費が減って、さらに景気が悪化することが示されています。渦状の見やすい図形は、円と円弧に矢印を組み合わせるとシンプルに表現できます。

3部 図解のパターン化

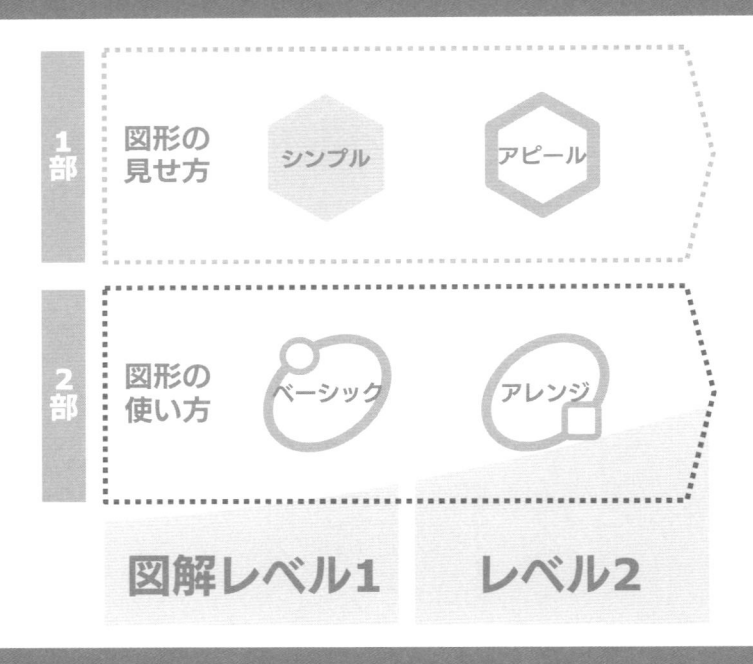

1部	図形の見せ方	シンプル　　アピール
2部	図形の使い方	ベーシック　　アレンジ

図解レベル1　　レベル2

8章 図解パターン：「量」を図解する

	3部		4部

3部	4部
チャート　グラフ　図解のパターン化	高度な色使い洗練されたデザイン　図解の魅せる化
レベル3	レベル4

CHAPTER 8 図解パターン：
「量」を図解する

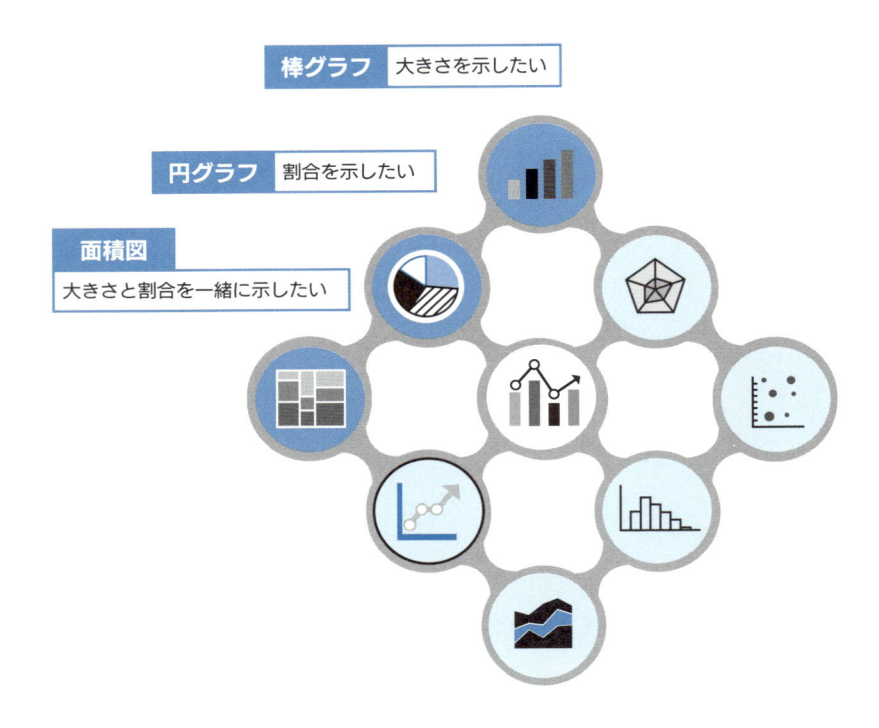

棒グラフ 大きさを示したい

円グラフ 割合を示したい

面積図
大きさと割合を一緒に示したい

▼ この章の要点

　数値にもとづく傾向で判断するための統計的な「グラフ」の図解パターンには、データの大きさを整理した**「量」**があります。

　量のうち、要素の大きさを示すには**「棒グラフ」**、割合を整理するには**「円グラフ」**、大きさと割合を一緒に表すには**「面積図」**を用います。

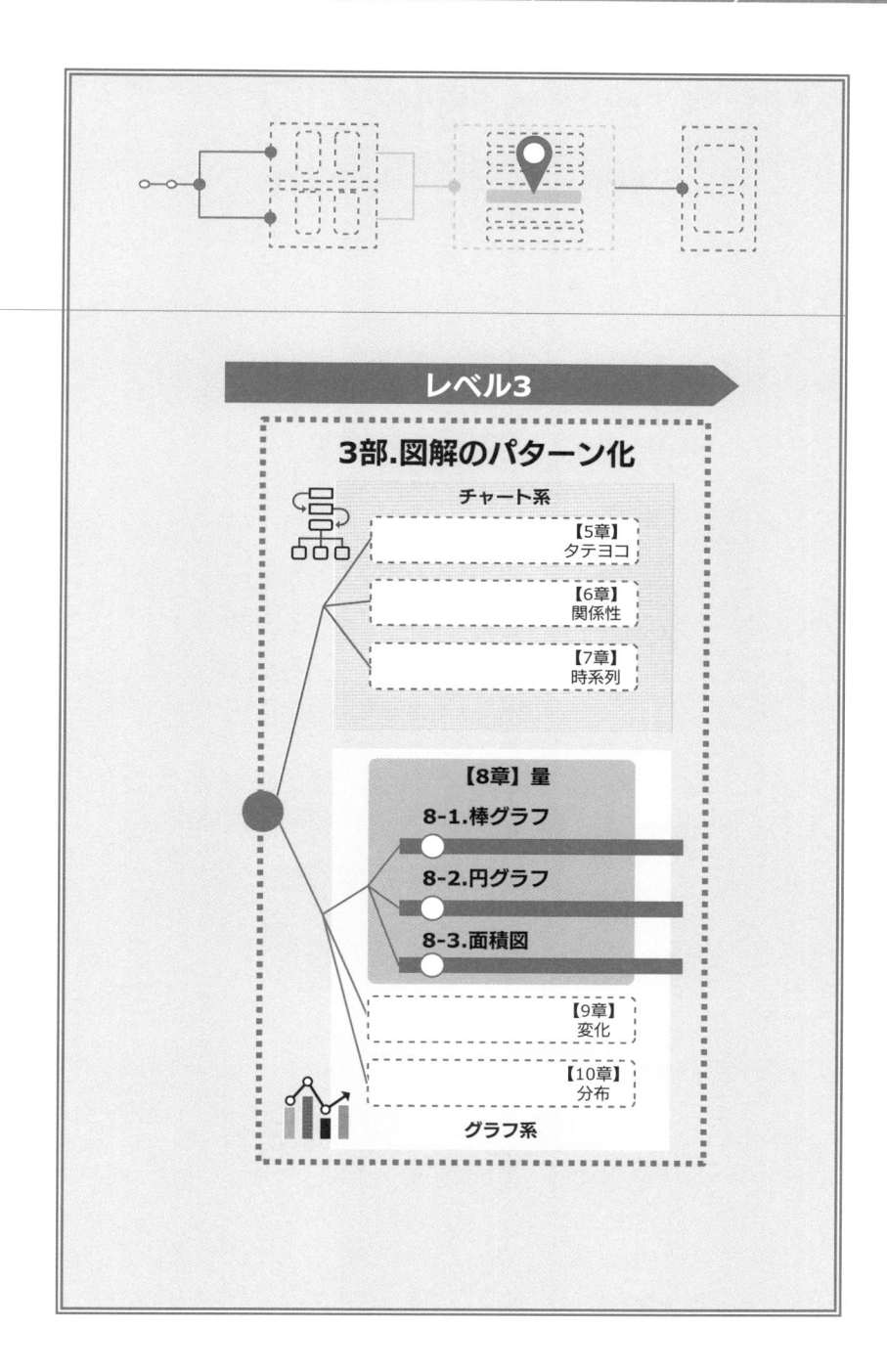

レベル3

3部.図解のパターン化

チャート系

【5章】
タテヨコ

【6章】
関係性

【7章】
時系列

【8章】量

8-1.棒グラフ

8-2.円グラフ

8-3.面積図

【9章】
変化

【10章】
分布

グラフ系

1 図形の見せ方

2 図形の使い方

3 図解のパターン化

4 図解の魅せる化

195

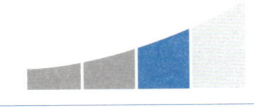

SECTION 8-1 大きさを図解する（量：段階図）

👍 Good：①縦・横棒グラフ

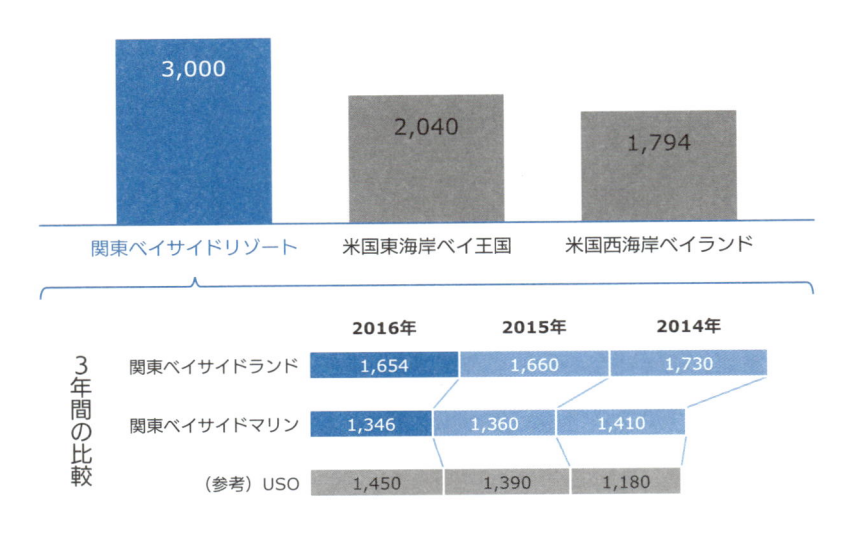

201X年のテーマパーク入場者数（万人）

	関東ベイサイドリゾート	米国東海岸ベイ王国	米国西海岸ベイランド
	3,000	2,040	1,794

3年間の比較

	2016年	2015年	2014年
関東ベイサイドランド	1,654	1,660	1,730
関東ベイサイドマリン	1,346	1,360	1,410
（参考）USO	1,450	1,390	1,180

▼ 大きさを単体・複数要素で比較する

　「縦・横棒グラフ」とは、複数の要素の大きさを比較するものです。縦棒は要素間のあらゆる比較に適していますが、たくさんの要素を俯瞰して比較するなら横棒グラフが最適です。上図は、日米のテーマパーク（パーク名はすべて架空・以下同）における入場者数の比較です。そのうちの1つは、細分化したものを横棒グラフで表しています。

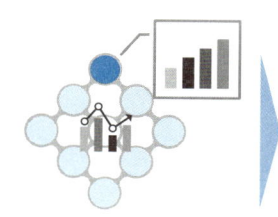

① 縦・横棒グラフ	：複数の要素の大きさを比較
② 双方向棒グラフ(縦)	：2つの要素の大きさを対比
③ 双方向棒グラフ(横)	：個々の同一要素を左右で対比
④ 積み上げ縦棒グラフ	：個々の要素と全体でボリューム差を提示
⑤ ウォーターフォール図	：変化した要素とその結果をすべて提示
⑥ アイコン棒グラフ	：大きさが表す対象のイメージを強調

👍 Good：②双方向棒グラフ（縦）

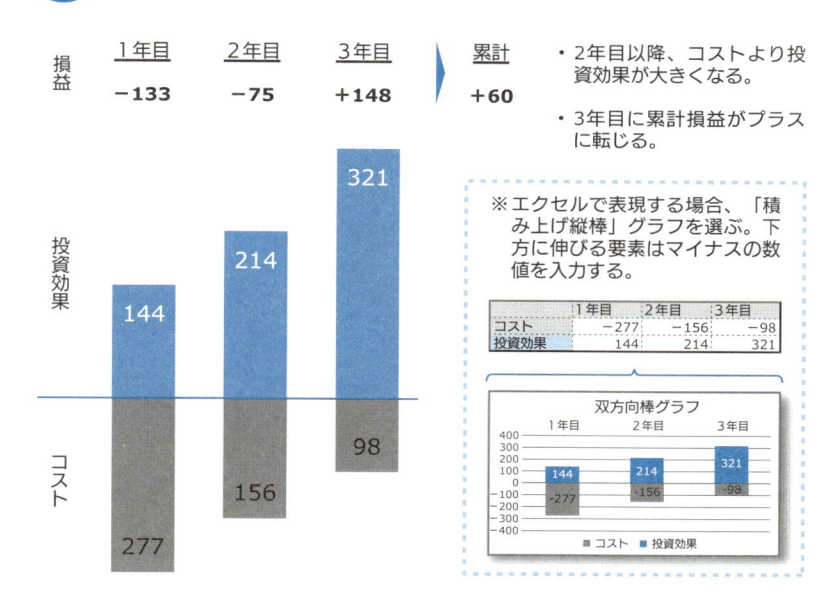

・2年目以降、コストより投資効果が大きくなる。

・3年目に累計損益がプラスに転じる。

※エクセルで表現する場合、「積み上げ縦棒」グラフを選ぶ。下方に伸びる要素はマイナスの数値を入力する。

	1年目	2年目	3年目
コスト	−277	−156	−98
投資効果	144	214	321

「双方向棒グラフ（縦）」は2つの要素の大きさを対比させるものです。

　上図は、投資額（コスト）に対して何年で損益がプラスに転じるかを整理したものです。

　いずれのグラフもエクセルの「グラフ」機能で作成できます。双方向棒グラフは「積み上げ縦棒」で表しますが、下に伸びる要素はマイナスの数で記入する必要があります。見栄えの良いグラフを作るには、パワーポイント上で図形ツールを用いることを推奨します。

1 図形の見せ方
2 図形の使い方
3 図解のパターン化
4 図解の魅せる化

Good：③双方向棒グラフ（横）

出典：『統計局—世界の統計』
を参考に著者加工

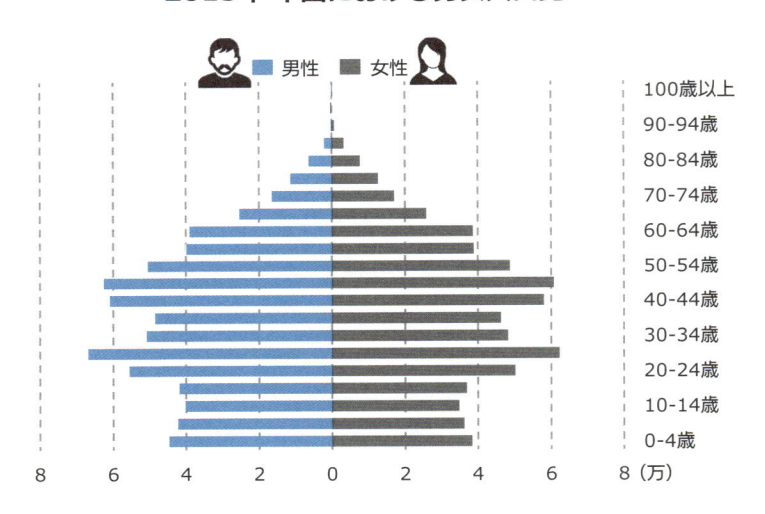

2015年 中国における男女人口比

▼ 個々の同一要素を左右で対比させる

　「双方向棒グラフ（横）」は、同じ項目について対になる観点で大きさを比較するものです。性別、何らかの属性有無で2つに区分し、それぞれの調査結果を対比させるという用いられ方が一般的です。

　上図は、中国の男女人口比を表したものです。5歳刻みで人口を算出し、それを男女に分類しています。一人っ子政策の影響で、20代以下の数は顕著に少なく、しかも男性数が多いことがわかります。

　エクセルで作る場合、双方向棒グラフ（縦）と同様に、片側の数字はマイナスで記入した表を用意します。それを「積み上げ横棒」グラフにすることで上図ができあがります。

Good：④積み上げ棒グラフ

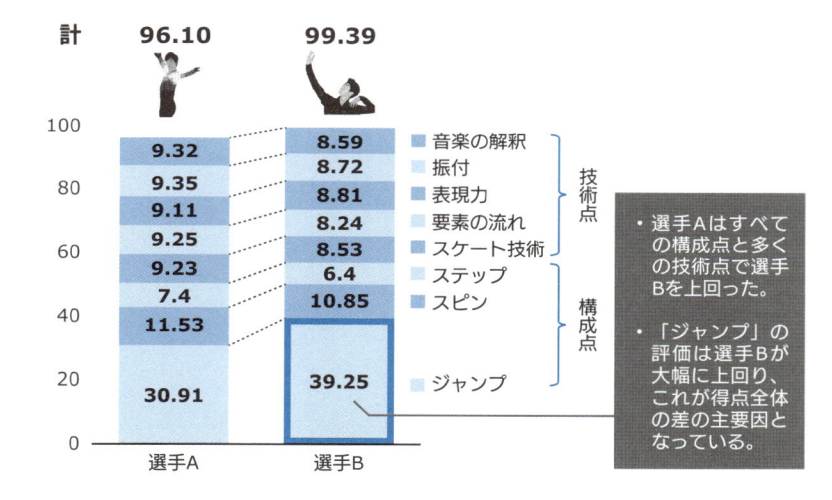

201X年男子フィギュアスケート

▼ 個々の要素と全体でボリューム差をそれぞれ示す

　「積み上げ棒グラフ」とは、個々の要素を積み重ねて全体を表し、それぞれの差異を見えるようにしたものです。円グラフで割合を表してデータについて、大きさを表すよう書き換えたい場合にも適しています。

　上図は、男子フィギュアスケートのある試合における成績優秀者上位2名の得点です。選手Bの勝利に結びついたのが「ジャンプ」の差であったことが一目でわかります。

　エクセルで作る場合、「積み上げ縦棒」グラフを用います。凡例として要素の名前が列挙されますが、縦棒の各要素との紐づけがわかりづらく、改めて図形ツールで作成して配置したほうが見やすくなります。

Good：⑤ウォーターフォール図

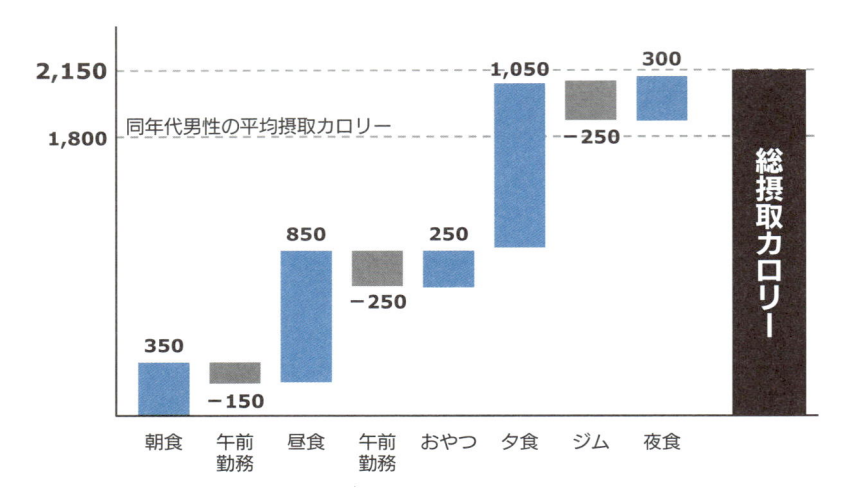

 1日の摂取カロリー量：Aさん（40代）

▼ 変化した要素とその結果をすべて示す

　「ウォーターフォール図」とは、総量に至るまでどんな増減があったか示すものです。会計情報の期首と期末の資産比較のように、最初と最後の状態にあたる棒グラフを両端に表し、その間を増減要素の棒グラフでつなげるという図が一般的です。

　上図はAさんが摂取する1日あたりのカロリー量を整理したものです。カロリー消費が平均水準を超えていること、夜食をやめるだけで平均値に大きく近づくことがわかります。

　パワーポイントで作ると見栄えよく作成できますが、数字が頻繁に変動する場合はエクセルの表作成機能を用いると資料作成が楽になります。

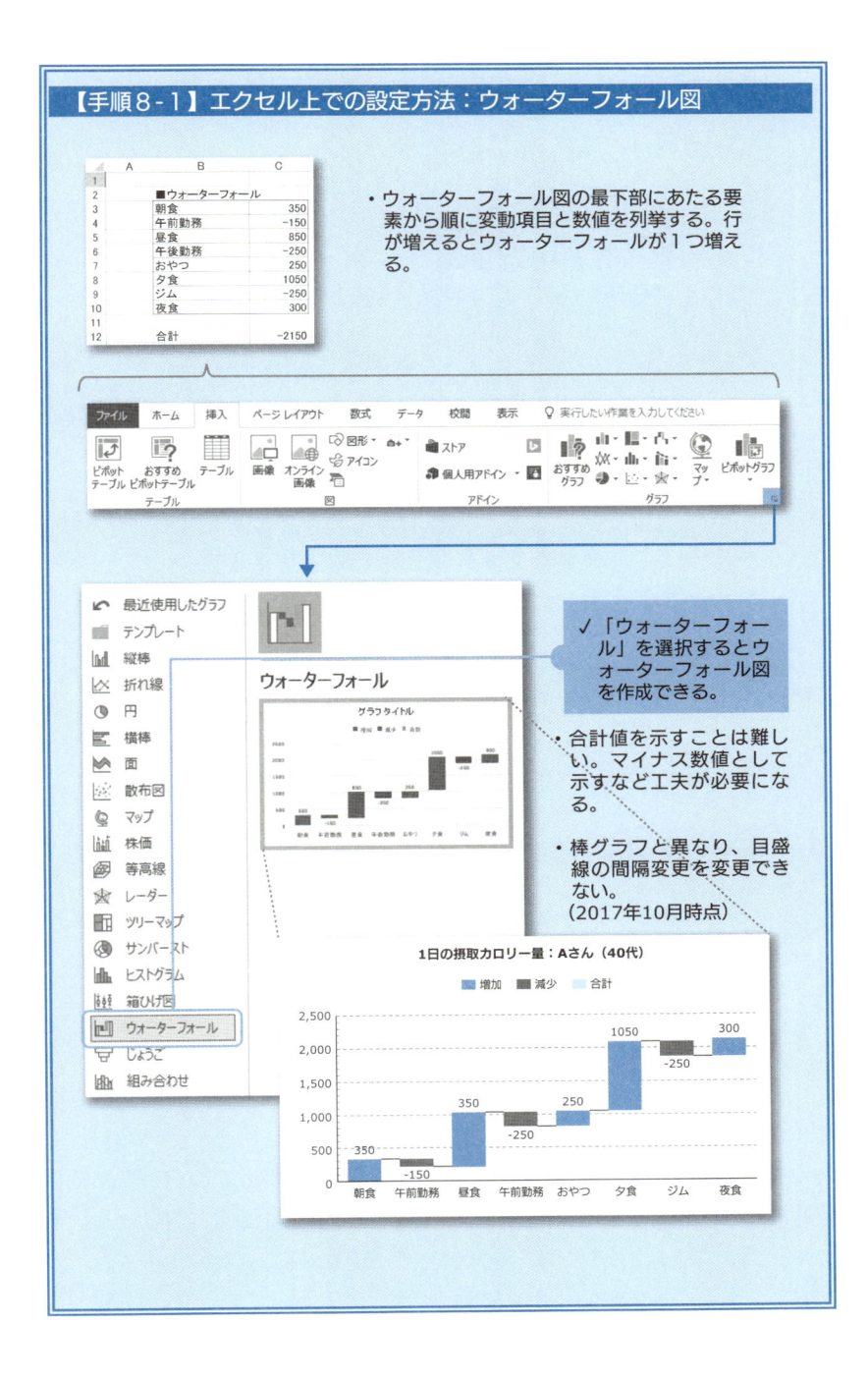

【手順8-1】エクセル上での設定方法：ウォーターフォール図

	A	B	C
1			
2		■ウォーターフォール	
3		朝食	350
4		午前勤務	−150
5		昼食	850
6		午後勤務	−250
7		おやつ	250
8		夕食	1050
9		ジム	−250
10		夜食	300
11			
12		合計	−2150

- ウォーターフォール図の最下部にあたる要素から順に変動項目と数値を列挙する。行が増えるとウォーターフォールが1つ増える。

✓「ウォーターフォール」を選択するとウォーターフォール図を作成できる。

- 合計値を示すことは難しい。マイナス数値として示すなど工夫が必要になる。

- 棒グラフと異なり、目盛線の間隔変更を変更できない。
（2017年10月時点）

Good：⑥アイコン棒グラフ

2016年テーマパーク入場者数

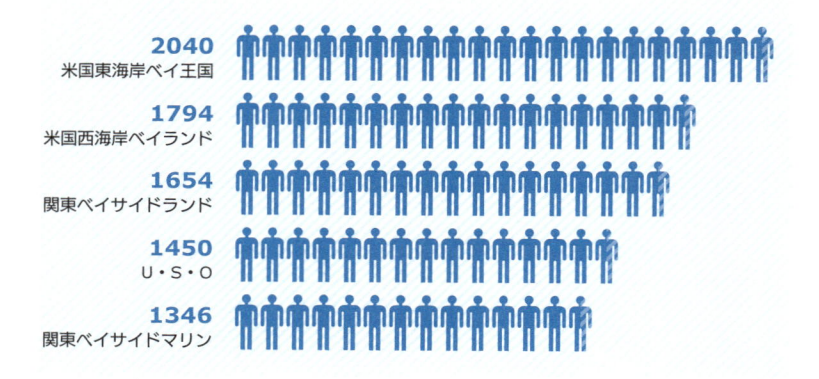

2040
米国東海岸ベイ王国

1794
米国西海岸ベイランド

1654
関東ベイサイドランド

1450
Ｕ・Ｓ・Ｏ

1346
関東ベイサイドマリン

▼ 大きさが表す対象のイメージを強調する

「アイコン棒グラフ」とは、その大きさが表す対象が何であるかをわかりやすく示すものです。縦・横棒グラフで表現するよりもイメージを掻き立てるため、見た目のわかりやすさが増します。

　上図はテーマパーク別の入場者数を比較したものです。グラフを見ただけで人数に関するものだとすぐにわかります。

　このグラフはエクセルの「People Graph」機能を使って作成しました。用意されたアイコン以外で表現したいなら、棒グラフの系列を塗りつぶすオプションで「図またはテクスチャ」を選び、「積み重ね」設定を用いることで、アイコン画像が一定数ごとに表示されます。

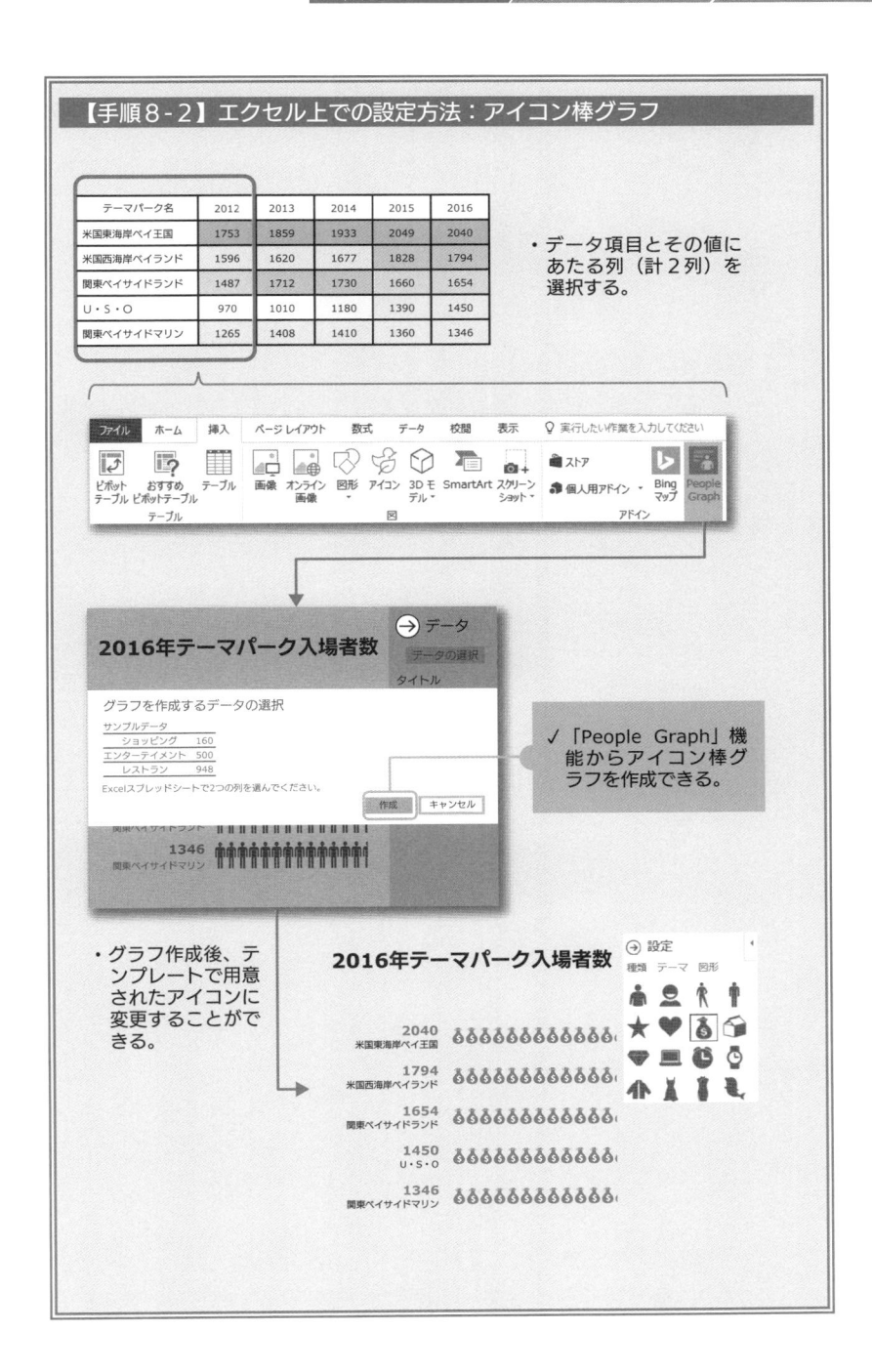

【手順8-2】エクセル上での設定方法：アイコン棒グラフ

テーマパーク名	2012	2013	2014	2015	2016
米国東海岸ベイ王国	1753	1859	1933	2049	2040
米国西海岸ベイランド	1596	1620	1677	1828	1794
関東ベイサイドランド	1487	1712	1730	1660	1654
U・S・O	970	1010	1180	1390	1450
関東ベイサイドマリン	1265	1408	1410	1360	1346

・データ項目とその値にあたる列（計2列）を選択する。

✓「People Graph」機能からアイコン棒グラフを作成できる。

・グラフ作成後、テンプレートで用意されたアイコンに変更することができる。

1 図形の見せ方
2 図形の使い方
3 図解のパターン化
4 図解の魅せる化

SECTION 8-2 割合を図解する（量：円グラフ）

👍 Good：①円・ドーナツグラフ

出典：『平成28年度「税を考える週間」講演会・説明会資料』を参考に著者加工

平成28年度一般会計予算：歳出

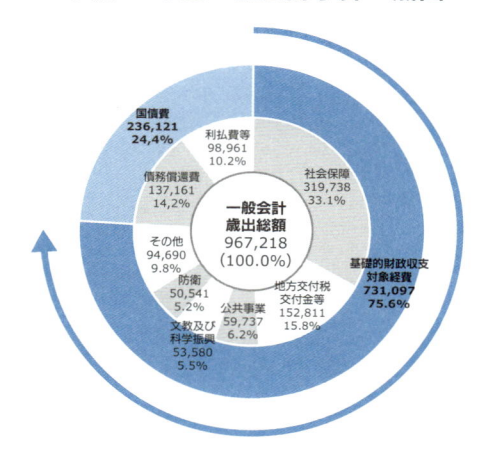

国債費を除く支出は全体の

75% 程度しかない

▼ 全体に対して各要素の割合を示す

　「円・ドーナツグラフ」とは、全体を100%として、各要素がどれくらいの割合にあたるか示したものです。円グラフの中央部分を空けてグラフ全体の説明を加えたものがドーナツグラフです。

　上図は、日本の国家予算における国債費以外の割合を説明したものです。円グラフとドーナツグラフを重ねるとサンバースト図のようになります。

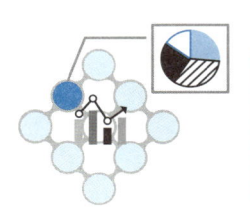

① 円・ドーナツグラフ ：全体に対して各要素の割合を提示
② 多層ドーナツグラフ ：関連性のある複数の指標で進み具合を同時に提示
③ タコメーター ：勢力割合や到達度合を提示

【手順8-3】エクセル上での設定方法：円・ドーナツグラフ

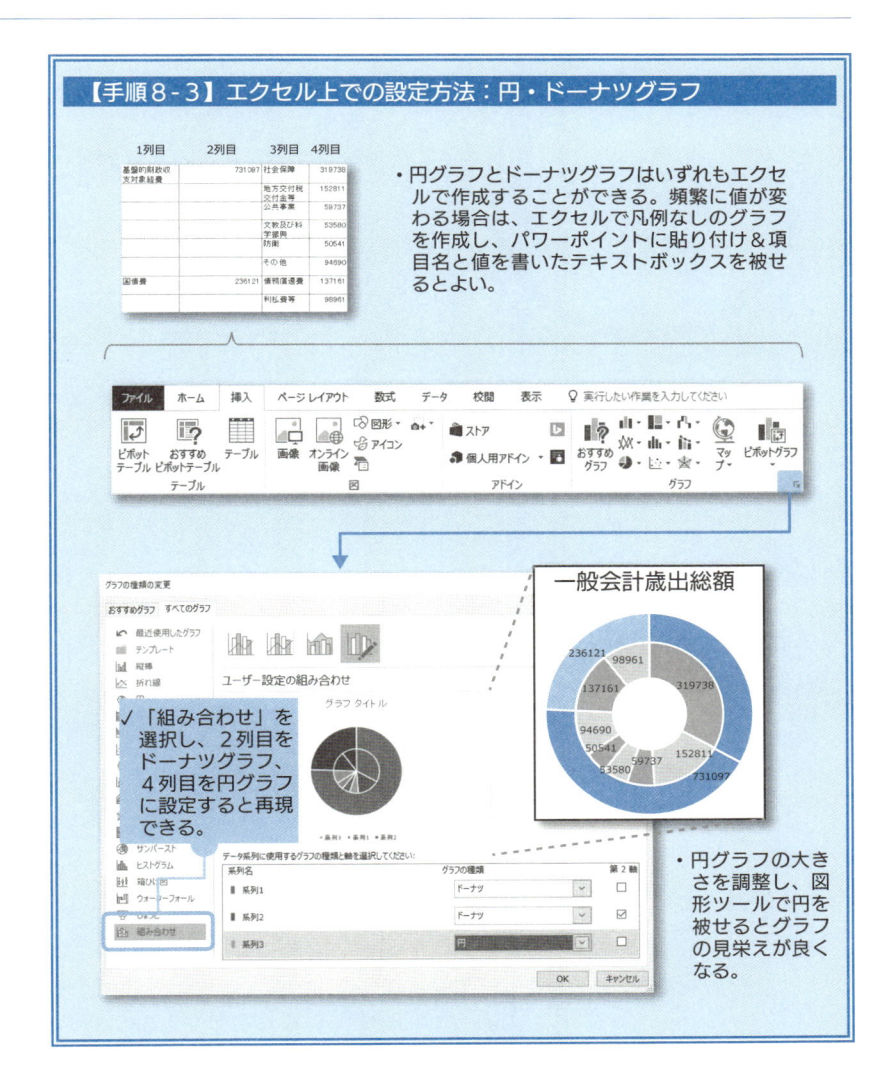

・円グラフとドーナツグラフはいずれもエクセルで作成することができる。頻繁に値が変わる場合は、エクセルで凡例なしのグラフを作成し、パワーポイントに貼り付け＆項目名と値を書いたテキストボックスを被せるとよい。

「組み合わせ」を選択し、2列目をドーナツグラフ、4列目を円グラフに設定すると再現できる。

・円グラフの大きさを調整し、図形ツールで円を被せるとグラフの見栄えが良くなる。

Good：②多層ドーナツグラフ

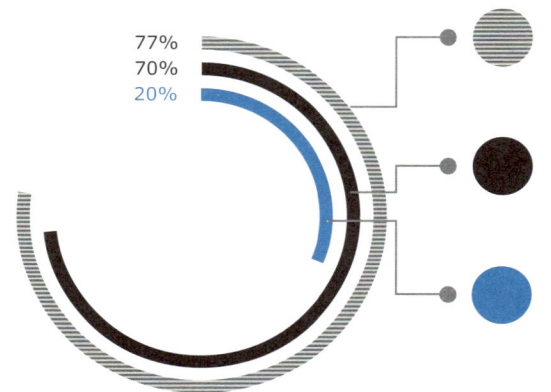

選挙活動進捗：予定
当週時点で9割の地域で
選挙演説を実施予定。電
話済世帯は2300戸を予
定。

選挙活動進捗：実績
暴風雨に見舞われて選挙
演説ができなかった時期
があり。電話済世帯は
2270戸。

予想得票率
得票率は20％に達する
見込み。当選圏内は17％
と予測されるため、現時
点で問題なし。

77%
70%
20%

▼ 関連性のある複数の指標で進み具合を同時に示す

　**「多層ドーナツグラフ」とは、関連性のある指標を並べ、100％の到達率
に対してどこまで進んでいるかを表す**ものです。ドーナツ状に示すことで、
一周すれば100％に達することが容易にわかります。並べる指標は無関係
なもの同士だと意味が読み取りにくくなります。

　上図は、ある候補者の選挙活動における活動進捗状況と予想得票率を表し
たものです。選挙の準備が進むにつれて有権者の支援が増し、予想得票率も
徐々に増えていく様子を確認できます。

　もし「予想得票率」ではなく「予想投票率」を同じドーナツに重ねてしま
うと、「選挙準備が進むと予想投票率も増える」との誤解を生みます。

Good：③タコメーター

2017年秋衆議院議員総選挙

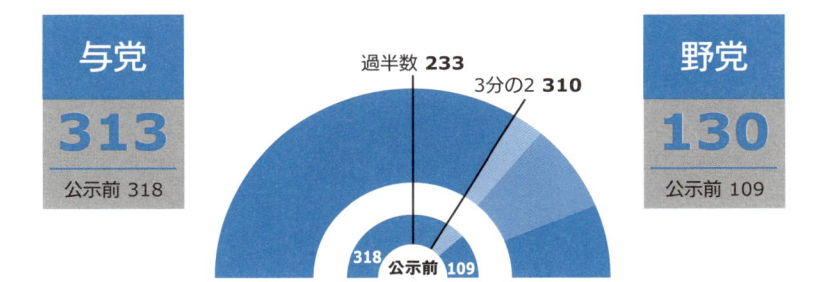

		与党		その他					野党				
		自民	公明	無(与)	無(野)	無(他)	諸派	こころ	社民	共産	立憲	維新	希望
小選挙区		218	8	1	21	0	0	-	1	1	18	3	18
比例区		66	21	-	-	-	0	0	1	11	37	8	32
計		**284**	**29**	**1**	**21**	**0**	**0**	**0**	**2**	**12**	**55**	**11**	**50**
公示前		284	34	11	27	0	0	0	2	21	15	14	57

▼ 勢力割合や到達度合を示す

　「タコメーター」とは、左右に分かれるように勢力の割合や段階の到達度合を示したものです。選挙時の与党・野党の勢力図、乗り物のスピードメーターや燃料メーターなどにも用いられます。

　上図は、2017年10月に行われた衆院総選挙の結果を表したものです。政権運営を担う与党陣営は左側、野党陣営は右側に並べています。全議席数に対し、与党陣営が過半数を超えていることが一目でわかります。

　エクセルで作成する場合、合計値の要素を各要素と並べて「ドーナツグラフ」を作成し、それを270度回転させて合計部分を背景色（白など）で塗ると、半円状のドーナツグラフになります。

1 図形の見せ方
2 図形の使い方
3 図解のパターン化
4 図解の魅せる化

SECTION 8-3 大きさと割合を一緒に図解する（量：面積図）

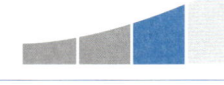

👍 Good：①面積図（ツリーマップ）

都道府県別の人口割合

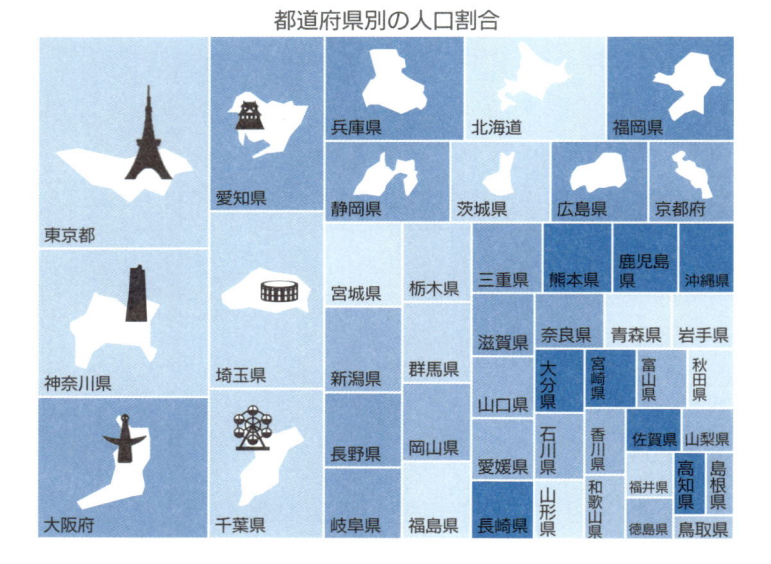

▼ 多要素間の大きさと割合を見せる

　「面積図（ツリーマップ）」とは、要素の数が多い場合に大きさと割合を同時に示すためのものです。地域の中で各地区の大きさを比較したりする際にわかりやすく図解できます。

　上図は、日本の都道府県別人口数を多い順に左上から並べています。四角形の中での最適なサイズは、エクセルの「ツリーマップ」機能を使うことで

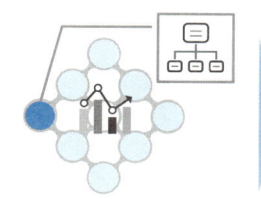

①	面積図 （ツリーマップ）	：多要素間の大きさと割合を提示
②	ヒートマップ	：数字の大小をセルの色で協調
③	地図グラフ	：地図の上でボリュームの大小を提示

 Good：②ヒートマップ

 **201X年テーマパーク入場者数
グローバルランキング**

（万人）

テーマパーク名	2012	2013	2014	2015	2016
米国東海岸ベイ王国	1753	1859	1933	2049	2040
米国西海岸ベイランド	1596	1620	1677	1828	1794
関東ベイサイドランド	1487	1512	1630	1660	1654
Ｕ・Ｓ・Ｏ	970	1010	1180	1390	1450
関東ベイサイドマリン	1265	1408	1410	1360	1346

※ 濃色は入場者数の多いもの、白に近づくほど数が少ない

自動的に設定されます。これまでに紹介したエクセル上での設定方法から辿ってグラフから「ツリーマップ」を選ぶと作成できます。

「ヒートマップ」とは、数字の大きい箇所がより強い色で強調されるようにしたものです。色の濃淡で表現します。エクセルで対象データを範囲指定し、「条件付き書式」から「カラースケール」を選ぶと実現できます。

上図はテーマパーク入場者数をヒートマップで表しています。数値の最も大きい箇所が濃く、最も小さい箇所が白になっています。

Good：③地図グラフ

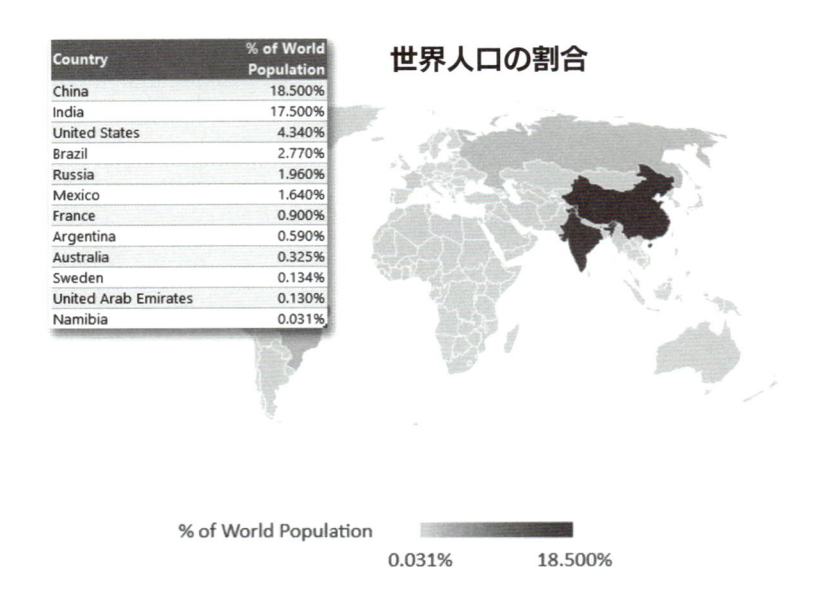

▼ 地図の上でボリュームの大小を表現する

　「地図グラフ」とは、地図を利用して地域別の数値比較と傾向把握を行う
ものです。チャートとして一般公開されているものではなく、エクセルに備
わっている「マップ」、「3Dマップ」または「Bingマップ」機能で作成す
ると数値情報をまとめて図解できます。

　上図は、任意の12か国について、世界における人口の割合を色の濃淡で
表したものです。エクセルの「マップ」機能を使用しています。「3Dマップ」
と「Bingマップ」は右の手順を確認ください。

　この機能は未成熟のため、エクセルファイルの動作が不安定になることが
あります。使用時は単独のファイルとし、自動保存を有効にしましょう。

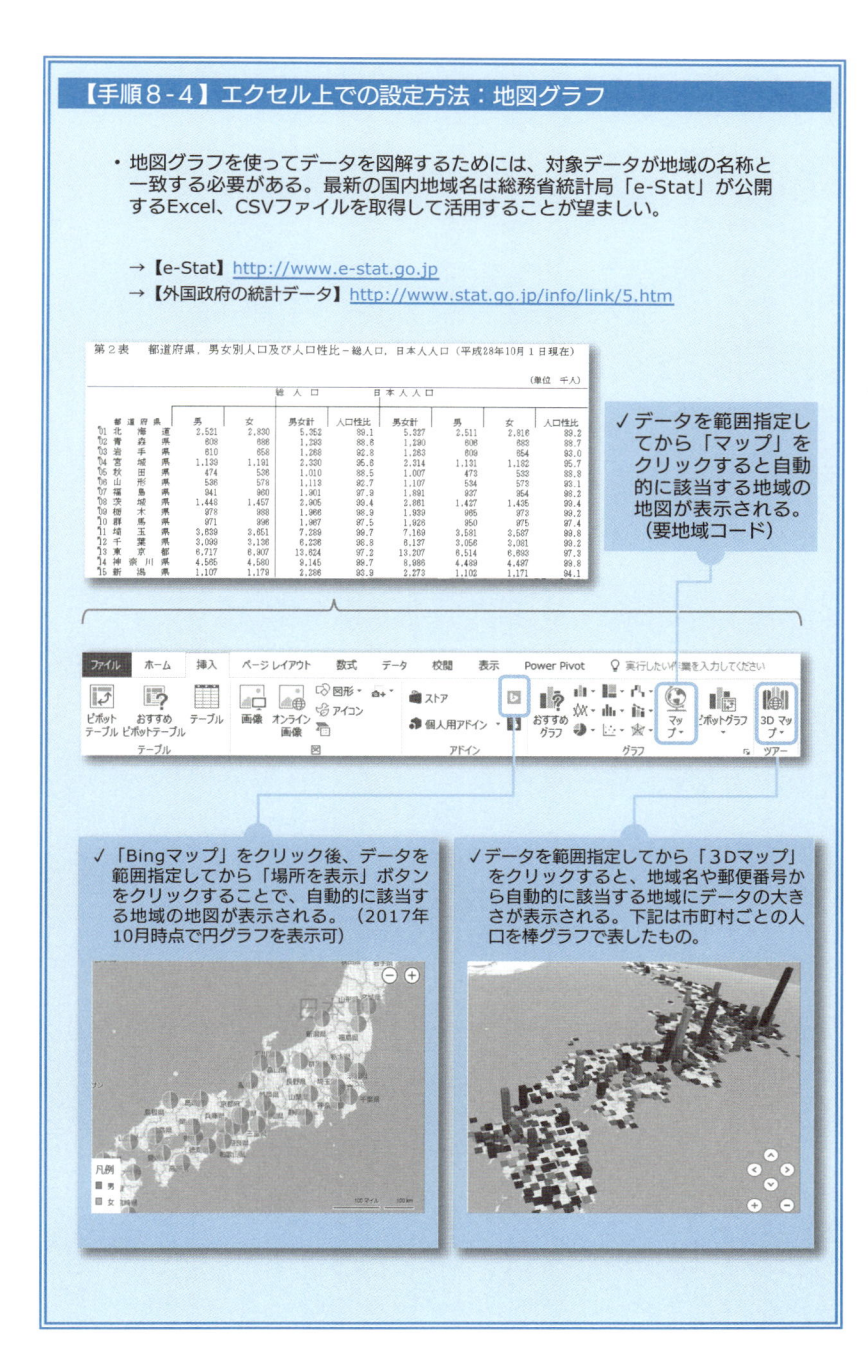

【手順8-4】エクセル上での設定方法：地図グラフ

- 地図グラフを使ってデータを図解するためには、対象データが地域の名称と一致する必要がある。最新の国内地名は総務省統計局「e-Stat」が公開するExcel、CSVファイルを取得して活用することが望ましい。

→【e-Stat】http://www.e-stat.go.jp
→【外国政府の統計データ】http://www.stat.go.jp/info/link/5.htm

✓データを範囲指定してから「マップ」をクリックすると自動的に該当する地域の地図が表示される。（要地域コード）

✓「Bingマップ」をクリック後、データを範囲指定してから「場所を表示」ボタンをクリックすることで、自動的に該当する地域の地図が表示される。（2017年10月時点で円グラフを表示可）

✓データを範囲指定してから「3Dマップ」をクリックすると、地域名や郵便番号から自動的に該当する地域にデータの大きさが表示される。下記は市町村ごとの人口を棒グラフで表したもの。

3部 図解のパターン化

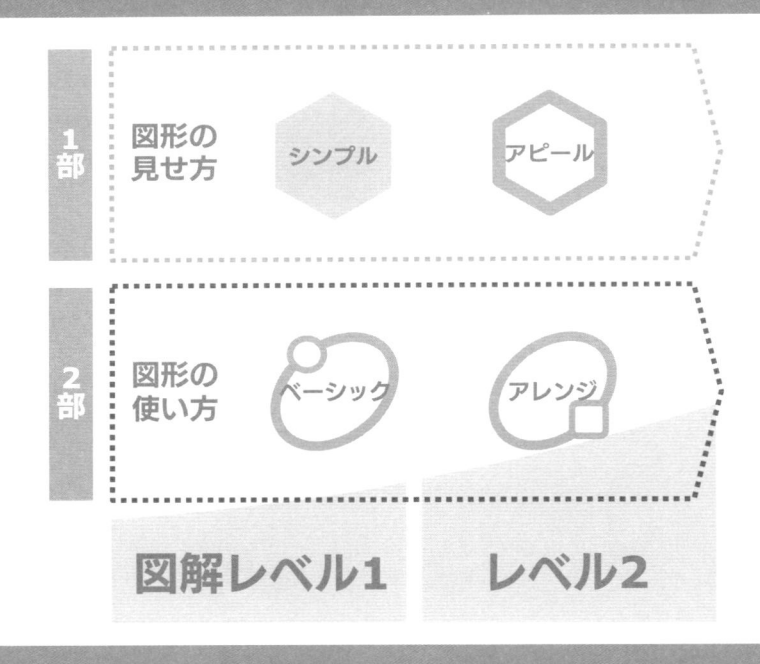

| | 1部 | 図形の見せ方 | シンプル | アピール |
| | 2部 | 図形の使い方 | ベーシック | アレンジ |

図解レベル1　　レベル2

9章 図解パターン：「変化」を図解する

3部

チャート　グラフ

図解のパターン化

レベル3

4部

高度な色使い

洗練されたデザイン

図解の魅せる化

レベル4

CHAPTER **9** 図解パターン：
「変化」を図解する

折れ線グラフ
時間に沿った変化を示したい

面グラフ ボリュームの変化を示したい

▼ この章の要点

　数値にもとづく傾向で判断するための統計的な「グラフ」の図解パターンには、データの移り変わりを表した **「変化」** があります。

　変化のうち、要素が時間に沿って変化した様子を示すには **「折れ線グラフ」**、ボリュームの変化を表すには **「面グラフ」** を用います。

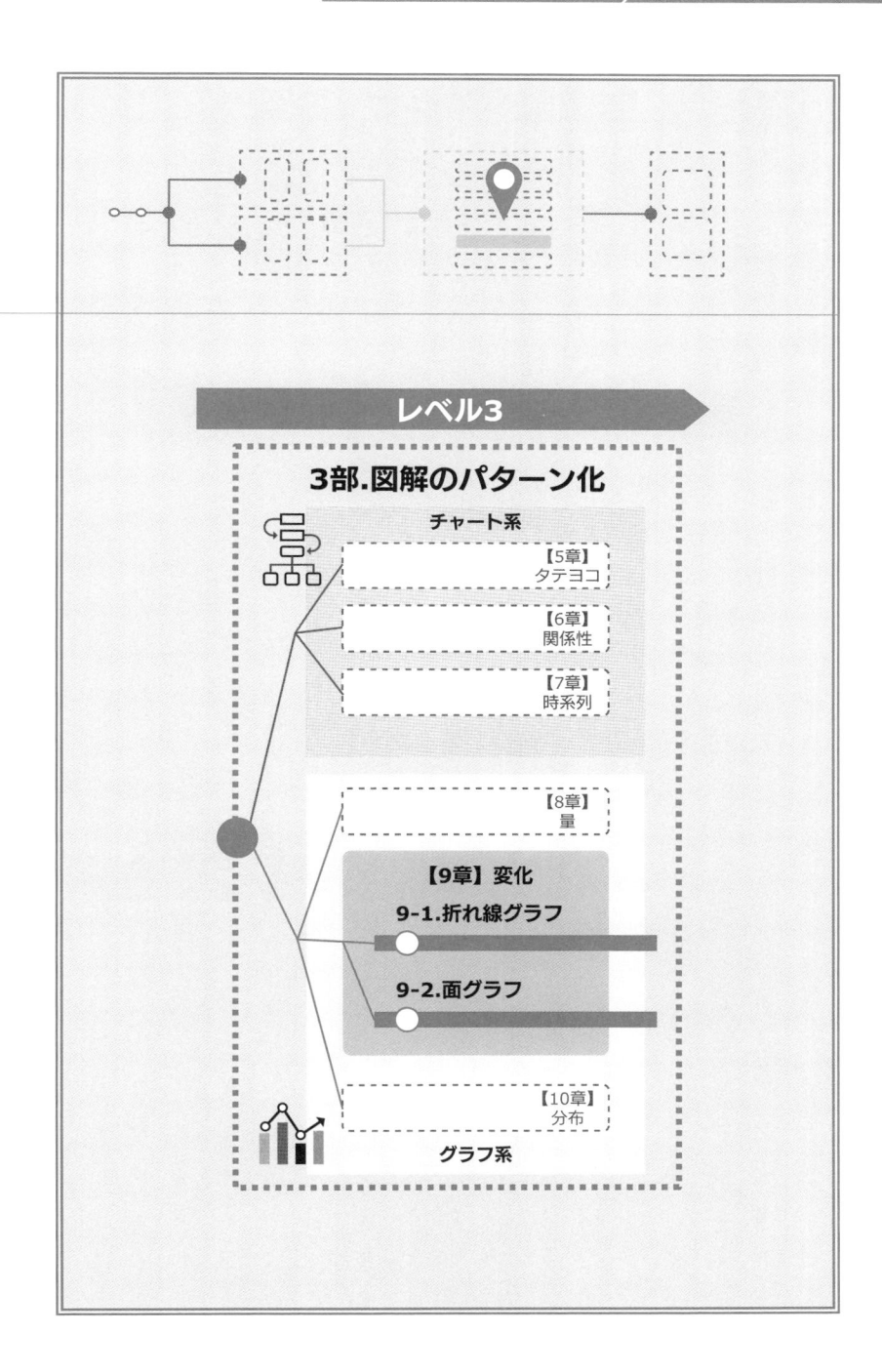

レベル3

3部.図解のパターン化

チャート系

【5章】
タテヨコ

【6章】
関係性

【7章】
時系列

【8章】
量

【9章】変化

9-1.折れ線グラフ

9-2.面グラフ

【10章】
分布

グラフ系

SECTION 9-1 時間に沿った変化を図解する（変化：折れ線グラフ）

👍 Good：①折れ線グラフ

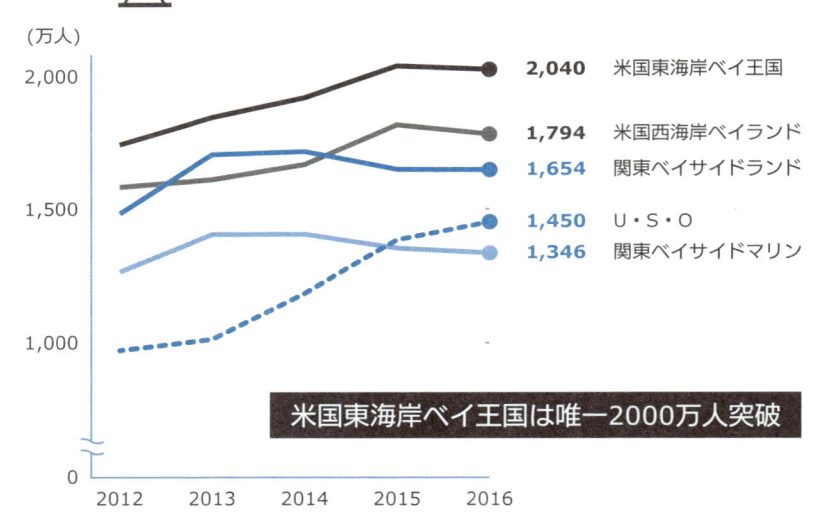

5大テーマパーク入場者数グローバルランキング

（万人）

2,040	米国東海岸ベイ王国
1,794	米国西海岸ベイランド
1,654	関東ベイサイドランド
1,450	U・S・O
1,346	関東ベイサイドマリン

米国東海岸ベイ王国は唯一2000万人突破

2012　2013　2014　2015　2016

▼ 時間の流れに沿ってデータの変化を示す

　「折れ線グラフ」とは、時系列に合わせてデータの変化を表すものです。横方向に時間、縦方向に要素の大きさを表します。変化を強調するために、目盛り線の本数はできるだけ減らします。

　上図は、日米のテーマパークにおける入場者数の比較です。個々の変化を示しつつ、キーメッセージがわかる程度の表現に留めています。

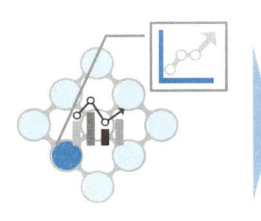

① 折れ線グラフ	: 時間の流れに沿ってデータの変化を提示
② 折れ線グラフ(2軸)	: 大きさが異なるデータの変化を一度に提示
③ 折れ線×棒グラフ	: 時系列で大きさと変化を同時に提示

👍 Good：②折れ線グラフ（2軸）

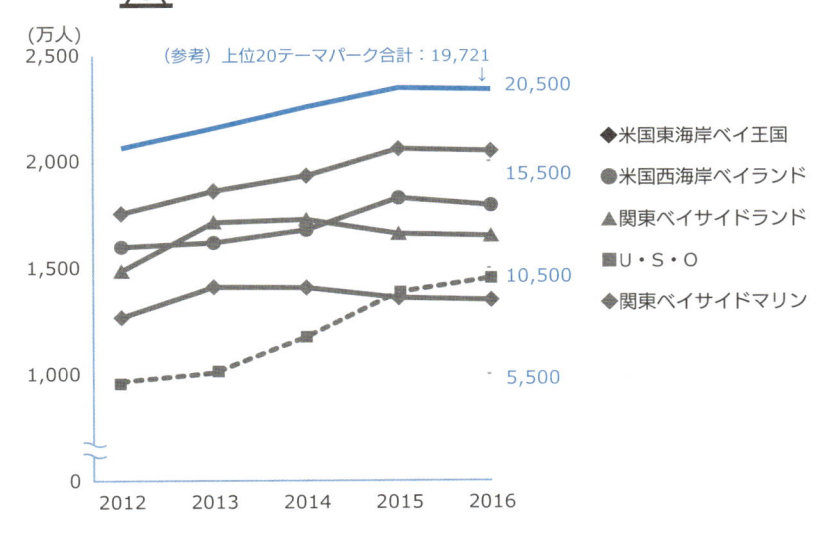

🎡 **5大テーマパーク入場者数グローバルランキング**

（参考）上位20テーマパーク合計：19,721

（万人）

◆米国東海岸ベイ王国
●米国西海岸ベイランド
▲関東ベイサイドランド
■U・S・O
◆関東ベイサイドマリン

ただし、同じグラフで合計値も表そうとすると、グラフにおける最小値と最大値の差がありすぎて、個々の変化がわかりづらくなります。そうした場合に用いる**「折れ線グラフ（2軸）」は、大きさが異なるデータの変化を1つのグラフで表すためのもの**です。

上図は、上位20テーマパークの合計入場者数の推移を重ね合わせて示したものです。各折れ線の横に凡例（名称）や数字を同系色で表示し、グラフ・数・言葉が近づくように工夫しています。

Good：③折れ線＆棒グラフ

 U・S・O入場者数推移

U・S・Oは

「上場廃止による長期投資」
「ファミリー層向け設備拡充」
「アニメ・ゲームとのコラボ」

などの打ち手により、驚異的
な入場者数増を実現した。

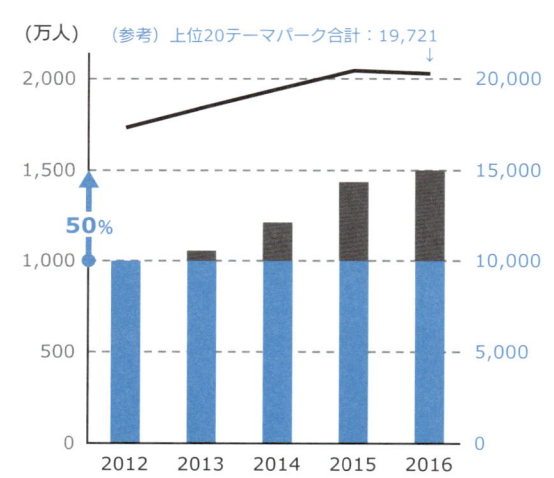

▼ 時系列で大きさと変化を同時に表す

　「折れ線＆棒グラフ」とは、時系列に沿って変化と増減量を示すものです。会計情報の期首と期末の資産比較のように、最初と最後の状態にあたる棒グラフを両端に表し、その間を増減要素の棒グラフでつなげるという図が一般的です。

　上図は5大テーマパークの1つ、U・S・Oの入場者数推移を年毎に表したものです。また、上位20位の合計入場者数は桁が違うため、右側に目盛りを追加しています。

　前者は毎年の数字の大きさ、後者はその間の全体数の推移を相手に伝えたいため、棒グラフと折れ線グラフを組み合わせています。

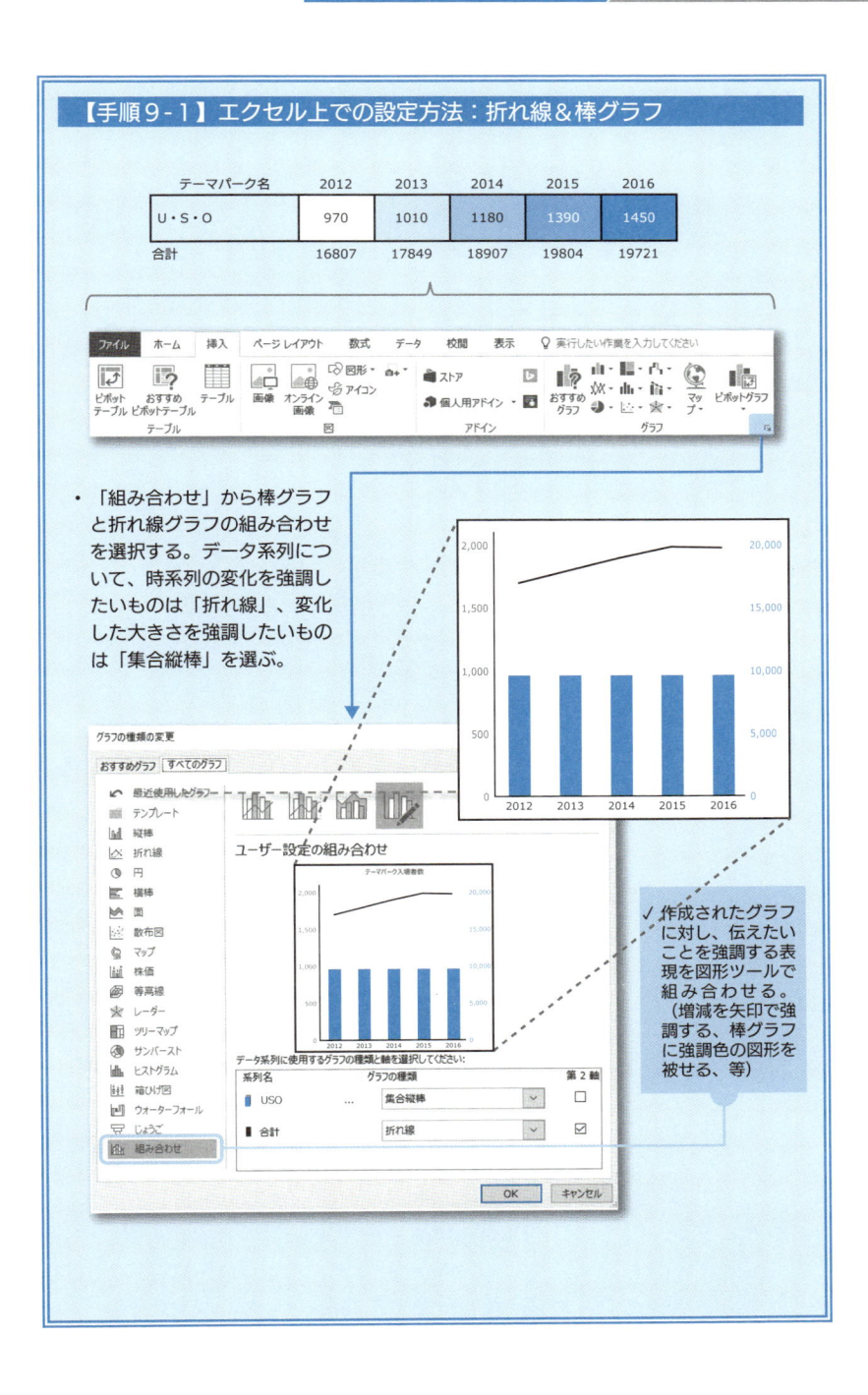

SECTION 9-2 ボリュームの変化を図解する（変化：面グラフ）

👍 Good：①面グラフ

 ５大テーマパーク入場者数グローバルランキング

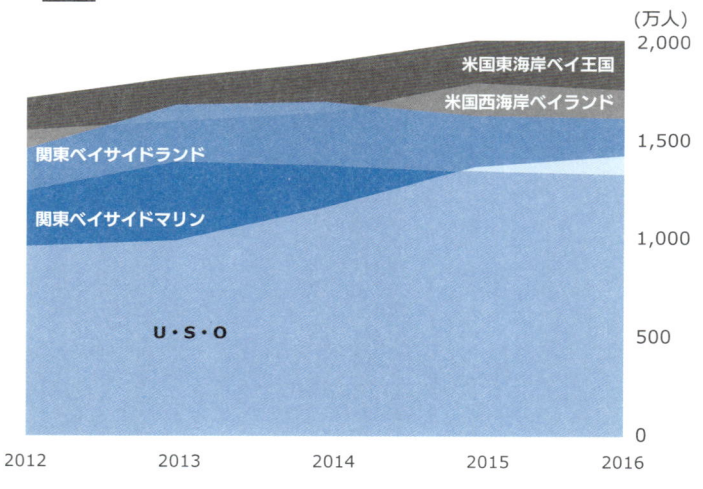

▼ 全体に対して各要素の割合を示す

　「面グラフ」とは、折れ線グラフにボリュームを与えて大きさを示すものです。

　上図は、５大テーマパークの入場者数変遷に面を作ってボリュームを表現したものです。折れ線グラフで表現すると変化した部分だけに注目しがちですが、面グラフを用いると大きさも意識させることができます。

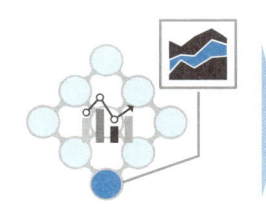

① 面グラフ　　　　　　　：折れ線グラフにボリュームを付与
② 積み上げ面グラフ　　　：大きさの似た要素の変化傾向を1つのグラフで提示
③ 100％積み上げ面グラフ　：連続する要素の割合変化を提示

👍 Good：②積み上げ面グラフ

🎡 5大テーマパーク入場者数グローバルランキング

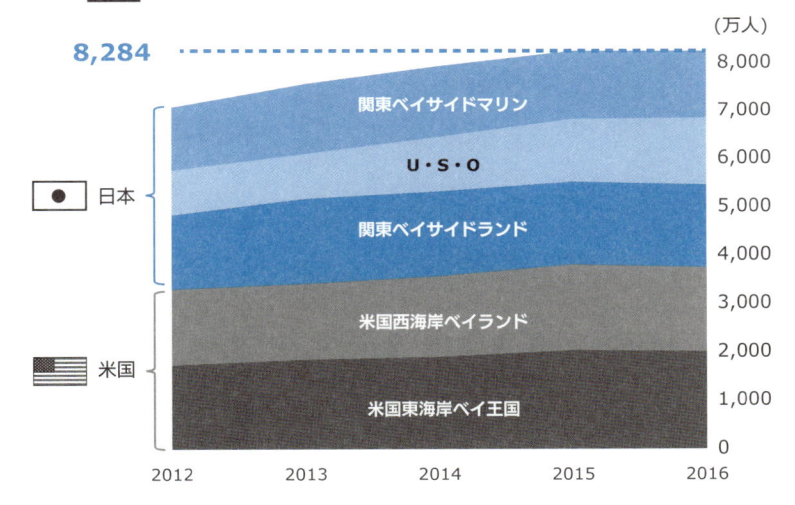

ただし面グラフには、要素の数が増えたり、各要素の大きさと増減傾向が似ていると面が重なってわかりづらくなるという欠点があります。それに対し、**「積み上げ面グラフ」は、大きさの似た要素の変化傾向を1つのグラフで表す**ものです。

上図は、5大テーマパークの入場者数について、総数と増減傾向を1つのグラフにまとめました。単純な面グラフではわかりづらかった合計入場者数の変遷が一目で把握できるようになりました。

Good：③100%積み上げ面グラフ

出典：『2016年国民生活基礎調査』（厚労省）を参考に著者加工

 ## 悩み・ストレスの割合（年代別）

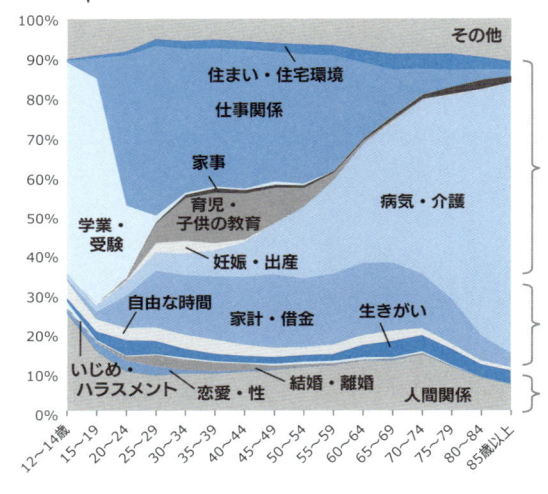

- 20歳を境として、学業・受験の悩みと仕事関係の悩みが逆転する。
- 60歳を境として、仕事の悩みと病気・介護の悩みの割合が逆転する。
- 80歳を超えると、お金よりも病気・介護の悩みが深刻になる。
- 年代を問わず、人間関係の悩みは一定割合を占める。

▼ 割合の変化を表す

　「100%積み上げ面グラフ」とは、連続する要素について割合の変化を示すものです。年代別や時系列に沿った割合の変化を表すのに用いることが多いです。

　上図は、人生の悩みを年代別に表したものです。若年層と高齢層では悩みの内容がまったく異なること、その変化の推移が視覚的にわかります。

　作成しやすいという点から、100%積み上げ面グラフはエクセルのグラフ機能を用います。作成したグラフをもとに、見栄えを損なわないよう図形ツールで要素の説明を加えます。

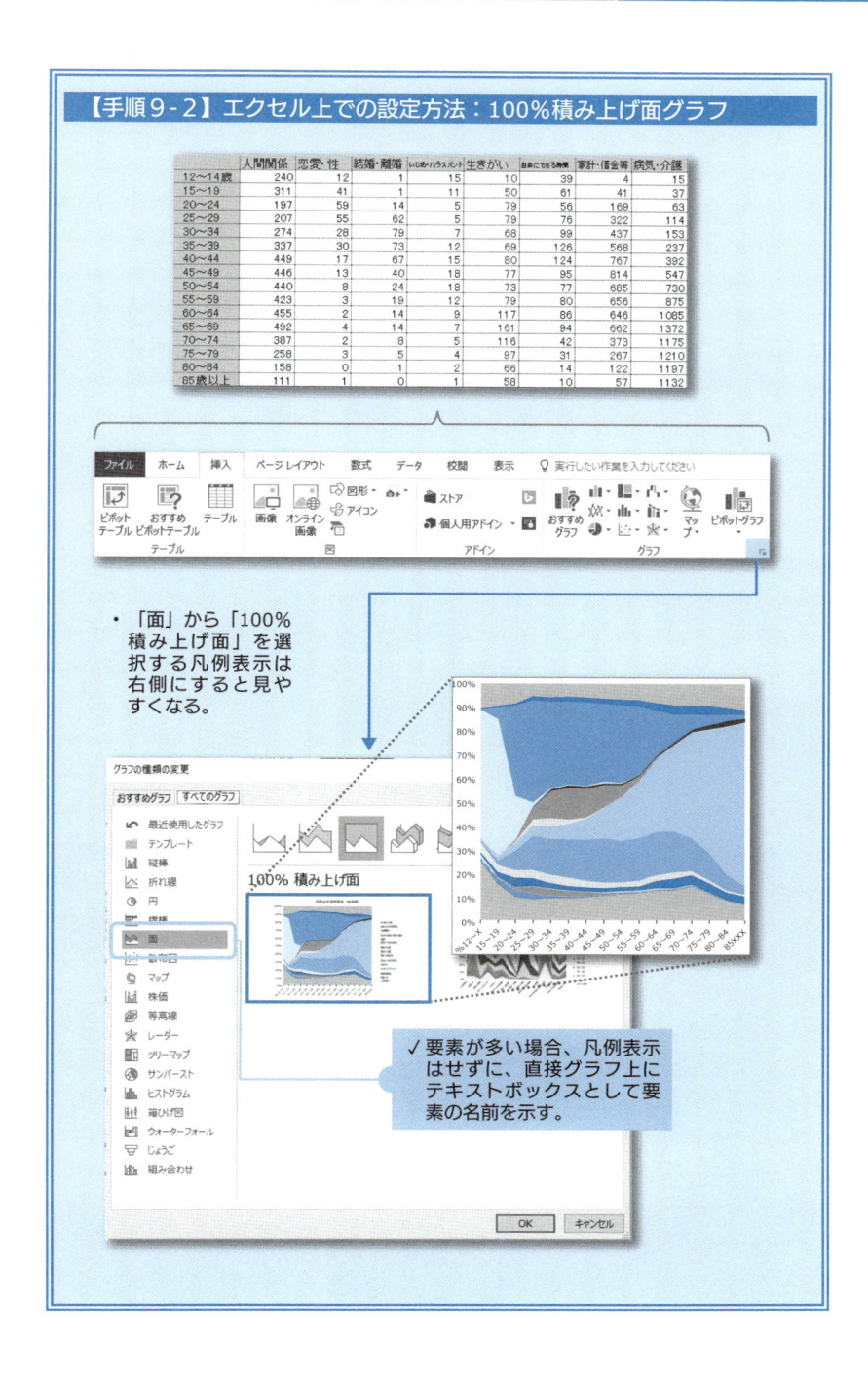

【手順9-2】エクセル上での設定方法：100%積み上げ面グラフ

	人間関係	恋愛・性	結婚・離婚	いじめ・ハラスメント	生きがい	自分に生きる意味	家計・借金等	病気・介護
12～14歳	240	12	1	15	10	39	4	15
15～19	311	41	1	11	50	61	41	37
20～24	197	59	14	5	79	56	169	63
25～29	207	55	62	5	79	76	322	114
30～34	274	28	79	7	68	99	437	153
35～39	337	30	73	12	69	126	568	237
40～44	449	17	67	15	80	124	767	392
45～49	446	13	40	18	77	95	814	547
50～54	440	8	24	18	73	77	685	730
55～59	423	3	19	12	79	80	656	875
60～64	455	2	14	9	117	86	646	1085
65～69	492	4	14	7	161	94	662	1372
70～74	387	2	8	5	116	42	373	1175
75～79	258	3	5	4	97	31	267	1210
80～84	158	0	1	2	66	14	122	1197
85歳以上	111	1	0	1	58	10	57	1132

・「面」から「100%
積み上げ面」を選
択する凡例表示は
右側にすると見や
すくなる。

✓ 要素が多い場合、凡例表示
はせずに、直接グラフ上に
テキストボックスとして要
素の名前を示す。

1 図形の見せ方

2 図形の使い方

3 図解のパターン化

4 図解の魅せる化

223

3部 図解のパターン化

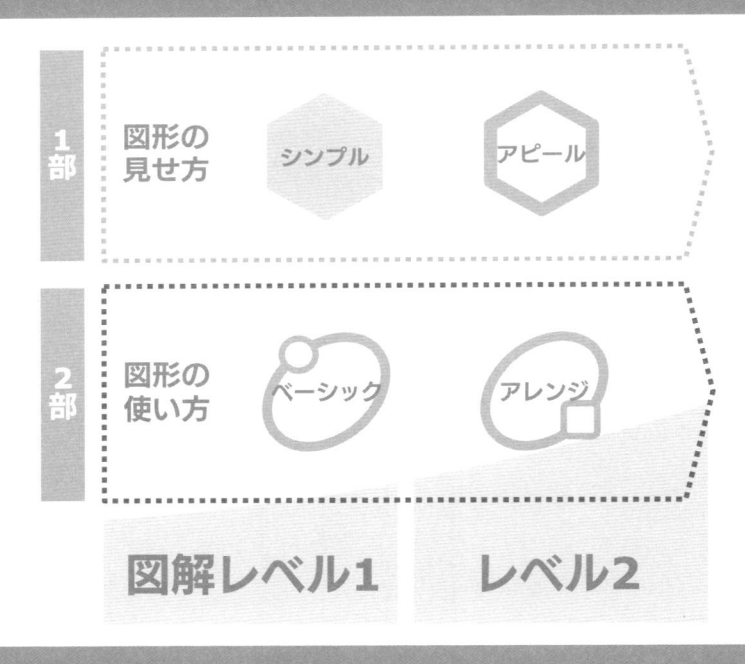

	図形の見せ方	シンプル	アピール
1部			
2部	図形の使い方	ベーシック	アレンジ

図解レベル1　　レベル2

10章 図解パターン：「分布」を図解する

3部	4部

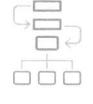 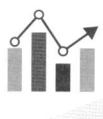

チャート　　グラフ

高度な色使い

洗練されたデザイン

図解のパターン化　　図解の魅せる化

レベル3　　レベル4

CHAPTER 10 図解パターン：「分布」を図解する

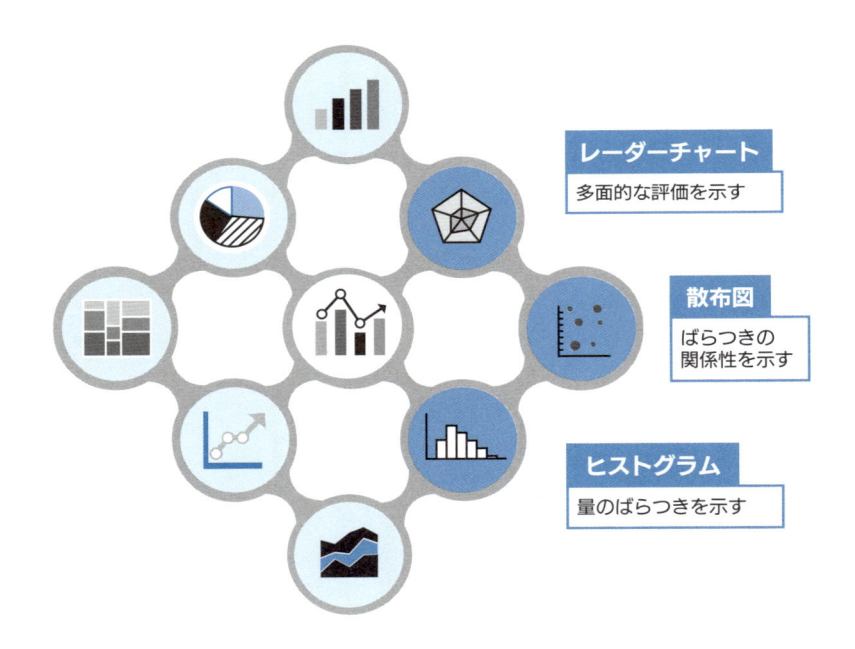

レーダーチャート
多面的な評価を示す

散布図
ばらつきの関係性を示す

ヒストグラム
量のばらつきを示す

▼ この章の要点

　数値にもとづく傾向で判断するための統計的な「グラフ」の図解パターンには、データのばらつきを表した**「分布」**があります。

　分布のうち、量のばらつきを示すには**「ヒストグラム」**、ばらつきの関係性を示すには**「散布図」**、多面的な評価を示すには**「レーダーチャート」**を用います。

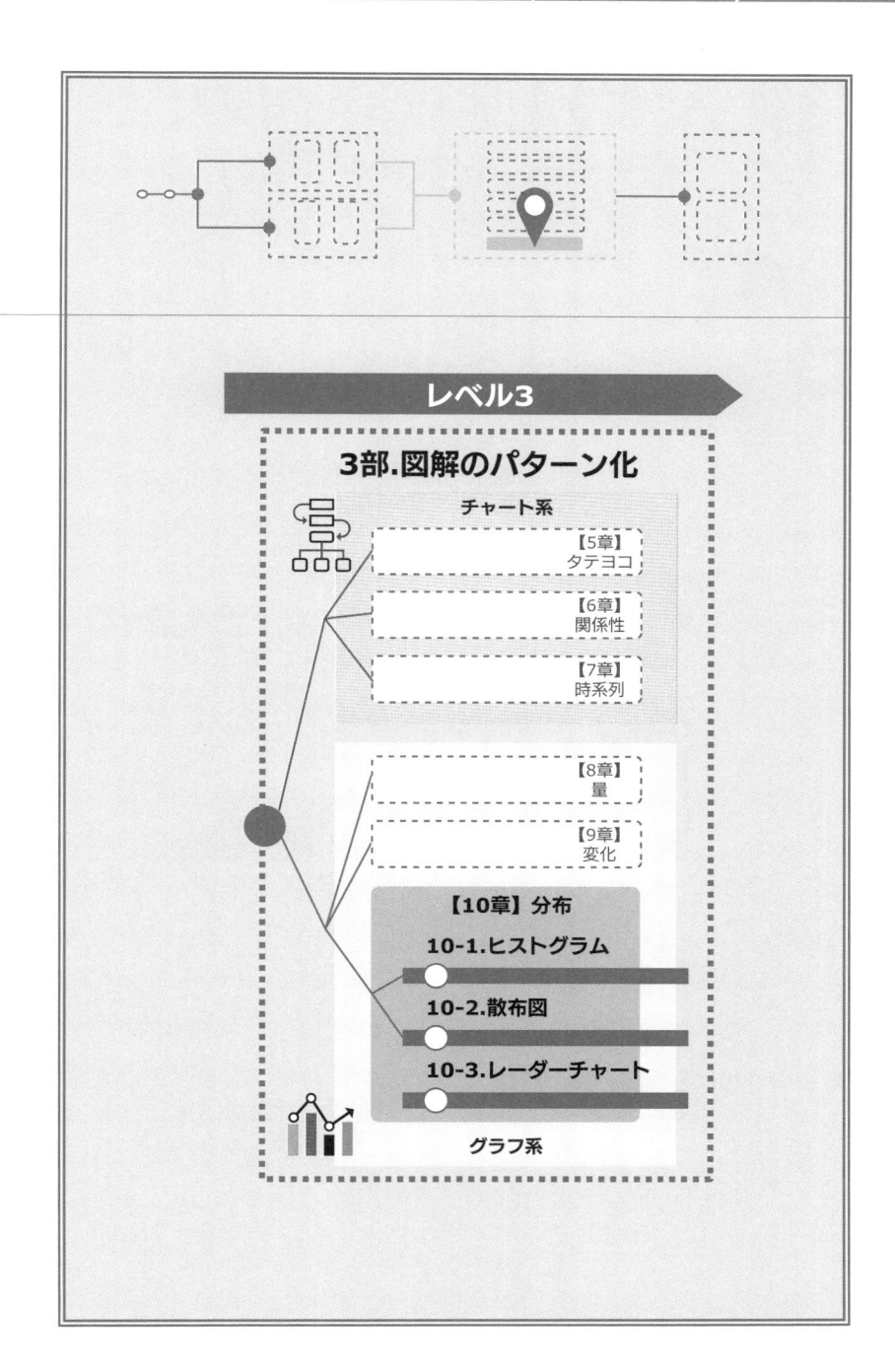

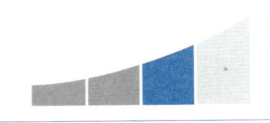

SECTION 10-1 量のばらつきを図解する（分布：ヒストグラム）

出典：『2016年国民生活基礎調査』（厚労省）を参考に著者加工

👍 Good：①ヒストグラム

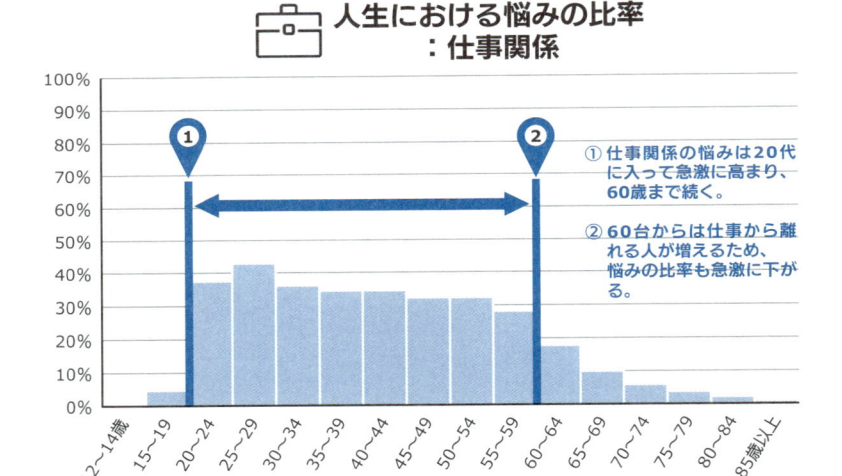

人生における悩みの比率
：仕事関係

① 仕事関係の悩みは20代に入って急激に高まり、60歳まで続く。

② 60台からは仕事から離れる人が増えるため、悩みの比率も急激に下がる。

▼ データのばらつきを量で示す

　「ヒストグラム」とは、データのばらつきを量で表すものです。要素を横方向に列挙し、それぞれに該当する数を棒グラフで表します。

　上図は、厚労省の調査結果にもとづき、人生の悩みの何割を仕事が占めるか整理したものです。未成年で就労している人は少ないため、成人前と定年後にあたる年代層にはほとんどボリュームがありません。

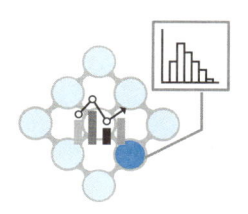

| ① ヒストグラム | ：データのばらつきを量の観点で提示 |
| ② パレート図 | ：ボリュームの大きい順に並べた際の比率の変化を明示 |

山型

- 一般的なばらつきのヒストグラム。
- 特徴のないデータはこの形に収束する。
- 左右に山が偏る場合、頂点周辺の要素をボリュームゾーンとして捉える。

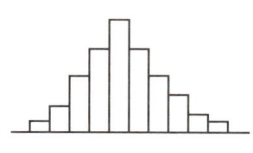

【例】
- 体重、身長
- テストの得点
- 世帯年収　他

崖型

- 左端または右端に絶壁が現れるヒストグラム。
- きっかけや制約があるため、最高値と最低値が隣り合う構造になっている。

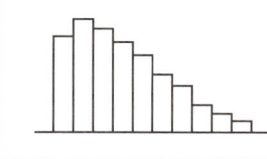

【例】
- 就労人口
- 人生の悩み（仕事）
- 試験合格者得点　他

高原型

- ばらつきが均等にちらばっているヒストグラム。
- すべての要素で一定のボリュームが発生しており、ターゲットを絞り込みづらい。

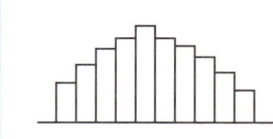

【例】
- 人生の悩み（人間関係）
- 年代別平均睡眠時間　他

M字型

- ばらつきのピークが2つに分かれているヒストグラム。
- 二極化しているデータにみられる特徴。
- 2つの異なる要素が混在している場合もある。

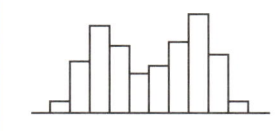

【例】
- 特進クラスを含む学年全体の実力テスト得点
- 自宅でPCを利用しない人の割合　他

凸凹型

- ばらつきに規則性がないヒストグラム。
- データ不足によって正しく傾向が捉えられていない場合にみられる。
- データ収集の観点が誤っている可能性もある。

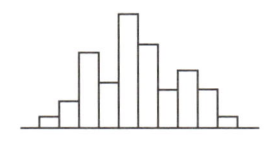

【例】
- 街頭アンケートにおける回答者の居住地
- 自部署内で調べた誕生月の分布　他

229

Good：②パレート図

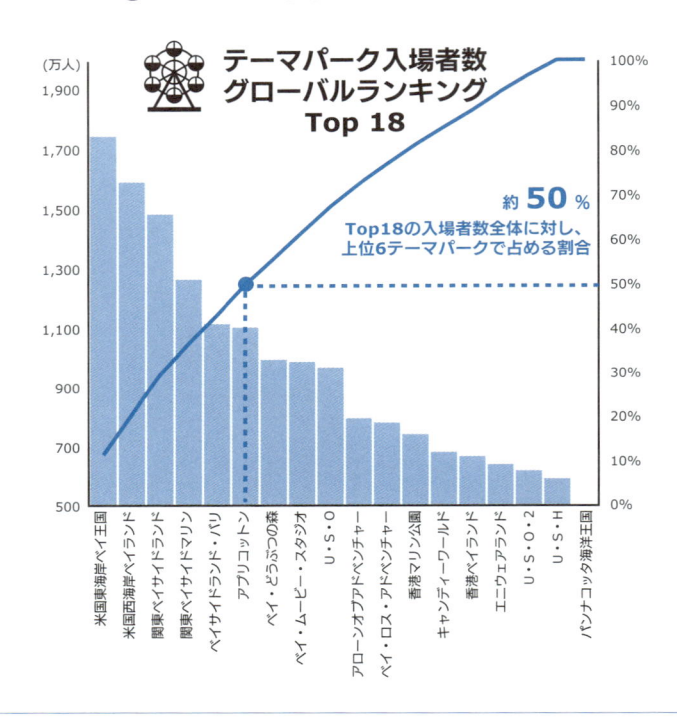

▼ ボリュームの大きい順に並べた際の比率の変化を表す

　「パレート図」とは、ボリュームの大きい順に並べた際の比率の変化を把握するためのものです。ABC分析のように、比率の多いものや少ないものを見つけて、強化や改善をするために用いられます。

　上図は、入場者数で上位18位に入る世界のテーマパークの比率を表したものです。上位6テーマパークだけでおよそ半分を占めていることがわかります。

　エクセルに用意されている「パレート図」の機能を用いると、簡単に作成することができます。内容の強調は図形ツールを用います。

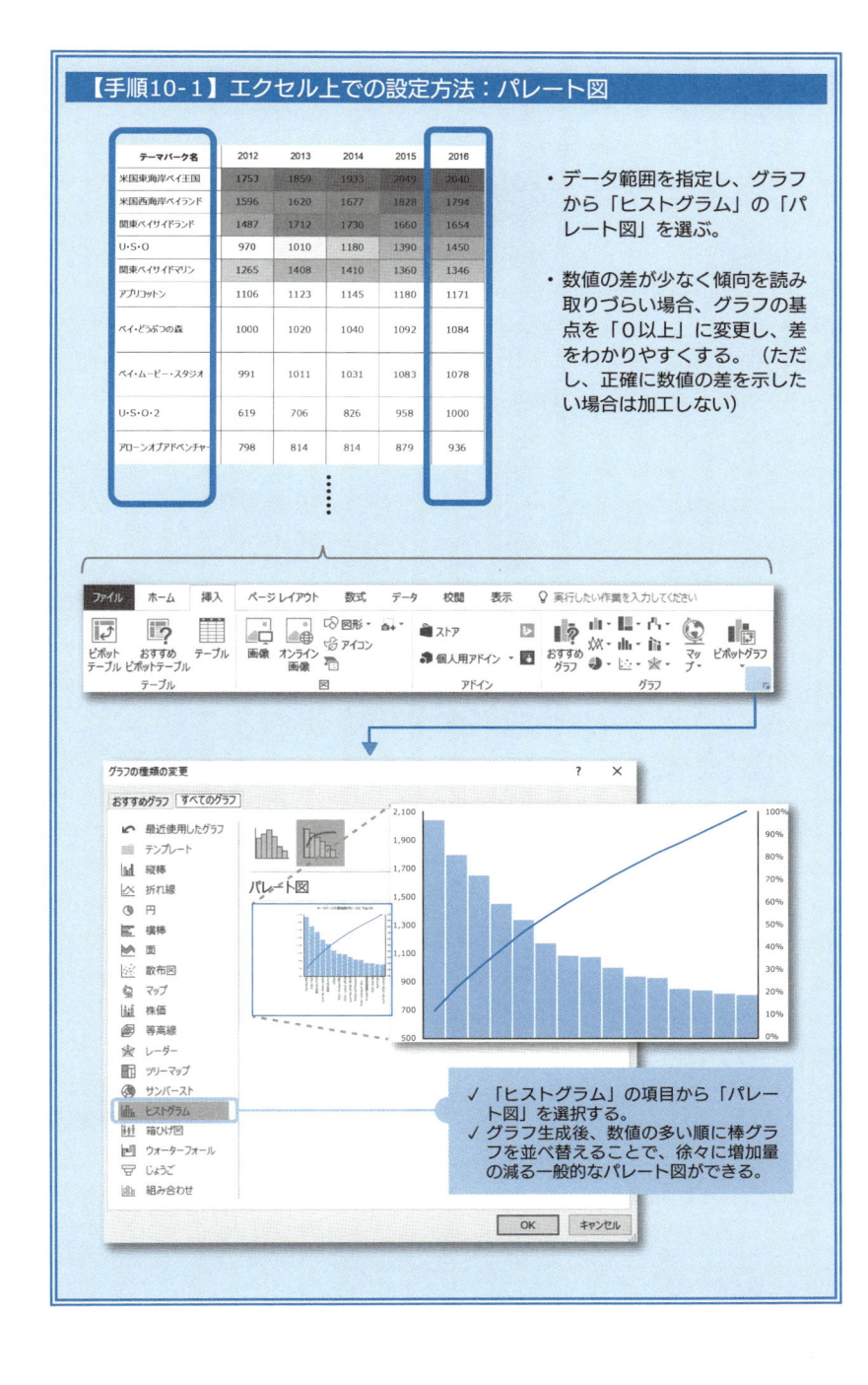

【手順10-1】 エクセル上での設定方法：パレート図

テーマパーク名	2012	2013	2014	2015	2016
米国東海岸ベイ王国	1753	1859	1933	2049	2040
米国西海岸ベイランド	1596	1620	1677	1828	1794
関東ベイサイドランド	1487	1712	1730	1660	1654
U・S・O	970	1010	1180	1390	1450
関東ベイサイドマリン	1265	1408	1410	1360	1346
アプリコットン	1106	1123	1145	1180	1171
ベイ・どうぶつの森	1000	1020	1040	1092	1084
ベイ・ムービー・スタジオ	991	1011	1031	1083	1078
U・S・O・2	619	706	826	958	1000
アローンオブアドベンチャー	798	814	814	879	936

・データ範囲を指定し、グラフから「ヒストグラム」の「パレート図」を選ぶ。

・数値の差が少なく傾向を読み取りづらい場合、グラフの基点を「0以上」に変更し、差をわかりやすくする。（ただし、正確に数値の差を示したい場合は加工しない）

√ 「ヒストグラム」の項目から「パレート図」を選択する。
√ グラフ生成後、数値の多い順に棒グラフを並べ替えることで、徐々に増加量の減る一般的なパレート図ができる。

1 図形の見せ方

2 図形の使い方

3 図解のパターン化

4 図解の魅せる化

231

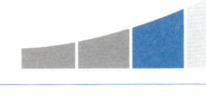

SECTION **10-2** ばらつきの関係性を
図解する
（分布：散布図）

Good：①散布図

出典：『平成26年全国都道府県市区町村別面積調』
を参考に著者加工

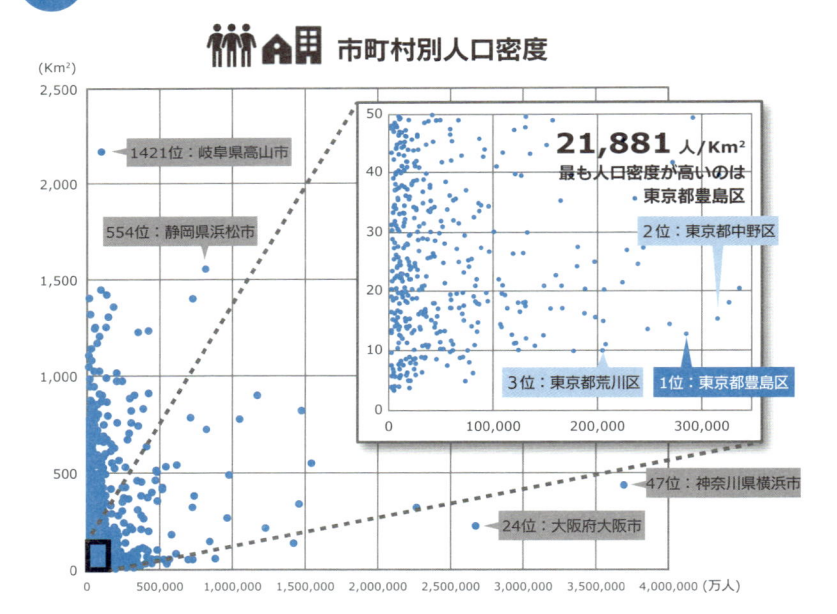

市町村別人口密度

▼ データのばらつきから傾向を把握する

「散布図」とは、大量のデータをグラフ上に示してばらつきの傾向を把握**する**ものです。

上図は、市町村別の人口密度を、面積と人口のグラフに示したものです。全体図からは人口密度の偏りがわかり、その一部を拡大した図から上位3地区を知ることができます。

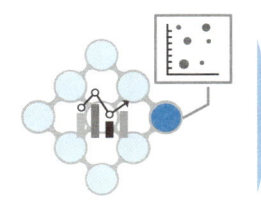

① 散布図	: データのばらつきから傾向把握
② 散布図&近似線	: データ同士の関係性から傾向のルールを発見
③ バブルチャート	: データのばらつきに大小の要素を付加

👍 Good：②散布図&近似線

東京23区の人口密度

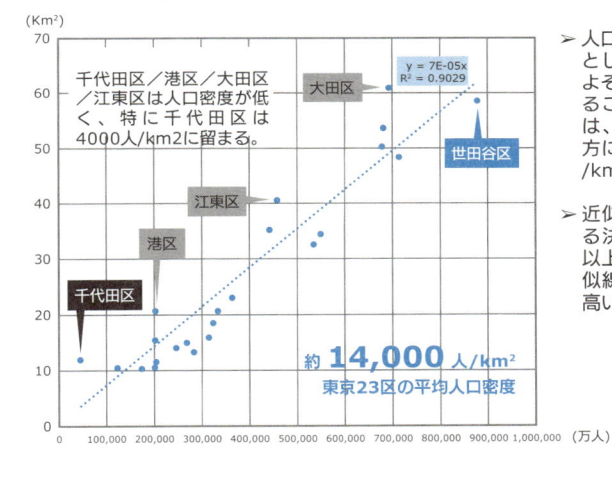

(Km²)

- 千代田区／港区／大田区／江東区は人口密度が低く、特に千代田区は4000人/km2に留まる。
- 大田区
- 世田谷区
- 江東区
- 港区
- 千代田区

$y = 7E\text{-}05x$
$R^2 = 0.9029$

約 **14,000** 人/km²
東京23区の平均人口密度

0　100,000　200,000　300,000　400,000　500,000　600,000　700,000　800,000　900,000 1,000,000 （万人）

➤ 人口をX軸、面積をY軸としたとき、傾きがおよそ「0.00007」となることがわかる。これは、10万人が7km四方にいること(1.4万人/km²)を意味する。

➤ 近似線からの誤差に係る決定係数(R^2)が0.9以上。「R>0.9」の近似線は信頼性が非常に高い。

　データの中には相関性の高いものもあります。**「散布図&近似線」は、データ同士の関係性から傾向のルールを見つける**ものです。データに存在せずとも、近似線を使って結果を推測できます。

　上図は、東京23区の面積と居住人口の結果から、23区内に住む場合に想定される近隣の人口密度を推測しました。新製品のテストで、その結果から期待できる性能値を決めるなどの使い方もあります。近似線は、決定係数と呼ばれるRの大きさで精度を表します。

Good：③バブルチャート

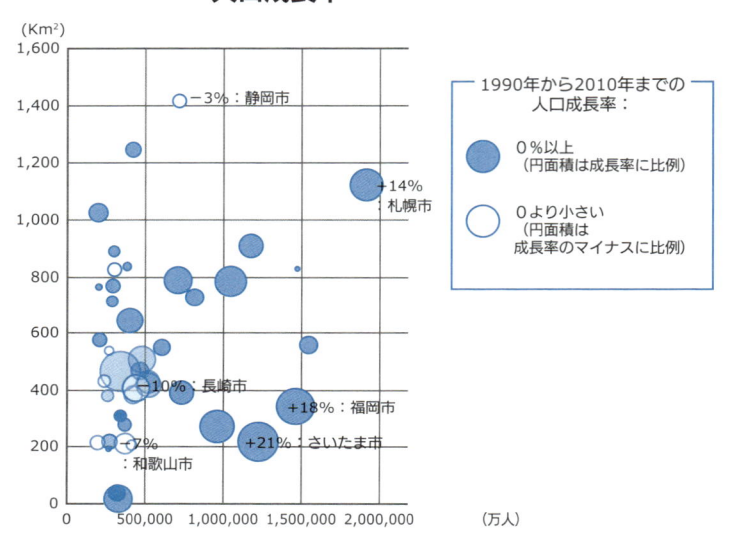

↗ 県庁所在地別
人口成長率

▼ 割合の変化を表す

　「バブルチャート」とは、データのばらつきに大小の要素を加えて示すものです。タテヨコの軸では表せない第三の観点を明示する場合に用います。

　上図は、県庁所在地について、面積と人口、1990年から2010年までの人口成長率を表しています。さいたま市と福岡市の成長が著しく、一方で長崎市と和歌山市の人口減少が目立ちます。

　エクセルに用意されている「バブルチャート」の機能を用いて作成します。データ項目の2つは縦軸と横軸、残り1つをバブルの大小表現として用います。バブルの大きさは「面積」で表すように設定しましょう。「幅」で設定するとバブルの大きさが過剰／過少評価され、相手を勘違いさせます。

【手順10-2】エクセル上での設定方法：散布図＆近似線

市区町村名	人口(2010年	面積km2	率(1990年…	人口密度
東京都 豊島区	284.678	13.01	9%	21881.5
東京都 中野区	314.750	15.59	-2%	20189.2
東京都 荒川区	203.296	10.16	10%	20009.4
東京都 文京区	206.626	11.29	14%	18301.7
東京都 目黒区	268.330	14.67	7%	18291.1
東京都 墨田区	247.606	13.77	11%	17981.6
東京都 新宿区	326.309	18.22	10%	17909.4
東京都 台東区	175.928	10.11	8%	17401.4
東京都 板橋区	535.824	32.22	3%	16630.2

- 左図の実線範囲のとおりにデータを指定し、グラフから「散布図」を選ぶ。

- 点線部分も含め、「散布図」の「バブルチャート」を選ぶとバブルチャートを作成できる。

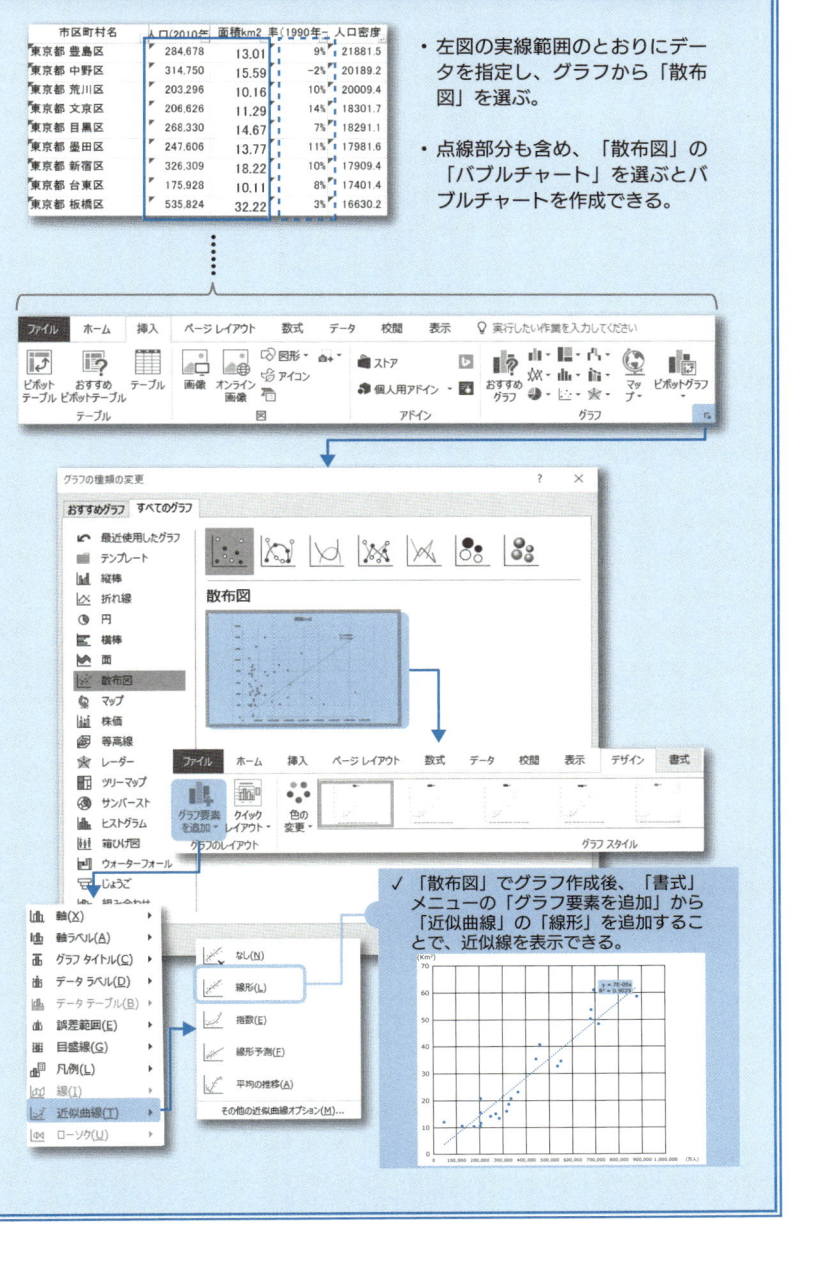

✓ 「散布図」でグラフ作成後、「書式」メニューの「グラフ要素を追加」から「近似曲線」の「線形」を追加することで、近似線を表示できる。

1 図形の見せ方

2 図形の使い方

3 図解のパターン化

4 図解の魅せる化

SECTION 10-3 多面的な評価を図解する（分布：レーダーチャート）

👍 Good：①シングル・レーダーチャート

☑️ 監視サービス評価結果

☐ ：要考慮点

製品の将来性
言語対応
コストパフォーマンス
カスタマイズ容易性
OS/DB監視
バージョンアップ容易性
CPU/メモリ/ディスク監視
サポート体制
ミドルウェア監視
仮想環境運用支援
ネットワーク監視
ハードウェア監視

（目盛：10 / 8 / 6 / 4 / 2 / 0）

▼ 多数の観点で対象を評価する

　「**シングル・レーダーチャート**」とは、**多数の観点で対象を評価する**ものです。サービスや製品を評価する際に用います。

　上図は、IT 監視サービスを導入する際に行う評価を 10 点満点で行った結果です。総じて水準が高いものの、コストパフォーマンスや一部の支援に弱みを持つことがわかります。

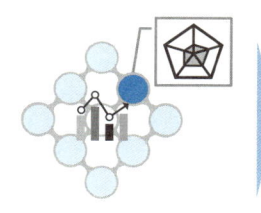

①シングル・レーダーチャート	：多数の観点で対象を評価
② 多層レーダーチャート	：複数の対象を同時に評価
③ 積み上げレーダーチャート	：評価項目や得点を段階的に評価

【手順10-3】エクセル上での設定方法：レーダーチャート（シングル／多層）

	A社	B社	C社
製品の将来性	10	7.5	5
言語対応	10	8	7.5
カスタマイズ容易性	10	8	7
バージョンアップ容易性	6	7	5
サポート体制	7	9	7
仮想環境運用支援	6	5	8
ハードウェア監視	10	10	10
ネットワーク監視	9	8	7
ミドルウェア監視	10	8	7.5
CPU/メモリ/ディスク監視	10	8	10
OS/DB監視	10	8	10
コストパフォーマンス	4	9	7.5
	102	95.5	91.5

- 左図の実線範囲のとおりにデータを指定し、グラフから「レーダー」を選ぶ。

- 点線部分も含め、「レーダー」を選ぶと「多層レーダーチャート」を作成できる。

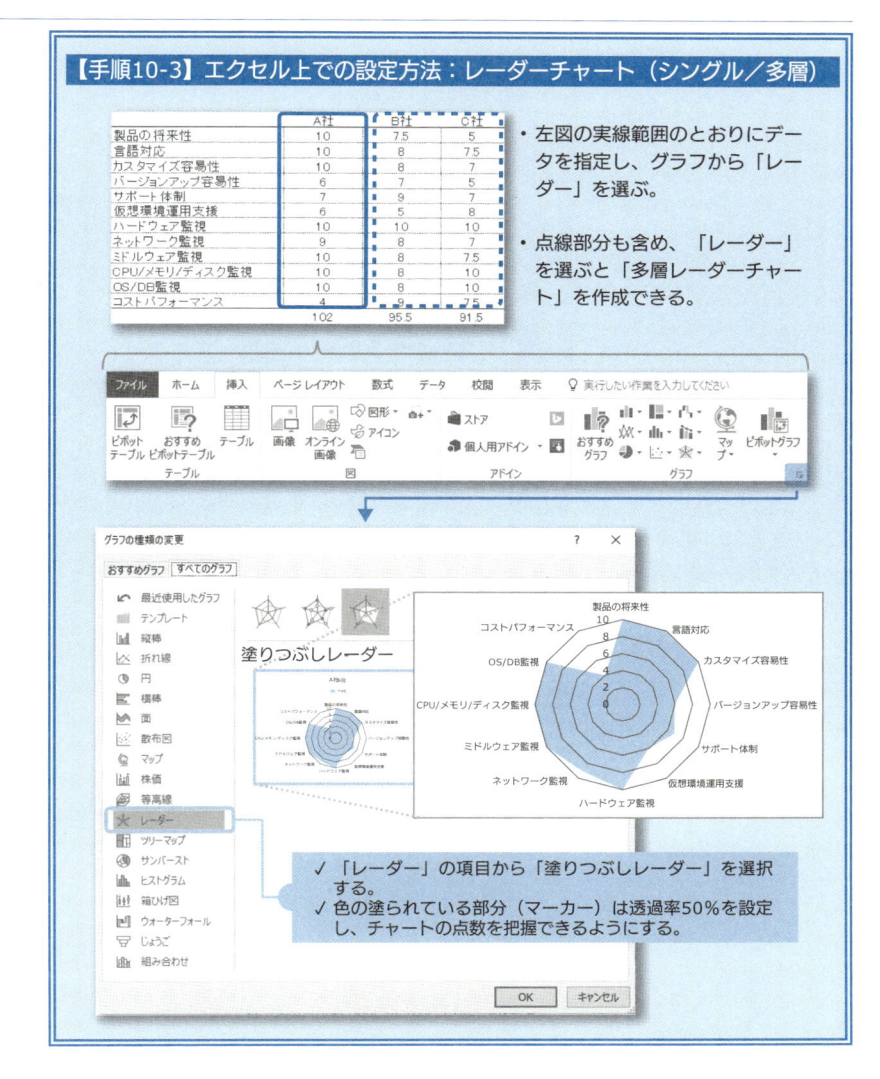

✓ 「レーダー」の項目から「塗りつぶしレーダー」を選択する。
✓ 色の塗られている部分（マーカー）は透過率50%を設定し、チャートの点数を把握できるようにする。

Good：②多層レーダーチャート

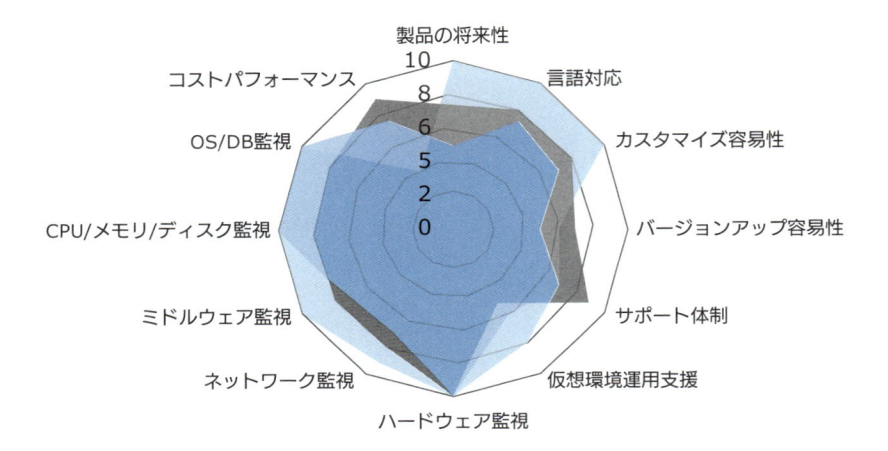

▼ 複数の対象を同時に評価する

　「多層レーダーチャート」とは、複数の対象に対する同観点の評価を一度に示すものです。同ジャンルの製品やサービスを比較評価するのに用いられます。

　上図は、3つのIT監視サービスを評価したものです。それぞれの製品を表すチャートは半透明に設定し、それぞれの大きさが透けて見えるようにしています。

　重ねるチャートが3つを超えるとデータを読み取ることが難しくなります。推奨するのは2つ、多くとも3つまでに抑え、後ろに配置されたチャートの色が一番濃くなるようにします。

Good：③積み上げレーダーチャート

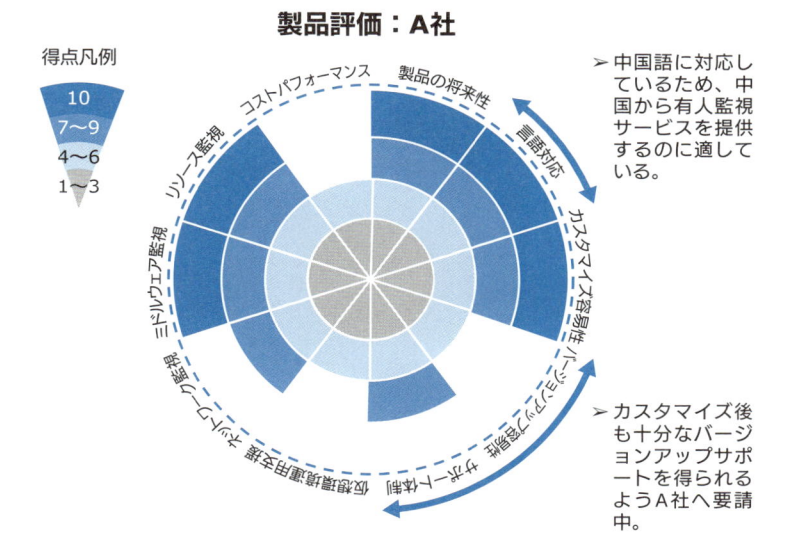

製品評価：A社

得点凡例
10
7〜9
4〜6
1〜3

➤ 中国語に対応しているため、中国から有人監視サービスを提供するのに適している。

➤ カスタマイズ後も十分なバージョンアップサポートを得られるようA社へ要請中。

▼ **グラフィカルに評価を示す**

「積み上げレーダーチャート」とは、評価項目や点数をグループ化して段階的に表すものです。レーダーチャートをできるかぎりグラフィカルにわかりやすく示したい場合に用います。

　上図は、IT監視サービスを提供するA社の製品を評価したものです。何が優れて何が不足しているか一目でわかるよう、評価観点ごとに得点を表すセルが積みあがっています。

　この図はエクセルのグラフ機能で作成できません。3章で取り上げた図形ツールの「部分円」と「円弧」を組み合わせて作ります。上図は44個の部分円と2個の円弧、1つの円から作られています。

4部 図解の魅せる化

1部	図形の見せ方	シンプル　アピール
2部	図形の使い方	ベーシック　アレンジ

図解レベル1　レベル2

11章 高度な色使い

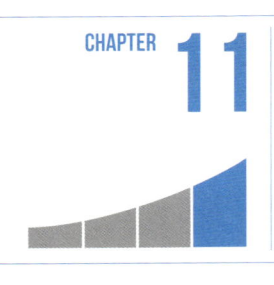

CHAPTER 11 高度な色使い

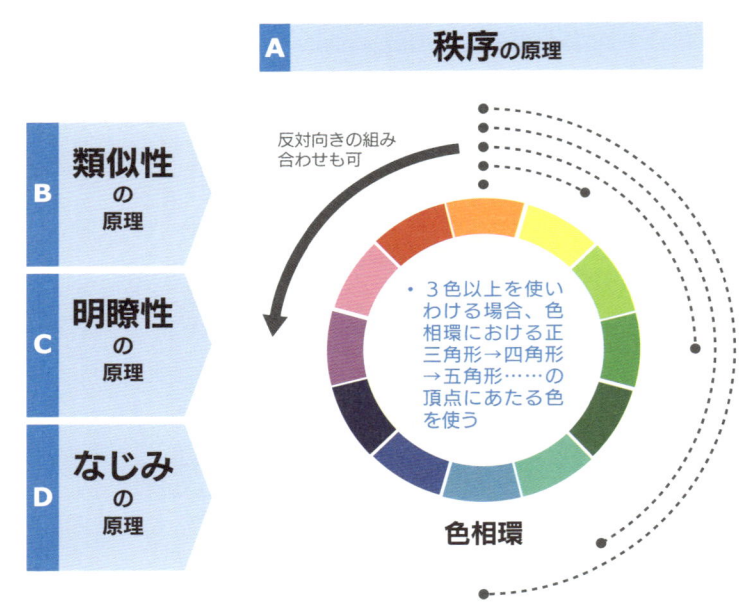

A 秩序の原理

反対向きの組み合わせも可

B 類似性の原理

C 明瞭性の原理

D なじみの原理

・3色以上を使いわける場合、色相環における正三角形→四角形→五角形……の頂点にあたる色を使う

色相環

※上の色相環は1章で取り上げたカラーパレットと同じ配色

▼ この章の要点

　色を使った図解の表現には「ベースカラー」と「アクセントカラー」がありましたが、これらには好ましい組み合わせがあります。論理的な法則に沿った**「秩序の原理」**、そのうち色相・色調を揃える**「類似性の原理」**、またはまったく異なる色を組み合わせる**「明瞭性の原理」**、自然界の色調和を利用する**「なじみの原理」**は見栄えの良い組み合わせのルールです。

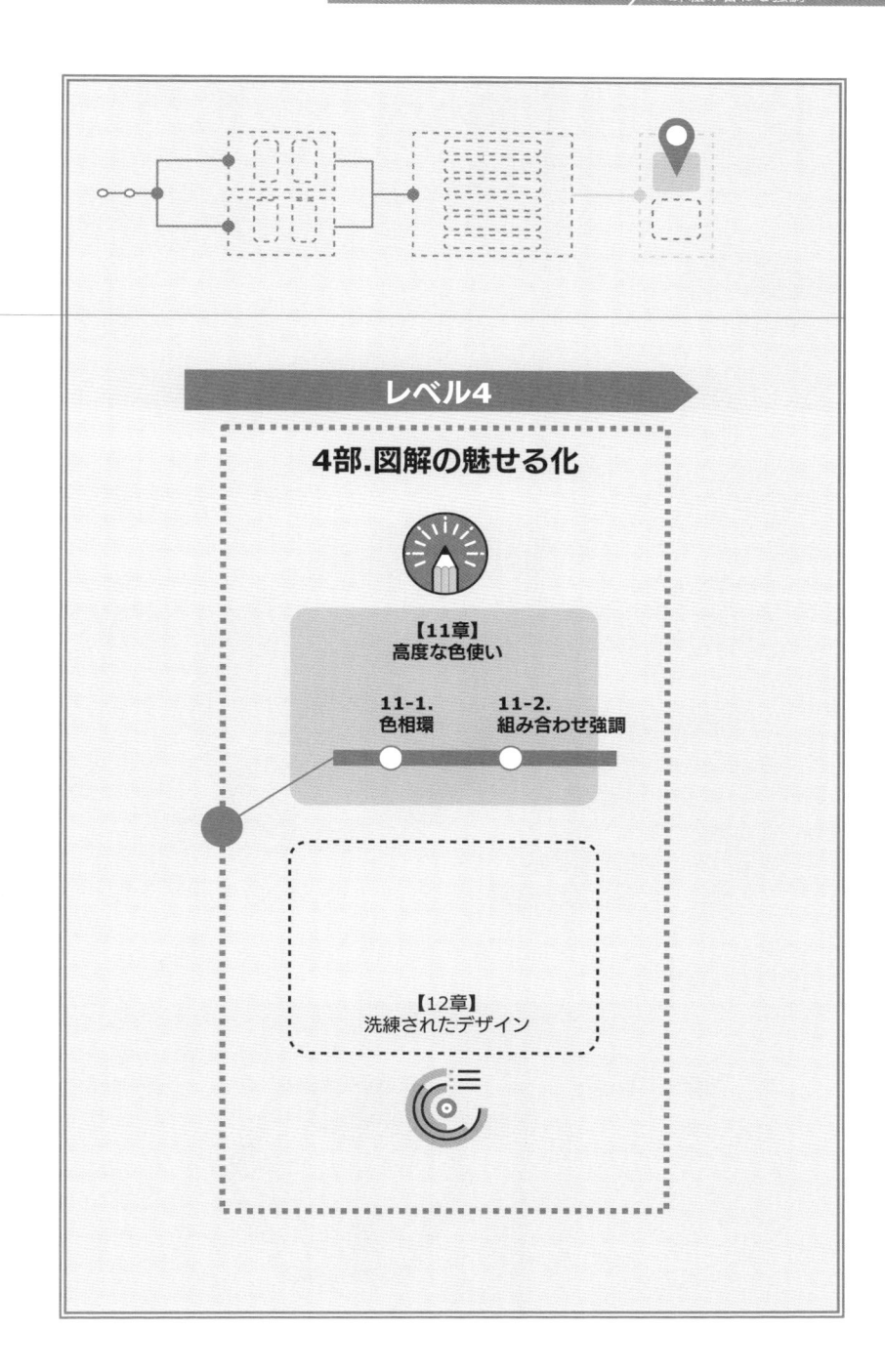

レベル4

4部.図解の魅せる化

【11章】
高度な色使い

11-1.
色相環

11-2.
組み合わせ強調

【12章】
洗練されたデザイン

SECTION 11-1 色相環のパターンを活用する

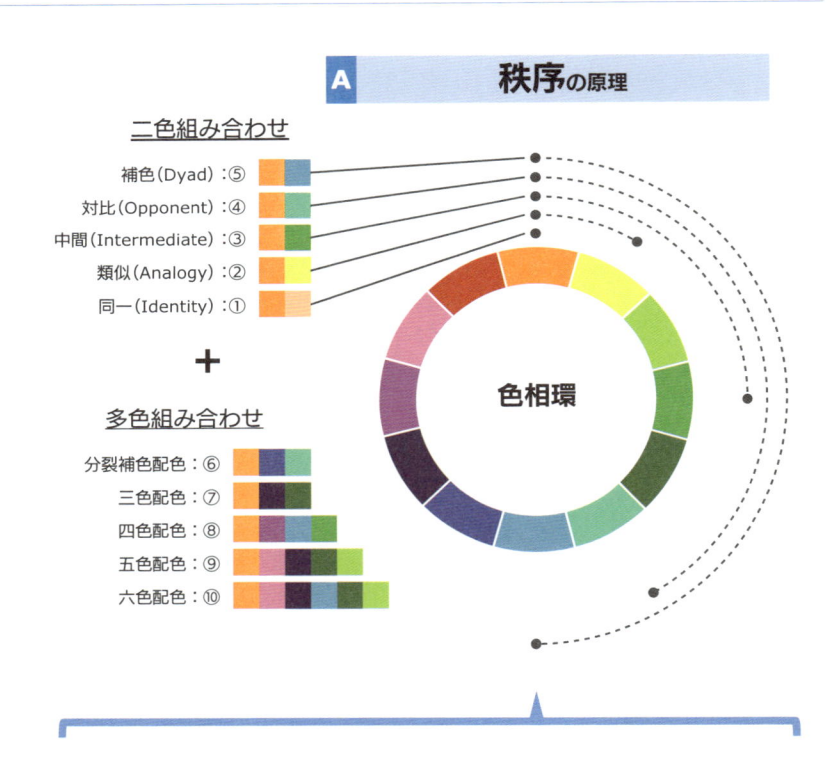

A 秩序の原理

二色組み合わせ

補色（Dyad）：⑤
対比（Opponent）：④
中間（Intermediate）：③
類似（Analogy）：②
同一（Identity）：①

＋

多色組み合わせ

分裂補色配色：⑥
三色配色：⑦
四色配色：⑧
五色配色：⑨
六色配色：⑩

色相環

カラーパレット

- Office製品のカラーパレットを4つのエリアに分割し、それぞれから3色ずつ取り出して円形に並べると、色相環になる。
- 資料のベースカラーを最初に決めて、それに対する色相環を決める。

▼ 規則的に色を組み合わせる

　秩序の原理とは、規則的に選択した色の組み合わせは調和するというものです。アメリカの色彩学者、D.B. ジャッドが提唱しました。

　左図は、その規則的な組み合わせを表したものです。1章で取り上げた同系色は「類似」、反対色は「対比」にあたります。基準色を変えると相対的に選択色も変わりますが、調和は維持されます。

▼ 多色を組み合わせる

　色相環とは色の種類を円環上に整理したカラーモデルです。3つ以上の色を組み合わせる場合、3色までは「分裂補色配色」「三色配色」、4色以上は「四色／五色／六色配合」を用います。色の混乱を招くため、7色以上の組み合わせは避けます。

　特にビジネス資料を作る場合、ほとんどの図解で多色を用いる必要はありませんが、地域別に色を塗り分けて一目で識別させたい場面で4色以上の組み合わせを利用します。

　色相環は、Office 製品のカラーパレットに用いられている RGB(Red, Green, Blue)で考えると効率的です。この色相環は青系がバランスよく散っているものの、緑系と赤系の色に偏りがあります。そのため、資料のベースカラーを最初に決め、それに対する色相環をカラーパレットから自分で選ぶと、見栄えの良い図解になるでしょう。

　秩序の原理を意識しすぎて、自分の思いどおりに図解作成ができなくなるのは本末転倒です。迷ってしまうなら三色配色までの色使いに限定し、それ以上のバリエーションは2章で取り上げたパターン分け(p.90)を用います。図形ツールでカラーパレットを使う方法は1章(p.52)を参照します。

1 | 図形の見せ方

2 | 図形の使い方

3 | 図解のパターン化

4 | 図解の魅せる化

色相環の各色

■	RGB: 0/0/102 HSL: 170/255/51
■	RGB: 0/102/0 HSL: 85/255/51
■	RGB: 255/153/0 HSL: 25/255/128
■	RGB: 204/0/204 HSL: 213/255/102
■	RGB: 0/200/150 HSL: 116/255/100
■	RGB: 255/255/0 HSL: 42/255/128
■	RGB: 248/22/64 HSL: 247/240/135
■	RGB: 0/150/200 HSL: 139/255/100
■	RGB: 153/204/0 HSL: 54/255/102
■	RGB: 204/0/0 HSL: 0/255/102
■	RGB: 0/0/255 HSL: 170/255/128
■	RGB: 0/153/0 HSL: 85/255/77

① 同一　アイデンティティ

- 色相環の基準色に対して、同じ色を薄くしたものを組み合わせる。
- ベースカラーの濃淡として用いる。
- シンプルな色使いでコンテンツに集中させやすい。

② 類似　アナロジー

- 色相環の基準色に対して、両隣の同系色を組み合わせる。
- アクセントカラーとして用いる。
- 「同一」よりも相手の注意を引きつける。

③ 中間　インターミディエート

- 色相環の基準色に対して、90度ずれた位置の色を組み合わせる。
- アクセントカラーを強めたい場合に用いる。
- 「類似」よりもさらに相手の注意を引きつける。

④ 対比　オポーネント

- 色相環の基準色に対して、対面に近い反対色を組み合わせる。
- 強いメッセージを込めたい箇所のアクセントカラーに用いる。
- 「補色」より見た目をソフトにしたい場面に適する。

⑤ 補色　ダイアード

- 色相環の基準色に対して、正反対の色を組み合わせる。
- 強いメッセージを込めたい箇所のアクセントカラーに用いる。

⑥分裂補色配色　スプリット コンプリメンタリー

- 色相環の基準色に対して、補色の両隣の色を組み合わせる。
- 1つの要素に対して、2つの似た対立要素を表すのに用いる。

（例）

⑦三色配色　トライアド

- 色相環の基準色に対して、等距離にある2つの色を組み合わせる。
- 3つの異なる要素を表すのに用いる。
- 「分裂補色配色」よりもバランスのよい印象を与える。

⑧四色配色　テトラード

- 色相環の基準色に対して、等距離にある3つの色を組み合わせる。
- 4つの異なる要素を表すのに用いる。

⑨五色配色　ペンタード

- 色相環の基準色に対して、等距離にある4つの色を組み合わせる。
- 5つの異なる要素を表すのに用いる。
- トライアドに白と黒を加えた場合もある。

⑩六色配色　ヘクサード

- 色相環の基準色に対して、等距離にある5つの色を組み合わせる。
- 6つの異なる要素を表すのに用いる。
- テトラードに白と黒を加えた場合もある。

1 図形の見せ方

2 図形の使い方

3 図解のパターン化

4 図解の魅せる化

共通システム基盤のあるべき姿
これまでの活動、今後の方向性

コスト抑制・品質向上の観点から「共通システム基盤」の構築を
一方、開発プロセスの全体最適化は求められており、①『セキュ
システムに限定しない品質向上』が必要とされている。

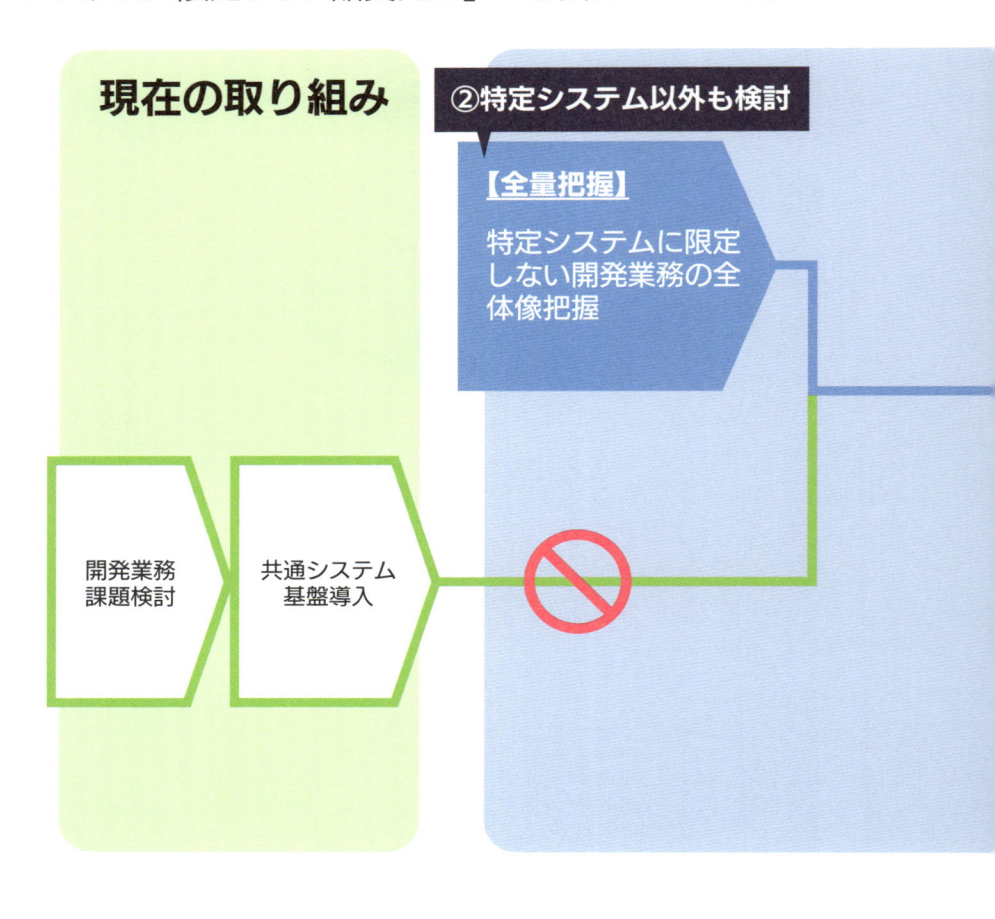

進めていたが、当初効果の達成が難しくなり、中止した。
リティ・運用負荷・ユーザー利便性の観点で評価』、②『特定の

求められていること（案）

【アセスメント】

「過去取り組みスコープ」と「開発業務全体像」を比較&追加検討余地の洗い出し

【施策洗い出し】

解決すべき課題を優先順位づけ&短期・中長期施策を整理

【ロードマップ作成】

短期・中長期施策の取り組み時期を設定&翌年度・翌々年度以降のロードマップを作成

【実行計画立案】

短期施策の作業計画を立案

①セキュリティ・運用負荷・ユーザー利便性の観点で評価

共通システム基盤のあるべき姿
これまでの活動、今後の方向性

コスト抑制・品質向上の観点から「共通システム基盤」の構築を
一方、開発プロセスの全体最適化は求められており、①『セキュ
システムに限定しない品質向上』が必要とされている。

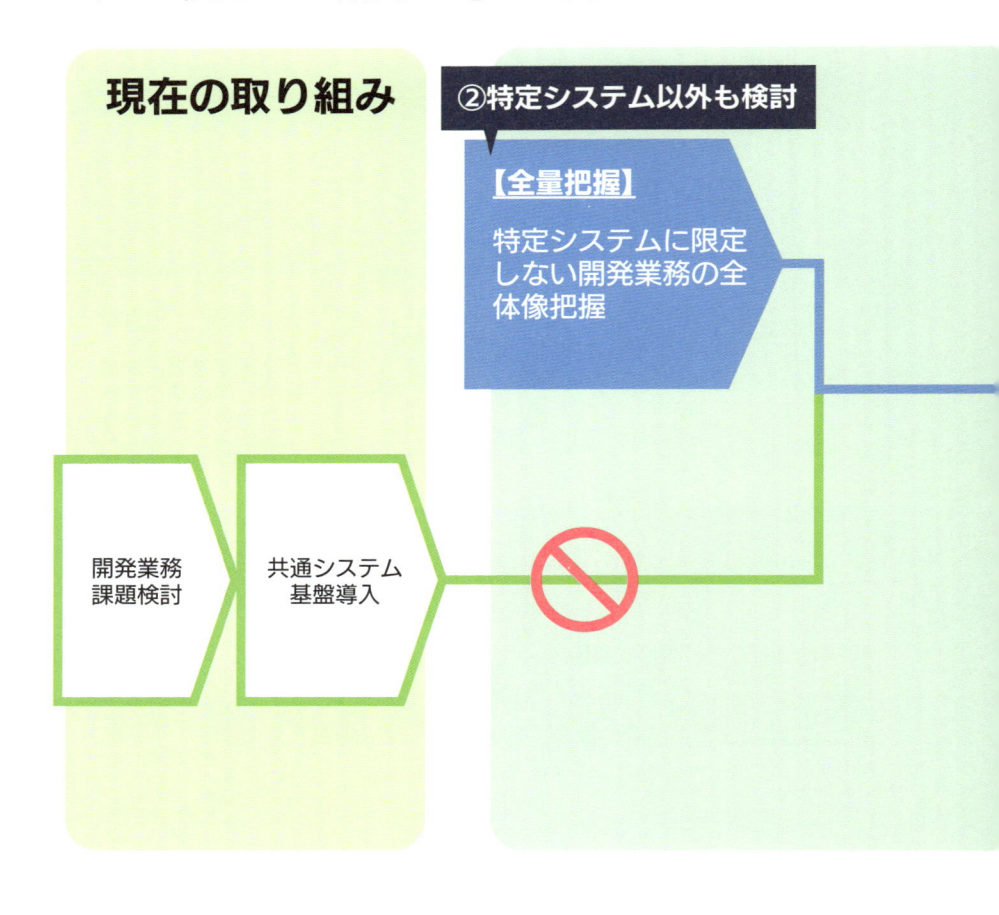

進めていたが、当初効果の達成が難しくなり、中止した。
リティ・運用負荷・ユーザー利便性の観点で評価』、②『特定の

求められていること（案）

【アセスメント】

「過去取り組みスコープ」と「開発業務全体像」を比較＆追加検討余地の洗い出し

【施策洗い出し】

解決すべき課題を優先順位づけ＆短期・中長期施策を整理

【ロードマップ作成】

短期・中長期施策の取り組み時期を設定＆翌年度・翌々年度以降のロードマップを作成

①セキュリティ・運用負荷・ユーザー利便性の観点で評価

【実行計画立案】

短期施策の作業計画を立案

SECTION 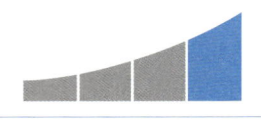 色の組み合わせを
強調する

B	**類似性** の 原理	・色調（明度 × 彩度のグループ）、色相が似ている色の組み合わせは調和する。 ・「秩序の原理」で示した①同一、②類似と同様と捉えれば、ビジネス資料の図解として十分。	

C	**明瞭性** の 原理	・トリコロール国旗のように、明度、色相の差が大きい色の組み合わせは調和する。二色をビコロール、三色をトリコロールの配色と呼ぶ。 ・「秩序の原理」で示した④対比、⑤補色と同様と捉えれば、ビジネス資料の図解として十分。

D	**なじみ** の 原理	・自然界に存在している色の組み合わせは調和する。 ・「秩序の原理」とは無関係に、日常的に目にする風景から色の組み合わせを決めてもよい。

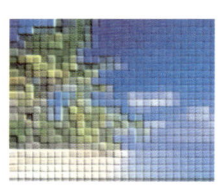

▼ 秩序の応用、例外で色を組み合わせる

　類似性の原理、**明瞭性の原理**は、**秩序の原理の一部分をより細かくルールに落とし込んだもの**です。一方、**なじみの原理は、自然界で目にする無秩序な色の組み合わせも調和して見えるというもの**です。

　上図は各原理の説明と参考図です。1章（p.52）で取り上げたカラーパレットを使って色を指定する場合、類似性の原理はベースカラーに対して「鮮

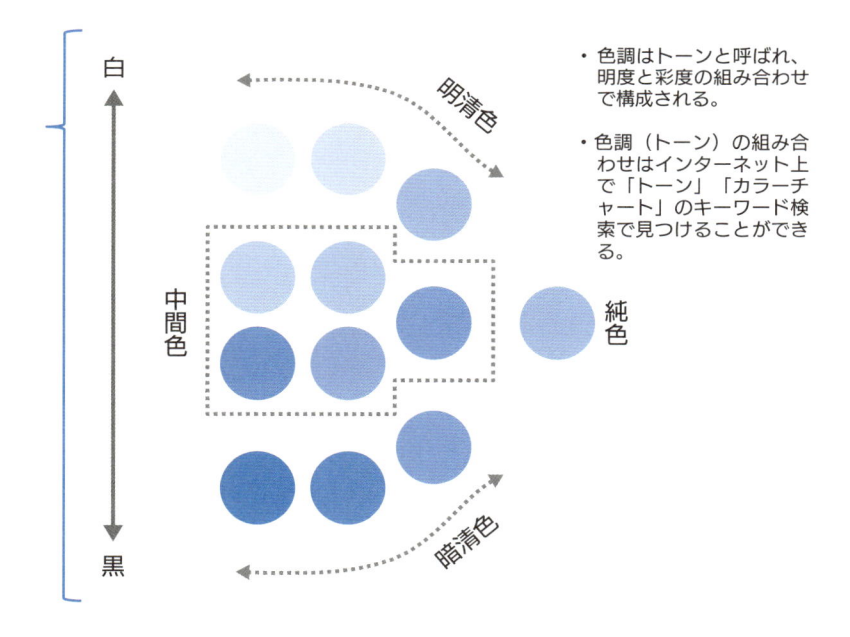

白

明清色

中間色

純色

黒

暗清色

・色調はトーンと呼ばれ、明度と彩度の組み合わせで構成される。

・色調（トーン）の組み合わせはインターネット上で「トーン」「カラーチャート」のキーワード検索で見つけることができる。

やかさ」と「明るさ」を修正することで色調（トーン）を、「色合い」を修正すれば色相を変更できます。トーンイメージの呼び方や位置関係を知っておくと色変更の指定をしやすくなります。

　明瞭性の原理には二色（ビコロール）と三色（トリコロール）があります。後者は真ん中の色をセパレーションカラーと呼び、無彩色に近い色のほうが見やすくなります。ビコロールで見づらいと感じる場合、図形の枠線にセパレーションカラーを用いると良いでしょう。

4部 図解の魅せる化

1部	図形の 見せ方	シンプル	アピール
2部	図形の 使い方	ベーシック	アレンジ
		図解レベル1	レベル2

12章 洗練されたデザイン

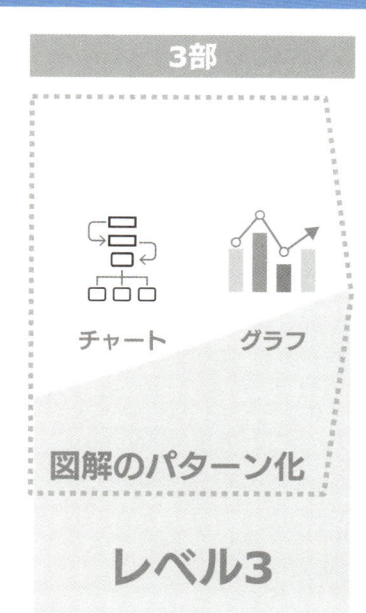

3部		4部
チャート	グラフ	高度な色使い
		洗練されたデザイン
図解のパターン化		図解の魅せる化
レベル3		レベル4

CHAPTER 12 洗練されたデザイン

データ × ピクトグラム
= インフォグラフィック

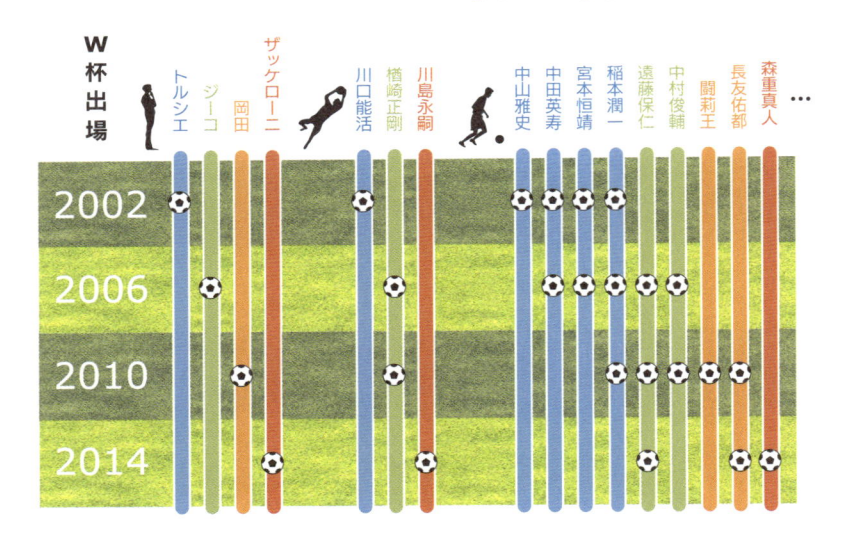

▼ この章の要点

　シンプル化を追求して**記号化したイラストがピクトグラム**であり、それを用いて**データをビジュアル化した図解資料がインフォグラフィック**と呼ばれます。上図は過去のサッカー日本代表におけるチーム構成を抜粋して表したものです。文章で説明せずとも、見ただけで内容を把握でき、見ていて興味を掻き立てられるのがインフォグラフィックの特徴です。

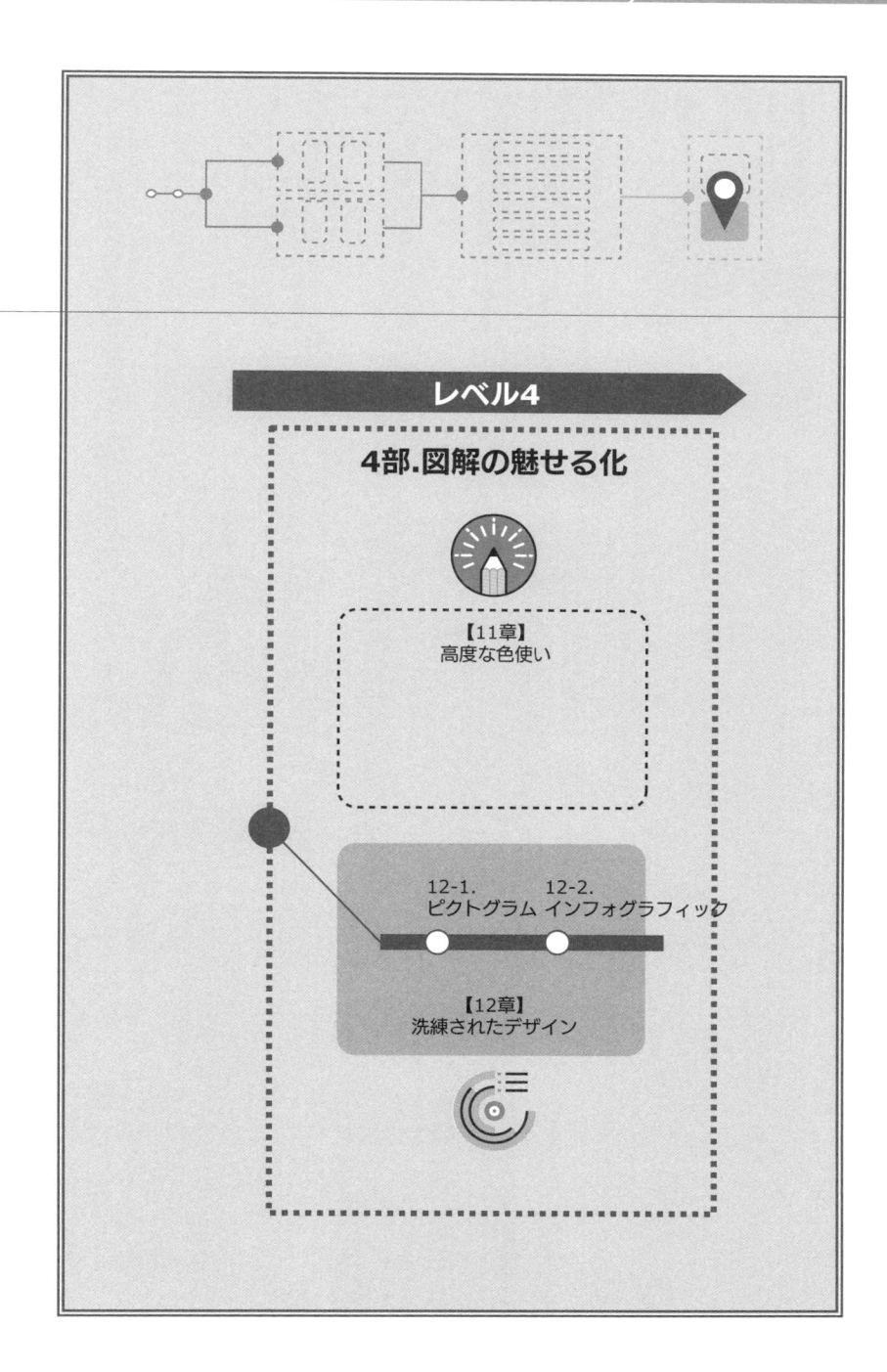

レベル4

4部.図解の魅せる化

【11章】
高度な色使い

12-1.
ピクトグラム

12-2.
インフォグラフィック

【12章】
洗練されたデザイン

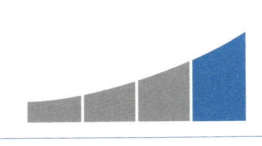

SECTION 12-1 ピクトグラムを使う

視覚化
イラスト

・要素を絵で表した ものがイラスト。 言葉の説明なしに 見た目で意味を理 解させることがで きる。

シンプル化
アイコン

・イラストをデフォ ルメし、特徴だけ を抽出したものが アイコン。イラス トよりも情報量が 少なく、図をシン プルに表せる。

記号化
ピクトグラム

・アイコンの意味を端的に表す 線・面だけで表したものがピ クトグラム。単色のシルエッ トは視覚記号としても用いら れる。図の情報量を最小限に 抑えることで、読み手に勘違 いをさせない。

▼ イラストをシンプル化する

　ピクトグラムとは、モノや概念を一目で理解できるよう記号化したイラス トです。ベースカラー１〜２色で表します。

　通常のイラストは「視覚化」まで、アイコンは「シンプル化」までですが、 ピクトグラムは「記号化」まで達します。ピクトグラムは万人に理解しやす いシルエットであり、図解で用いると相手の理解を促進します。

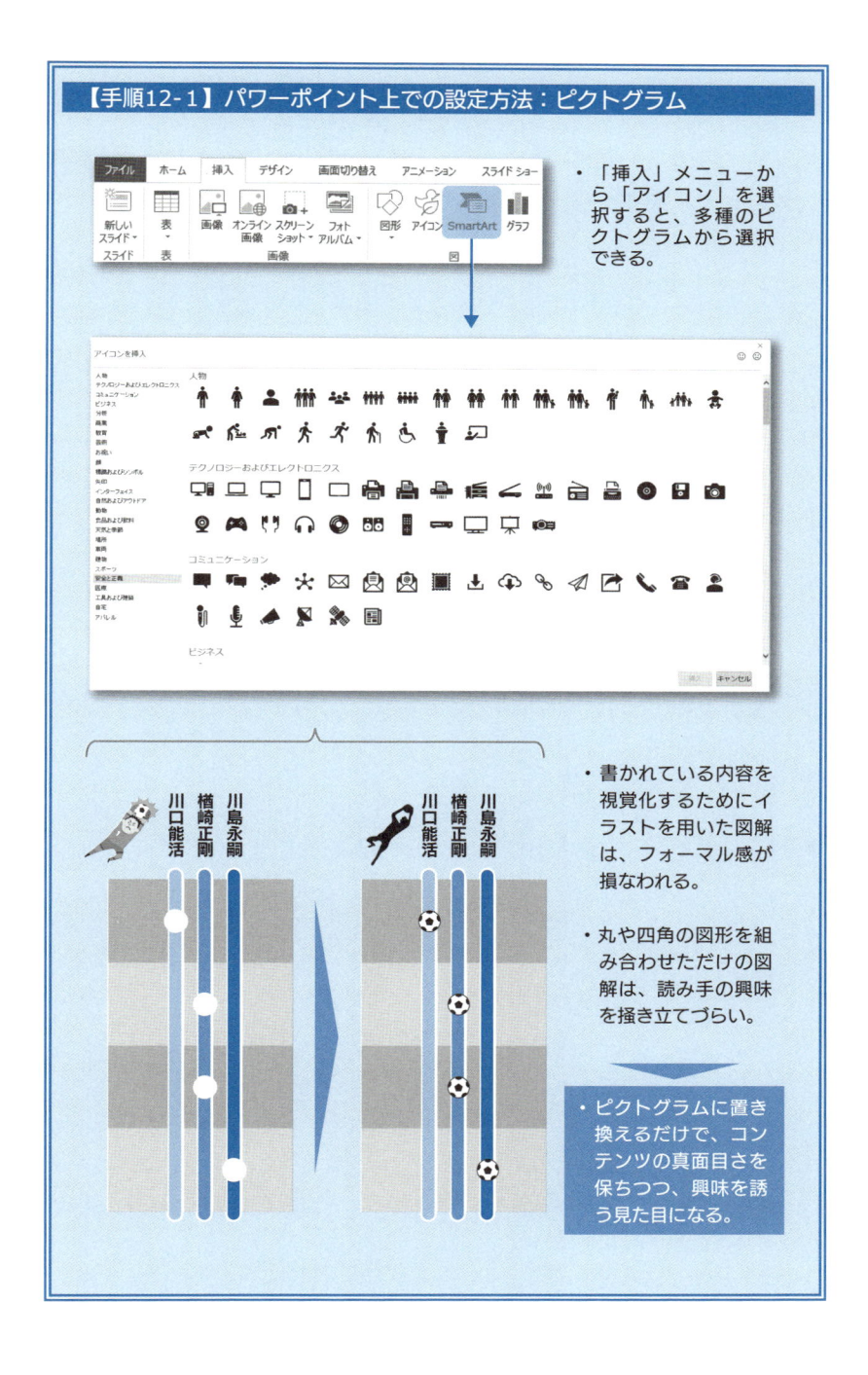

【手順12-1】パワーポイント上での設定方法：ピクトグラム

- 「挿入」メニューから「アイコン」を選択すると、多種のピクトグラムから選択できる。

- 書かれている内容を視覚化するためにイラストを用いた図解は、フォーマル感が損なわれる。

- 丸や四角の図形を組み合わせただけの図解は、読み手の興味を掻き立てづらい。

- ピクトグラムに置き換えるだけで、コンテンツの真面目さを保ちつつ、興味を誘う見た目になる。

1 図形の見せ方

2 図形の使い方

3 図解のパターン化

4 図解の魅せる化

▼ 目的に合ったピクトグラムを見つける

　ピクトグラムは、自分で作成するよりも商用利用が許されたサイトで検索したほうが効率的です。国内、海外に数多くのギャラリーサイトがピクトグラムを扱っています。

　ダウンロードできるファイル形式は、SVG形式とそれ以外（PNG、JPG等）に分かれます。SVGは「Scalable Vector Graphics」の意味で、パワーポイントの図形ツールを使って線の色を変更できるため、ベースカラーに合わせたカラーリング調整ができます。

　国内サイトを利用する利点は日本語検索ができること、海外サイトを利用する利点はアイコンの豊富さです。国内サイトで目的に合ったピクトグラムが見つからなければ、海外サイトで探しましょう。

　ギャラリーサイトにはテーマに特化したものもあります。ウェブ系の企業ロゴ、サービスロゴについて、フラットデザインのものをカラーパレットに沿って整理した「Simple Icons」、立体デザインのロゴも扱う「SVG PORN」はインターネットサービスに関わるビジネスパーソンに有用です。

▼ パワーポイントの標準機能でピクトグラムを抽出する

　インターネットの画像検索で取得したフラットデザインの画像を「挿入」メニューの「画像」ボタンからパワーポイントに取り込み、パワーポイントの「図ツール」にある「背景の削除」という機能を使うことで、多種多様なピクトグラムを図解に取り込むことができます。

　SVG形式や背景が透過色の画像ファイルをダウンロードできない場合には、この方法で使い勝手の良いピクトグラムを作ります。あらゆる画像を取り込めますが、ビジネス資料の図解に用いるのは商用利用が許可されている場合のみ用います。

【手順12-2】インターネットからピクトグラムを探す：代表的なサイト

【ICOOON MONO】

SVG形式の無料ピクトグラムを6000個以上ダウンロードできる。日本語検索が可能。すべて白黒のため、有彩色のピクトグラムは他のサイトで探そう。

http://icooon-mono.com

【ICON FINDER】

SVG形式のピクトグラムを200万個以上ダウンロードできる。一部有料。英語でのみ検索可能。見つからないピクトグラムがない、というぐらい豊富。

https://www.iconfinder.com/

【Simple Icons】

SVG形式の企業・サービスロゴのピクトグラムをカラーパレットに沿って400個以上ダウンロードできる。コーポレート・サービスカラーを一目できるのが面白い。

https://simpleicons.org/

【手順12-3】外部の画像からピクトグラムを作る

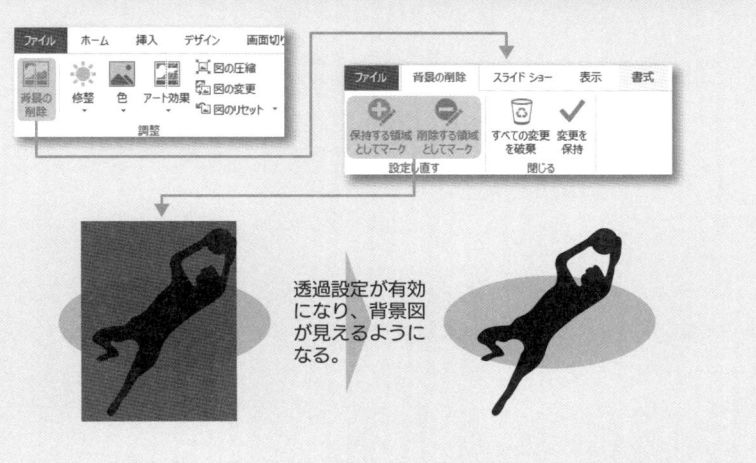

透過設定が有効になり、背景図が見えるようになる。

1 図形の見せ方

2 図形の使い方

3 図解のパターン化

4 図解の魅せる化

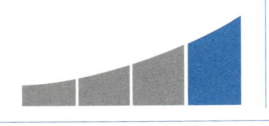

SECTION 12-2 インフォグラフィックにする

👎 Not Good

W杯出場			2002	2006	2010	2014
監督	トルシエ		●			
	ジーコ			●		
	岡田				●	
	ザッケローニ					●
正GK	川口能活		●			
	楢崎正剛			●	●	
	川島永嗣					●
選手	中山雅史		●			
	中田英寿		●	●		
	宮本恒靖		●	●		
	稲本潤一		●	●	●	
	遠藤保仁			●	●	●
	中村俊輔			●	●	
	闘莉王				●	
	長友佑都				●	●
	森重真人					●
	…					

▼ インフォグラフィックに適するのは「比較」「一覧」「推移」

　インフォグラフィックとは、データを図形やピクトグラムに置き換え、視覚的な情報を凝縮したビジュアル資料です。ベースカラーに複数のアクセントカラーを組み合わせる、写真を用いる、数値でインパクトを与える、などして読み手の興味を掻き立てます。

　読み手が興味を掻き立てられやすいのは、データを「比較」、「一覧」にし

Good

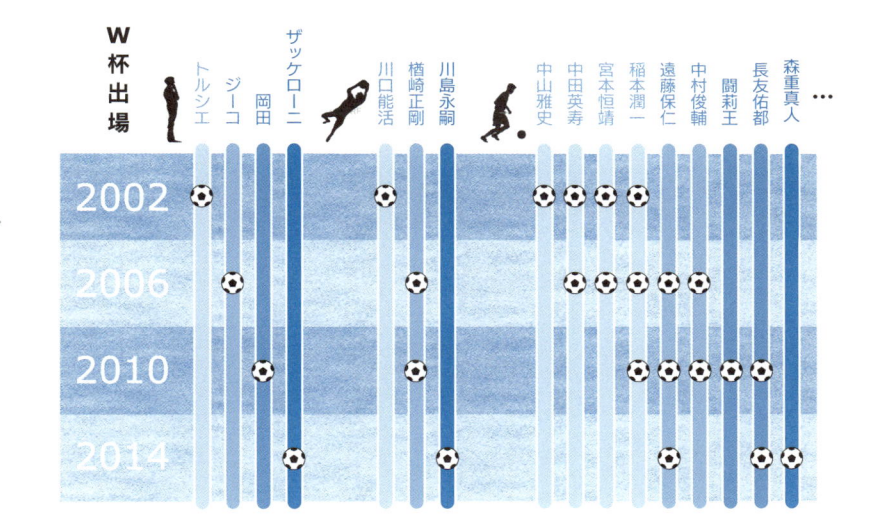

た要約図解です。時系列や物事の流れといった「推移」に沿って整理できれば、相手の興味をさらに関心を引くことができます。

　上図は、サッカーワールド杯の日本代表チームに誰が参加していたか表したインフォグラフィックスです。開催回ごとに一覧比較できるよう、最初に表形式で出場選手・監督を整理しました。図解では、見やすさを優先してタテヨコを逆転させ、要素をピクトグラム、時系列をピッチの芝目、出場有無をサッカーボールで表現しています。

▼ インフォグラフィックは文字2割、ピクト4割、余白4割

インフォグラフィックを作ること自体が目的でない限り、通常は資料作成の途中でインフォグラフィックの作成要否を判断します。

資料作成の推奨ステップは「スケルトン」→「ドラフト」→「フィックス」の順に進めることです。図解作成を行うのはドラフト以降のタイミングになりますが、インフォグラフィック化する可能性がある図解候補はスケルトンの段階から識別します。

インフォグラフィックの作成は通常の図解の倍以上の手間がかかるため、むやみに作るものではありません。インフォグラフィックに向く図解は、「比較」「一覧」「推移」の要素を含み、かつ作成労力よりも効果の方が明らかに大きいと思えるものだけに絞ります。数値の比較や推移はグラフ化すると見た目のインパクトが大きく、読み手の興味を引きやすくなります。

インフォグラフィックにすると決めた図解は、イラストをすべてピクトグラムへ置き換えること、使用している図形をテーマに沿ったビジュアルに置き換えることが可能であるか検討します。

たとえば、サッカーを扱った図解ならば、丸いアイコンをボールにする、四角い表をサッカーグラウンドにする、背景色は芝生色にする、枠線・罫線はグラウンド上の白線をモチーフにすることができるか試します。

インフォグラフィックに情報を詰め込みすぎると、むしろ相手に情報が伝わりにくくなります。面積あたりの情報量を減らすには、全体に対して、文字は2～3割以下、ピクトグラムは4～3割以下、余白は4割確保するよう図解を構成します。このバランスからずれると「この図解はわかりにくい」と感じやすくなります。

根拠として示さなければならないデータが多数ある場合には、別添資料やAppendix として、その図解とは切り離してデータをまとめます。

※ 資料作成アプローチを詳しく知りたい方は『外資系コンサルが実践する資料作成の基本』(日本能率協会マネジメントセンター刊)を参照ください。

資料作成アプローチ※ � と図解作成アプローチ ▷

	スケルトン 作成・レビュー		ドラフト 作成・レビュー	フィックス 作成・レビュー
テーマ選定	データ収集	データ分析	図解作成	コンテンツ リッチ化

インフォグラフィック化

| WHO/WHAT/WHYの観点でテーマを決める。

【WHO】誰に向けて作るか

【WHAT】何を目的とするか

【WHY】WHOにWHATを伝えるのはなぜか | テーマ(主張・伝えたいこと)を支える理由を掘り下げ、根拠となるデータを集める。

データ出典を確認し、信頼性のある数字を用いる。 | 様々な観点でデータを検証する。

「比較」「一覧」「推移」で整理するデータ(数値)があれば、インフォグラフィック化の候補として認識する。 | 図形の見せ方・使い方、図解のパターン(本書)を駆使して図解資料を作成する。
労力よりも効果の方が明らかに大きいと思われる場合のみ、インフォグラフィック化に取り組む。 | 説得力を強めるための見た目強化、資料配布時の体裁整備をする。
インフォグラフィック化する図解はピクトグラム比率を増やし、テーマに沿ったビジュアルに置き換える。 |

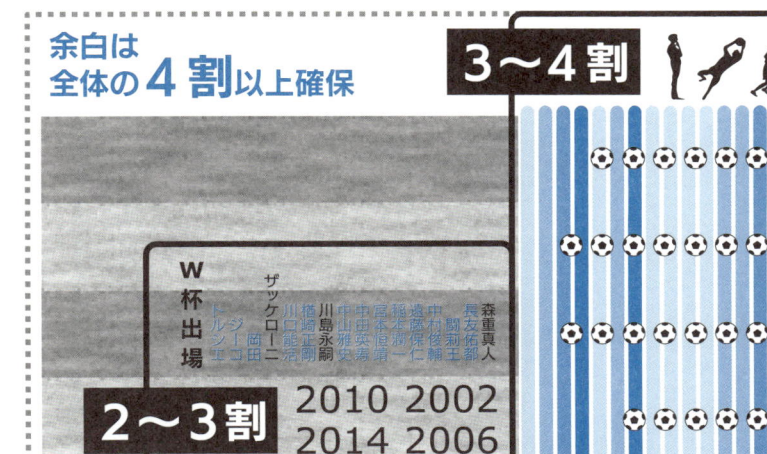

時価総額に対する保有者割合の偏りとリスク

ある仮想通貨では、発行総額の 40％をたった 0.01％の人が保
なるリスクを内包しているため、利用者保護の仕組みを速やかに

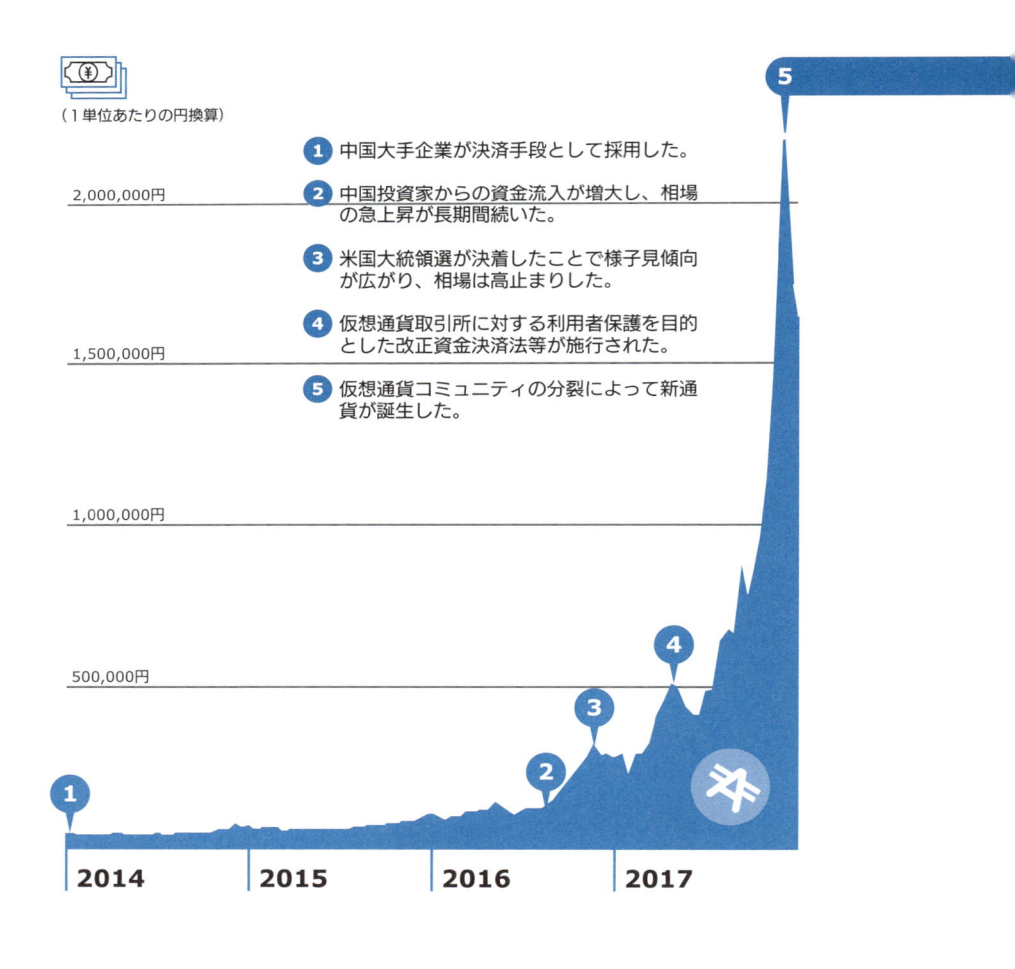

（1単位あたりの円換算）

2,000,000円

1,500,000円

1,000,000円

500,000円

1 中国大手企業が決済手段として採用した。

2 中国投資家からの資金流入が増大し、相場
の急上昇が長期間続いた。

3 米国大統領選が決着したことで様子見傾向
が広がり、相場は高止まりした。

4 仮想通貨取引所に対する利用者保護を目的
とした改正資金決済法等が施行された。

5 仮想通貨コミュニティの分裂によって新通
貨が誕生した。

2014　2015　2016　2017

有している。一部の市場参加者の行動次第で相場操縦が可能と

整備する必要がある。

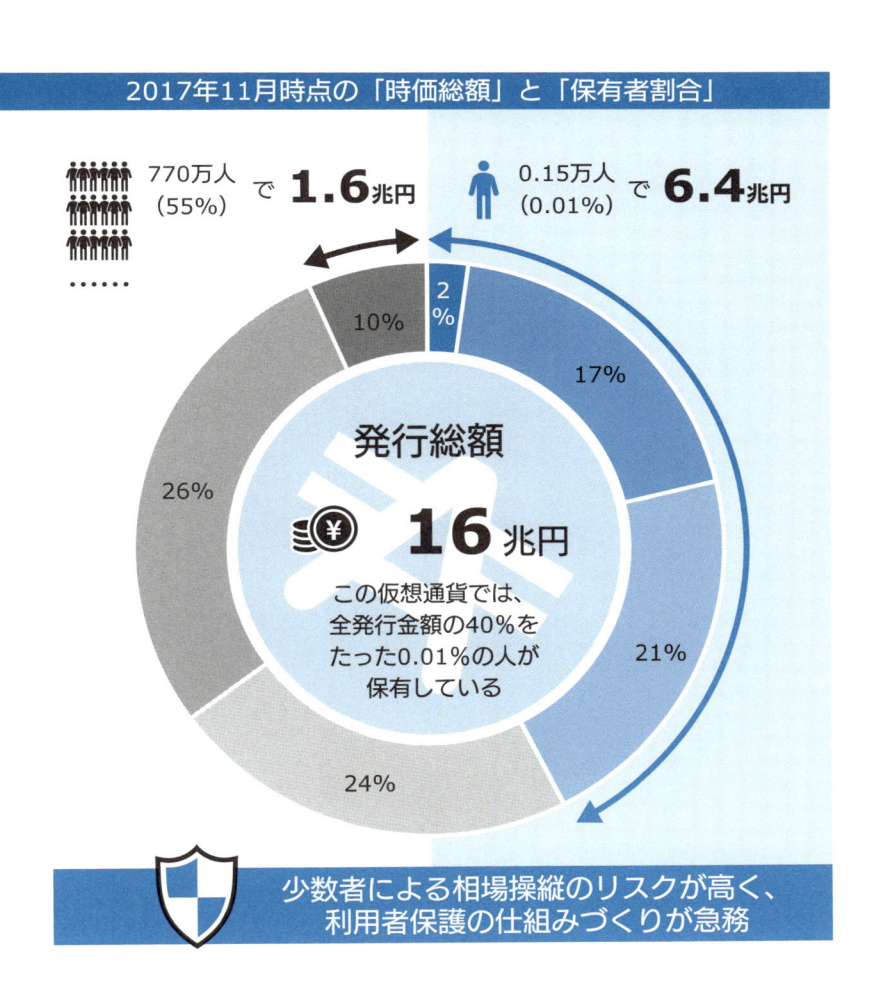

2017年11月時点の「時価総額」と「保有者割合」

770万人（55%）で **1.6** 兆円

0.15万人（0.01%）で **6.4** 兆円

発行総額

¥ **16** 兆円

この仮想通貨では、全発行金額の40%をたった0.01%の人が保有している

2%
17%
21%
24%
26%
10%

少数者による相場操縦のリスクが高く、利用者保護の仕組みづくりが急務

　図解力がアップすると、相手のあなたに対する信頼度もアップします。あなたに尋ねれば、素早く簡単に取り込める形で情報を得ることができるのですから、頼らないわけがありません。逆に言えば、図解力の乏しい人は、相手の信頼を獲得しづらいということです。

　私は十数年にわたって資料作成に携わってきました。今見返せば、最初のころに作った資料には、それはひどい図解が残っています。

　当時はパワーポイントやエクセルの機能をたくさん使いこなすことがクールなのだと信じて、ゴテゴテした図解ばかり作っていました。要素別に様々な色を用い、良く言えばカラフル、言い方を変えるとうるさい色使いでした。そこには「抜け感」も「透け感」もまったく感じられません。その図解を見せられた相手は内容を読み解くのに苦労しただろうと思います。

▼「それを見ればキーメッセージを誰でも読み取れるわかりやすさ」

　優れた図解とはそういう性質を備えていると本書冒頭で述べました。その重要要素である「抜け感」と「透け感」を兼ね備えた図解を分析した結果、辿り着いたのが「図解キューブ」と「図解パターン」です。

　センスとロジカルシンキングを兼ね備えた人には「もう知っている」ルールやテクニックが多いと思いますが、そうではない人もたくさんいます。図解キューブと図解パターンは、そうした人が効率的に図解スキルを身につけるための武器です。

　私は、仕事に取り組むテクニックを4つのタイプに整理した仕事術の本を書いたことがあります。自分と相手、仕事の中身と流れをタテヨコにとり、「聴く」「伝える」「段取る」「動かす」の観点でどんな仕事術があるか整理したものです。相手に仕事の中身を伝える技術の1つが図解術であり、これは仕事術全体の一部でしかありません。本書で得た知識を効率的に駆使し、そこで短縮できた時間を他の仕事術のスキル向上に割りあてましょう。

参考：拙著『外資系コンサルの仕事を片づける技術』（ダイヤモンド社）

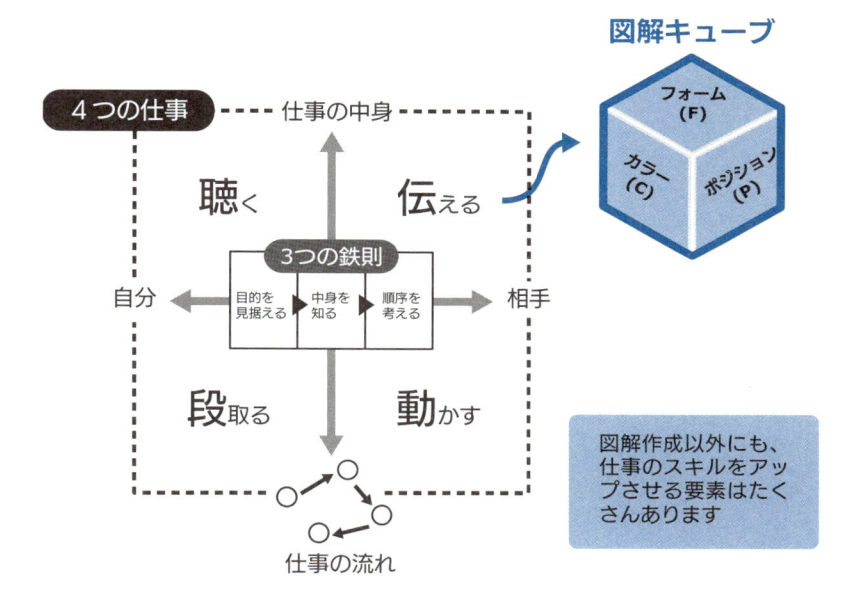

　なお、本書は図解作成のやり方に絞り込んでノウハウを詰め込んだハンドブックです。前著「資料作成の基本」（日本能率協会マネジメントセンター刊）の続編として位置づけて執筆しました。

　本書を手に取った方には、「そもそもどうやって図解にまとめたらよいか、わからない」という悩みを持っている方もいるでしょう。そうした方々には、前著をご覧いただくと、疑問解消に至ると思います。

　あなたにとって価値のあることにより多くの時間を割けるよう、本書が役立つことを願っています。

2018 年　吉澤 準特

【著者紹介】

吉澤 準特（よしざわ・じゅんとく）

外資系コンサルティングファームにて専門領域における日本支社の実務責任者を務め、ビジネスからシステムまで幅広くコンサルティングを手がける。プロジェクトマネージャーとして、数百億円規模のシステム運用改善、組織改革、人材育成に携わることも多い。IT サービスマネジメントの世界基準である、ITIL Manager の有資格者でもある。業務が広範囲にわたるため、組織の責任者、中間管理職、現場担当者といった、あらゆる層を対象としたコミュニケーション・折衝の経験が豊富。社内の新人研修責任者を務めたこともあり、新人コンサルタント育成の手法、ファシリテーション、ロジカルシンキング／ラテラルシンキング／クリティカルシンキング（問題解決思考）、ビジネスフレームワーク、資料作成術に詳しい。専門分野はシステム運用改善をはじめとするインフラ領域だが、クライアントとの折衝経験も多く、ファシリテーションやコーチングにも造詣が深い。著書に『資料作成の基本』『フレームワーク使いこなしブック』（以上、日本能率協会マネジメントセンター）『外資系コンサルの仕事を片づける技術』（ダイヤモンド社）などがある。

Twitter　https://twitter.com/juntoku_y

BookDesign：遠藤陽一（DESIGN WORKSHOP JIN Inc.）
DTP　　　：朝日メディアインターナショナル
出版協力　：株式会社三菱 UFJ フィナンシャル・グループ

外資系コンサルが実践する 図解作成の基本

2018 年　6 月 26 日　第 1 刷発行
2025 年　5 月 17 日　第 8 刷発行

著　者 —— 吉澤 準特
発行者 —— 徳留 慶太郎
発行所 —— 株式会社すばる舎
　　　　　　〒 170-0013 東京都豊島区東池袋 3-9-7 東池袋本ビル
　　　　　　TEL　03-3981-8651（代表）03-3981-0767（営業部直通）
　　　　　　FAX　03-3981-8638
　　　　　　URL　http://www.subarusya.jp/
　　　　　　振替　00140-7-116563
印　刷 —— 株式会社シナノ

人と組織を効果的に動かす

KPIマネジメント

楠本 和矢（博報堂コンサルティング）

ISBN978-4-7991-0610-5　本体2,300円＋税

多すぎるKPIで、真に必要なアクションに時間を割けない状況は本末転倒。
KPIは事業戦略そのものである。本書で解説するKPIの策定アプローチは、
　◎人の心理が出発点
　◎現場でのリアリティ
　◎再現できる方法論
という今までの概念とは反転するものである。

すばる舎　http://www.subarusya.jp/

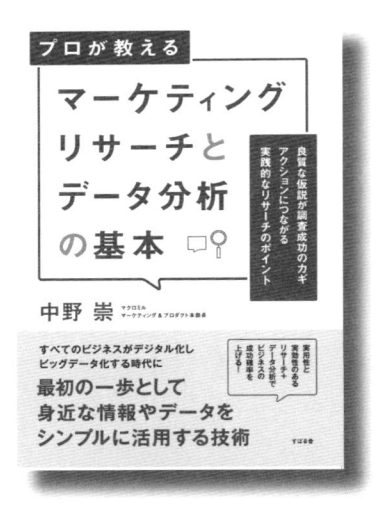